王蒙文集

wang meng

〔新版〕

闷与狂

人民文学出版社

图书在版编目（CIP）数据

王蒙文集．闷与狂 / 王蒙著．—北京：人民文学出版社，2020
ISBN 978-7-02-014956-8

Ⅰ．①王… Ⅱ．①王… Ⅲ．①王蒙—文集②长篇小说—中国—当代
Ⅳ．①C53②I247.5

中国版本图书馆 CIP 数据核字（2019）第 019655 号

特约编辑　杨　柳
责任编辑　刘　稚
装帧设计　刘　远
责任印制　王重艺

出版发行　人民文学出版社
社　　址　北京市朝内大街 166 号
邮政编码　100705
网　　址　http://www.rw-cn.com

印　　刷　河北新华第一印刷有限责任公司
经　　销　全国新华书店等

字　　数　250 千字
开　　本　880 毫米×1230 毫米　1/32
印　　张　9.5　插页 2
版　　次　2020 年 1 月北京第 1 版
印　　次　2020 年 1 月第 1 次印刷

书　　号　978-7-02-014956-8
定　　价　36.00 元

目　　录

第一章　为什么是两只猫

1

为什么是两只猫？两只猫的四个眼睛，像四个电灯泡，它们亮得使我感到威胁。

而且两只猫都是黑的。

有一个理论：黑猫是最健康最纯正的原生，白猫花猫的形成是由于猫族的皮肤病变，像人类的白癜风与牛皮癣。

那时虽然不知道这种高明得令人倒吸一口凉气的理论，我仍然被黑猫吓醒了。

后来又有一种理论，说是在西方，尤其是指美国，黑猫的意义是保持沉默。被称作"黑猫权"的是指沉默的权利。

不知是否确有其说。这样的不知真伪的说法很多。

在一间大客厅里，一切都是黑暗的，因为我睡着了，可能不该睡那么久。小时候认定睡眠有着沉重的不再醒来的危险。后来深知不睡眠有着发疯的危险。两只小猫渐渐变大，越来越大，它们的四枚黑眼珠黑亮黑亮，越来越亮，像四盏二十五瓦的灯泡发展成长为四盏两千瓦的黑光灯泡。它们此生第一次照亮了我的意识，渐渐地走入到一个孩子的灵魂。不知道是黑猫在捕我的灵魂还是我的灵魂要俘获两只黑猫。我悸然欢呼：我，是我啊，我已经被黑亮照耀，我已经感觉到了猫、猫皮、猫眼、猫耳、客厅，巨大的房屋与充实着房屋的猫仔，而且在那一刹那我自信我已经比那两只猫更巨大也更有意义了。我在乎的是我被猫眼注视,不是在乎那两只猫。我与猫、黑猫有一种特别的契合,命中注定。它的皮毛,它的品种,它的眼眶都是那么黑,但猫的眼珠有点橙红。因为我才刚刚对世界睁开眼睛,我的世界还相当黑暗。我害怕,我不能接受更不能分辨黑以外的颜色,如果那有生以来的进入记忆中的首次午睡醒来后看到的干脆是红或者白,是黄或者绿,我怕我会被刺瞎了眼睛,我至少会因为那如同歌剧戏装的颜色而害怕活下去。

猫的眼珠有一点橙红,这使我不免惊心动魄。

我看到的是漆黑,我看到的是差不多什么都没有看到。区别在于也许有亮的黑与黑的黑,还有暗的黑,还有淡淡的黑。猫眼是亮的有点橙红的黑;猫头是黑得雄壮的黑;猫鼻子是漆黑的黑;猫皮毛是暗的黑;猫背是浓浓的黑;猫爪子是淡淡的黑。这就是造物主在冥冥中给我的最早的关于颜色的知觉与启示,与水墨画或有什么关系。知觉是很不容易的,修炼了亿万斯年,功德了亿万斯年,有了一次关于黑猫的知觉。生命的开始有些黯淡,似乎安宁,但也马虎,可有可无,毕竟是逐渐的浸润。太感人了,区分就更不容易,区分太痛苦也太艰难。

与世界的关系是从黑到渐亮到白到各种颜色,原色与复合色,带着些微的恐惧和无力。

感谢造物主,我没有在五颜六色中迷失,没有瞎盲。然而我落到大坑里了。对于人生的最最不舒服的感觉是失重,虽然那里那时还没有失重一词的出现。故乡有千百亩的大梨园,花开时洁白得叫你醉迷。你怕你失重坠落在雪白的梨花里。到三十年后我读到了契诃夫的话剧《海鸥》,主角尼娜说:“我是在为生活穿孝啊,我不幸福。”她的孝衣是黑黑的,家乡的梨花雪白,白得如天山上与黑龙江边的雪。

北方的春天:最早是杏花,是冬天的挥手离去,白中有橙黄直到粉红，是春天的小女孩，是小女孩的嘴唇与脸蛋。然后是山桃，是情窦忽开的少女如火。桃花红得浅显灿烂。杏花粉得天真梦幻。桃与杏都是先开花后长叶。梨花则是花朵与叶芽同时生长。银装素裹，雪花飘飘，玉蝶翩翩，绿萼青青。春天的太阳渐暖，盛开的梨花如海，如涨潮的浪花飞溅，如群帆起航，如遗留在舰船尾后的流苏，如欧洲的百万婚纱的大囍与白衣舞会。

我什么也没想，还不会想。什么也没做，还不会做，也不知道啥是做。但是我知觉到了失足，莫名其妙地一脚踩空，落到了大坑里。许多年以后，人们说，如果你在睡梦中动了一下脚或腿，你恐怕会有梦中失足落井的感觉。

我记住了坠落，却不记得满春天的梨花。春天梨花，是在七十岁以后，少小离家老大回，我才会沉醉的。

然后是两只猫或 N 只猫或一只猫或没有猫在大厅里追逐奔跑，有声无声，有形无形，有夜无夜，有厅无厅。它们或没有它们，奔走着放置着旋转着懒惰着，跳动着安宁着点缀着也破坏着。这个世界仍然是或有或无。

世界果然是可有可无？众妙之玄，玄于 N 只黑猫。

罗素说，哲学是黑猫在暗室里寻找并不一定存在的老鼠。生命说，黑猫是世界给我的第一次符号、第一次呼唤、第一次吸引，尤其是那两只明亮的眼珠。梨花说，有了我黑猫才落到了实处，你才落到了大坑，就是说从无下载为有，从花朵融合为泥土，从不安的神态到惊怖的下坠，再到落地的平安。除了世界，除了土地，除了坑底，你还能飞向哪方？

我说，黑猫和梨花可能是偶然，眼睛和春天却常常与我相伴。不要问我从哪里来，因为我已经来到。不要问为什么与我相伴，因为我们已经互为伴侣，谁也摆脱不了谁。什么是世间？什么是人生？什么是梨园与厅堂，什么是故乡与异域，我那时不知道，我后来说不清，我不在意谜团或者非谜团，我回忆起来亲切而且满足，我回忆起来会浮现一丝凄凉的，更是得意的，尤其是迷迷糊糊的微笑。我掉在大坑里了，我仍然无恙安全。

2

你无恙他有事，你活着他走了。这就是世界的无理数，如小数点后不循环的实数 π。日本长野县饭田市公司职员近藤茂有一个业余爱好，将圆周率计算到小数点后第十万亿位，它仍然无穷无尽。

只是事后，我分析出来，我理解了，那是午夜，不然为什么会有那么多移来动去的灯火，为什么会有那么多走来走去的身影，为什么有一次出现了父亲的严肃面孔，庄严如囧。那是童年的家乡里唯一的一次。而且有几个字：奶奶死了。

什么是奶奶？对不起，不知道。什么是死了，呵，也不太知道，至今仍是一个 π。但想起了一张照片，黑色白色与灰色，那想必是奶奶的遗像，当然那时更不知何为遗像。可能有人，不知道是不是妈妈，告诉我说，奶奶死了，我困极，我睡了，困到极点就绝对不怕死了，这是我三岁时候的多么伟大的发现！然后五年以后，姐姐对我说，死了就是睡了，有几天我死一样地害怕睡觉，我的第一次失眠的经验是七岁时想起来了死。我曾经将这种体验有所文学化郑重其事地写到我的处女作里。一个老作家对我说，一个少年不可能有这样的生命的不安体验。而我在十四岁时因了失眠去中和医院（原名中央医院，现为人民医院）看医生的时候，医生也断然否定十四岁的人有失眠的可能。

有许多的白色，纸与布条、布片、布衣裳，都是白色的。白色比黑色使我更容易入睡，我觉得很累。死是一件很累的事情吗？爸爸说，奶奶临终的话语是：我走了，应该当真有另一个世界。爸爸说，这就是一个关于此岸与彼岸的题目。如果那深夜的灯火，那严肃的心情，那白色的纸条布条，那两只黑猫都已一去不复返了，那么奶奶又能去向哪里？

对于老家的记忆到此为止。仍然有炊烟，有玉米秸与树枝的燃烧气味，有生菜叶子与泔水的气味，有咸菜缸的香与亲切的臭气。然而，没有老家了。半个世纪后再访，有原址，却没有了原室和原来的梦中掉下去过的梨园大坑洼，更不要说黑猫栖留过的客房了。

时过境迁，谁能找得着自己的老家？

留下了遗案：那铡草与吃草的声音是在哪里，是从老家去大城市的路上吗？是从大城市到老家的路上吗？

多么真切，多么清晰，多么分明，比白天还脆生。我听到了并且凄凉了十五秒钟，然后我睡得很实。这里掺杂着卢沟桥的近代史。

咔哧，咔哧，咔哧……是马在吃草？是车夫在铡草？我闻到了浓馥的干草香气。是在三岁的我的睡梦里。这是第一次对于黑夜的确认，此前的黑猫也罢，大坑也罢，祖母去世也罢，更像是梦，像错落的飘移，像对于我的感觉与理解的撑胀，就是说，我不知道也没有想那是什么，是不是梦，是不是真实，是不是发现，是不是困倦，那只是一闪，是稍纵即逝。

而咔哧咔哧是如此清楚确定，咔哧咔哧开始了我确定的世界，确实的生命，确定的听觉，确实的感受，是我的受想行识的开始。当我想键出受字的时候，出来了爱字，爱想行识，这应该也是天意。

铡草与吃草的声音表示着黑夜，表示着行路，表示着沉沉的睡眠与偶然的醒转，表示着惊觉，表示着继续睡下去的福气与不负责任。有马儿在吃草，有人儿在铡草，有你的明天的遥远的路程。

后来听到了一个新词：逃难。这个词有历史与政治，命运与上苍，也许还有戏剧与怯懦的草民意味，我不知道为什么会出现了这个词。我的孩子们已经不大感受得到这两个汉字的亲切与宝贵了。

信不信由你，因为我自己也不知道应该信还是不信，生命的最初记忆应该是朦胧，是梦，是感觉而已，如黑色的亮光，如倏地下坠，如喊里咔嚓，如灯影人形，当你幼小的时候世界是如此之大，大人是如此之大。此后渐渐地，视觉是跟随听觉而清楚确定起来的。

然而为什么还有自己的受宠与满足？母亲抱着自己坐进了一个有篷子的马车，而姐姐坐的是敞车。还有一个不解的情节，为什么是马车？为什么要在路上过夜，有那么远吗？

你不可能解清这些，从无到有，从混沌到自知，从没有记忆到有了记忆，你不知道这记忆这黑猫是从哪里来。

它们来了。

我来了。

尔后你想念午夜的铡草与大车店，你再也听不到了，已矣，已矣。风萧萧兮易水寒，壮与非壮之士一去兮不复还！

那些可能知道这些铡草的声音的亲属，已经不在人间，在人间的有一个人，她不记得。

3

那时我为你而醉迷。

因为你是春天，是干枯的冬天后的转身，是沉睡后苏醒的笑容，是安宁后的动颤，你想抖下身上的冰雪与尘土。是一片小草的不安的试探，它们不知道它们的新绿会不会引起大风的报复。然而它们绿了，一绿到底。寒风仍然呼啸。雪花时而从天空降下或者从远方飞来，敲打面颊，有时会钻到嘴里。也有小的与大规模的扬沙。万花缤纷的时段何其短暂。正是春光的短暂突显了春天的疼痛，我在年满三十岁的时候曾经满心悲伤、痛惜与告别。我知道人正是在没有多少悲伤的时候才易于悲伤的。

以后的许多年，许多十年，春天令我觉得温暖，温暖得让我不安，温暖得让我不知所以，温暖得使我觉得似乎自己忘记了穿好衣装。花朵的绚烂华丽使我羞愧，花太俊，我太丑；花太大，我太小。绚丽的短暂使我怯于欢喜与陶醉。我没有那种权利，颜面，干脆说是没有资格去赏春伤春惜春送春，我能有什么理由为春天而大哭一场？

我仍然愿意回忆的是藤萝与藤萝架。那就是我的宫殿，我的房屋和窝巢。燕子筑起香巢，台湾籍作家落华生（许地山）的名篇《梨花》里的这句话令我艳羡不已。那紫色的高贵是罕见的早霞直到成为旭日。如王室的紫气东来，紫而发展变化为白，如玉的深浅浓淡的歇息，如云的层层叠叠的收放，如刺绣的悬挂镶边婉转，如波浪的起伏薄厚开阖，如蟒蛇的藤蔓牵延，如网的枝条伸张，如屋顶的方正齐整，如花毯的巨大平匀，如尘土的切近，如饭食的米香，如花朵的清纯，如水珠的普普通通闪闪烁烁。它是春天的最后的纪念。它开了那么大一片花，鲜而不艳，流而不俗，热而不烈，多而不繁，沉而不醉，柔而不媚，亲而不密。它一串一串，一丛一丛，变成好大的豆荚，春天至此远去，如果你留恋，如果你期待，还要再等好几个季节，还要再经受秋风苦雨冰天雪地瑟缩忍耐。

我已经七十有八，我为什么至今没有好好沉下心来欣赏一下藤萝和所有的花事。人生本来苦短，人生本来可疑，不如意事常八九，穷愁嗟叹都是平常；转眼已是老叟（妪）。还好，人生中有那么几次春天，几次百花盛开，几次藤萝花藤萝架和藤萝饼，几次对于藤萝花开的欢喜与对于藤萝花谢的叹息。几次盼望，几次期待，几次回想。春天已经渐行渐远，春天仍然值得珍惜温习。我是秋天的孩子，我出生在秋天。我是春天的记忆，我关于春天还有许多许多的话。已经老朽的人仍然感到了令人疯狂的春天的挑动，至少是在文学的时候。真的到了春天我又有些慌乱，人生似乎不是一次赏心悦目的寻求，而只是一种咀嚼，一次尽责，一次注定了会一败涂地的抗争。一败涂地的春天可能成为很好的小说，而赏心悦目与心想事成却使人空虚，说不定还有疲惫。

与藤萝一起响，想起了《苏三起解》的字与腔，京胡与捏细了的嗓子。从一开始我就感受到了苏三的陌生，她似乎老旧而且缺少新的希望新的前景。她像一盆刚刚用过了的洗脸水，含着半凉半温，含着老上海的香胰子气味，含着洗掉的污秽与脱落的头发，残破的头发有一种放了三天的炸馃子的嗅觉作用。我好像看到了贴在“香粉蜜”瓶身上的美人画。由于印刷的低劣，轮廓与线条，位置上都有误差，美人的鼻子不像是两个鼻孔，而像三四个。

而她仍然是苏三，是宠幸，是女人，是中国的可怜巴巴的娇女儿。她让你从小就怜爱女人，怜爱女人的娇滴滴、笑嘻嘻，忍受强暴摧残蹂躏，忍受买卖，忍受遗忘，忍受罪名与刑讯，等待斩监候或者斩立决。

比起苏三，还是挂在藤萝架上的蝈蝈笼子更亲切，蝈蝈的叫声与清脆的周璇在一起，与同样纯真的李香兰在一起，呼唤着童年，呼唤着慈爱，呼唤着夏天，呼唤着好花不常开，好景不常在，蝈蝈不常鸣，知了转眼去。童年的我常常想哭，这多半是不健康，这同时是一个意欲翻天覆地的契机，爱哭的我常常感到世界的不义与翻天覆地的必须。蝈蝈是世界对于我永远的呼唤与惦念，我的一千八百万字的著作是对于那永远清脆纯真的、永无保留的生命呼唤的、转瞬间被严冬掠走了的蝈蝈鸣叫的回应与记录。

那时的父亲有过客厅，客厅里挂着郑板桥的书法，你说对了，是永远的“难得糊涂”。他的字陡峭夸张，像喝多了酒。一幅油画，画的是天坛，碧蓝的天空，洁白的云朵，古雅的建筑，那时的北京规规正正，杳无声息。还有一张拓片，上写“卢沟晓月”，是乾隆为“燕京八景”的题字之一。我不知道这些东西与我们有什么关系，我不知道我与这些字画有什么关系。人生里的多种遭际与多种邂逅，并不是都有道理，都有意义，但是都不妨珍惜。噫！

4

应该有过关于三进四合院的记忆，藤萝在最后那个院落里。但那没有意思。失去了的天堂不一定是天堂，失去使你不再为之操心挂虑，这证明失去并不一定就不好。童年当然有大与小、亮与暗、饱与饿、甜与苦的感觉，但是童年绝无长短、得失、贫富、升降、好坏的认知，因为童年不懂得比较，不会去计较，不会有衡量与恩怨。我更想回味的是此后的蜗居。“蜗居”是一个古老的具有普世含义的词。我相信中国早在古代就有类似蜗居的感叹。例如《陋室铭》，刘禹锡完全没有住房焦虑，更没有婚前住房压力。对于小孩来说，蜗居更亲热也更安全。一间房子里充满了亲人的气息，似乎有一点煤烟，似乎有一点半生不熟的玉米面与小麦白面的酵母。可能还有人的气息，有口气与潮气。可能有糊顶棚时遗留下来的糨糊味。有樟脑——卫生球味。也有家乡的冬菜——蒜腌大白菜的味道。可能还有猫屎与老鼠屎气味。半夜，顶棚上的老鼠闹翻了天，不知道老鼠们是在娶亲还是在乔迁。所以也常常养猫。养猫的结果是老鼠仍然活跃生猛。我长大以后才明白也许不养猫的话就更得把天下让给众鼠。

总之这是北方的城市草民一家，小民一家，亲热的儿女父母一家，放屁暖床、抽烟暖房的一家。贫苦、拥挤，你的心连着我的心，你的手够得着我的腿。你从你的手里掰下一块饼子给我吃饱。我把我的杯子递给你免得你等不及刚烧开的水晾凉，也有时候因为你碰伤了我的额角让我发出一声惨叫，或者是我踩了你的脚而我们二人同时责备对方。不吸烟的人会屡屡呼吁吸烟的人停止害人与呛人。急于睡觉的孩子会埋怨不睡觉的人不时发出的窸窸窣窣的声音。我们还会互相提醒，不要开灯，开开了灯也要尽快关掉，不要费电，不要费钱。尤其是夏天，你最好每晚都坐在板凳上，坐在院子里，或者坐在院门口，或者看看星月，或者看过路的人。那年月星月都看得很清楚，那时节更要强调省电。天长，九点了也不能算完全黑，你哪怕是缝扣子也不必拉开电灯，那时的电门多半是拉绳式。还有一种可疑的理论，说是一开灯会招引蚊子，对此我一直心存疑惑，蚊子毕竟是黑了天才活跃，天一亮它反而要躲藏，那么灯光引蚊的说法未必能够成立。那时候就有小道理服从大道理的思维选择模式，既然开灯要花钱,不开灯就利人利己利国利民利家庭团结利国计民生。不开灯便成了一种美德,那时我已经相信了人需要吃苦,需要节衣缩食,需要咬紧牙关。我早早地就相信了享受直至挥霍,乃是不可饶恕的罪行。

我无法想象在那样的小院与蜗居里我是怎么度过的夏天。我已经十分疲劳,我已经汗流浃背,室内更是潮热得令人喘不过来气。在极困倦的时候比较能认识到狭小坚硬的板凳不是一个合适的坐处。在我已经瞌睡得抬不起头来以后,我进了屋。我已经不知道冷和热、湿与干。我躺下了,很快被头上发上枕上肚子上的汗水淹醒。我闻到了没有洗净的头发与黏稠的汗水掺和起来的恶味。然后就这样继续入睡,不知道汗水是否接近于把我漂浮起来。然后是影子与臭虫,那时候的世界是由煤球、剩菜、臭虫与半饥半饱的草民们所组成的。

而冬天也很奇妙。早晨醒来,来不及吃什么东西了。拿两毛钱去买一块白薯,买一把花生米,就算早餐了。晚上一觉睡下去,清晨醒来,头一天没有倒净的洗脚水已经冻成一大块冰疙瘩。

什么是童年?有慈爱也有娇生惯养,有艰难也有苦中作乐,有乡音也有粗鲁无知,有汗流浃背也有室内结冰,有乱世辛苦也有未来之梦。很久了,久违了,你生臭虫的铺板,你跑老鼠的哄闹,鲁迅说夜半房顶上老鼠的大吵大闹是因为它们正在娶亲。你室内的冻冰,你大哭与小叫,你只开一分钟的电灯,你杂音如沸的话匣子,你冬日遍天的乌鸦,你夏日遍室的蜈蚣,你串胡同的粪夫,你哀怨与扭捏的情歌,久违了,我们这一代人的童年!

童年,到过许多更阔绰、更光亮、更文明也更优雅的家庭。见过院子里的石头假山。见过院子里月光下晃动着的竹丛的倩影。见过房顶上的虎皮猫咪。见过中俄与中德混血儿的家里的大客厅。首次见到沙发,首次见到使我痴呆呆发怔的远比黑猫更鲜艳也更空洞的彩色图案。首次喝到龙井,苦涩而又甘甜得令我挤眼睛。首次见到墙壁上的大挂钟,嘀嗒嘀嗒的声音使我肃然恐惧。首次看到落地式大瓷瓶，这是干什么用的，我为之不解也不安。首次用象牙筷子与调味瓶儿。首次吃到黄焖鸡块里的栗子与迷人醉人的香蕉，以为是登上了天堂的大门口，以为是被天庭所捕获。首次见识了国际象棋棋盘。高贵的家庭散发着人为的香气，龙眼龙舌，花露水香水，胭脂口红，甚至那时候已经见识了朱古力，朱古力的经验像是服用新发明的西药。为什么你们家香而我们家臭？为什么你们家讲究而我们家穷凑合？为什么你们家有那么多我们家没有那么多？国际象棋学了半天仍然不会。我哪里配？那时的一副棋也高贵得令人咋舌。然而越是这样就越同情自家，穷困的、污秽的、破烂的、憨直的、艰难与痛苦浸满着并且互相折磨着的老老少少几口子的小蜗居，我永远亲爱的蜗居！蜗居就是童年，蜗居就是亲情，蜗居就是相争以蠢的分量，蜗居就是世事苍凉中的记忆与文学。缺少蜗居印象的童年会不会透露出纨绔与轻薄？薄幸儿们啊……

5

贫民窟的小院子里的生活的迷人之处还在于它的雪雨晴风寒暑。

住在小院里的人与自然多么亲近，下雨时分看得清一个又一个水泡，说是越有水泡就越可能连续阴天下雨。说不定这与气压什么的有关。雨声也与住在高大的公寓楼里完全不同。雨打芭蕉，这完全是平房生活的产物，如果你是住在二十几层高的、窗户封闭性能极好的楼房高层，上哪儿听芭蕉或者残荷或者风吹鸟鸣蝉嘶虫吟去？

突然，小院黑云压了上来，你想欢呼，盛夏希望雷雨，严冬期盼太阳。雨的声音你分辨得清晰细腻。沙沙，叶叶，啦啦，哗哗，咣咣，再加上流水的嗞溜嗞溜。小雨与微尘的气味的混合，中雨与土气的混合，大雨的腥气与渐渐加上来的植物茎叶的气息，然后是从室内外各个角落里散发放射出来的湿潮与旧物气息，有时候已经上百年的房子会突然散发出油漆味道，使你敬佩于祖国漆料的源远流长、历久弥新。

雨打苫煤球的破席子的声音效果也是一样。还有雨打尿盆呢，清脆的叮当声。水积多了渐渐变成叶叶，雨点不区别贫民窟还是植物园，不论雨点打到的是什么，都有同样的节奏与疑惑。

雨是交响，雨是明暗，雨是敲击，雨是搜寻，雨是清爽，雨是湿瘴，雨是季节，雨是安慰，雨是为难，雨是灾难，雨有千般妙或者不妙，小院里才知道。那时没有现时的塑钢铝合金双层密封窗户，现在的门窗墙壁使我们渐成陌路。

院子里的地上，有了一点湿，有了一点白雪，有了一点尘土，你立马从自己的鞋上看到这一切。你还可以在自己的家门口堆一个雪人，用两粒烧透了的、显出灰白与红褐色的煤球嵌入做眼睛，用一块木片做鼻子，用一把破扫帚做它的武器或者臂肘。

我坚信，是公寓楼使得天少降乃至不降雨雪了，包括雨与雪之间之外的霰雹雾露霜等等。在没有公寓楼的时候，四时成焉，万物生焉，寒暑阴晴冷暖湿燥风霜雨露雪雾雷电各行其时各就其位。从前我们生活在四季，现在生活在空调里；从前我们生活在风雨里，现在生活在水泥屋顶水泥地面水泥墙壁水泥匣子里；从前我们生活在泥土上，与树木花草一起，现在我们生活在半空中，生活在 N 层上；从前我们生活在冷与热里，我们出汗再出汗，加衣服再加衣服，现在我们生活在恒温里……现在的雨不再冒泡，现在的雪不再堆积，更不再洁白。现在的雪是从天上下来的吗？还是人造的喷雾？现在的冰不再光滑，现在的泥泞不再粘连。会不会人们渐渐忘记了冰霜雨雪？

我们在房间。我们在楼道。我们在升降机——电梯。我们上了汽车，上了飞机，上了动车高铁，上了地毯、地板、大理石，我们使用了 84 消毒液、雷达杀虫剂、敌敌畏、来苏儿。看不到当年的蚂蚁、野蜂、蝙蝠、蜘蛛、老鼠、壁虎、蜈蚣、萤火虫、土鳖、屎壳郎……现在看到的是过去很少见的蟑螂。我还养过两只小白鼠呢，我想将它们培训成杂技演员,它们的夭折使我悲观厌世,世事无常,转眼成空……

还有深夜的盲人的笛子:占卜还是贩毒?我不相信我幼年的时候世界上已经有了黑手党。还有一个敏感与深奥的话题:黑手党与毒贩能不能唱一曲、吹奏一曲催人泪下的歌儿?“满洲映画”的混账影片里有没有难以释怀的插曲?白天的各种吆喝,萝卜呵,赛梨,辣来换。江米,小枣,好大的粽子喽。磨剪子来,抢菜刀。卖卤鸡的外带抽签,小小的博彩与渺小的生活中的难得的乐趣。提着风雨飘摇的煤油灯的装羊头肉的篮子,小贩操刀把肉片切得薄得透明,一点点胡椒盐就让人感觉踌躇意满飘飘欲仙……穷人也爱生活爱美食与美女。过年了,到处是送财神爷的,在连年战乱中,在民不聊生时,在吃了上顿不知下顿的年代,设想着得到财神的眷顾,梦见了自己捡到了钱包,梦见自己发了大财,愚昧能给你多少安慰,天真的人有多么幸福!

啊,光阴,啊,世界,啊,城市,你已经渐渐陌生,你已经渐渐发展得面目全非,对不起,我当真是愈来愈陈旧了,我留恋着的仍然是:

下雨喽,
冒泡喽,
王八戴上草帽喽……

6

有人敝帚自珍,有人怨天尤人。有人感恩叩拜,有人诅咒发狠。有人在烈火一样的期待里焚烧,有人在平静的自慰里渐渐安详。有人在安详里觉得劳累,有人在歇斯底里中获得平安。有人认定自己叠起的纸船上运载着万有的美丽丰饶,有人抱怨着上苍独独坑害了自己的美意与肌体。有人在故乡的泥土里用童话栽花,有人在记忆里注入苦涩的泪水。有人在平凡里享受世界的恩惠,有人因为令人发疯的平凡而不仅自杀,而且意欲杀人放火。

也许多了一点记忆？多了一点不安？多了一点不解？多了一只梦里的猫咪与一只早夭的耗子？多了面对不吃不饮的蚕蛾，眼看着它们交配、甩子、枯干，瑟缩的悲哀？春蚕到死丝方尽，童年的吟诵已经受不了这蚕终丝尽并且作茧自缚的悲剧。这世界使我炫目，使我慌乱，强光的照耀使我无地自容，使我渴望拥抱和爱抚，渴望母亲、妻子、你——我的小小姑娘，会飞的天使，我深信我四岁时就想说的话是："我爱你。"

我的童年有一些悬案，其中之一是，小小年纪，一天晚上一只蚊子飞入了我的右耳，嗡嗡噌噌，我伸手指用耳挖勺抠挖，用凉水温水肥皂水洗涤冲刷都无济于事。我的右耳感觉到的是哄闹与疼痛，是鼓槌的敲击。我想象着愤怒的与绝望的影子向着我的耳膜猛冲。它要自由，要生命，要突破该死的牢笼。并且我感到恐怖至极，我不知道这会有什么样的后果：聋掉一只耳朵？七窍流血而亡？吵上一星期使我疯狂？蚊子挣扎求生，曲径通幽，最后从我的嗓子眼里飞出来了？或者把它的毒性带入喉咙，使我由聋而哑而吐了血？反正我一宵没有成眠。

母亲带我去看一位乡亲，他是留学日本的眼科大夫，他私人开了一家眼科医院，医院里充盈着药液的味道，他的手指干净得使我不敢想象那是人指。为了耳朵去找眼睛，因为他是乡亲。说是我的耳中会分泌一种具有强大消毒能力的体液，蚊虫应已毙命，然后随耳屎排出，我的耳朵五官脸颊无碍。但我仍时感悲哀，我的右耳，我的身体，我的生命似乎从此有了自己的污点，自己的短处，我对不起疼爱我的父母师长，也对不起此生此世的纯洁生命，也对不起那只可怜的蚊子。你因为扰人清梦、喝人鲜血而被人"啪"地一巴掌打死，是多么利索。你着了杀虫药——那个年代叫44776——也算死了个慷慷慨慨。不，44776是化妆品，杀虫的叫滴滴涕。你怎么会飞入到一个半饥半饱、孱弱不堪的少年的耳朵眼里，然后一挣扎就挣了三个半小时？

而且我因此发育不佳，因为发育不佳而藏贮了太多的愿望，太多的梦幻，太多的思恋，太多的情爱。

我，还有那只死于非命的蚊子，我们欠缺了一次或者几次温情的抚摸，揉捏，拍打。你本来应该轻轻向我的耳朵眼里吹气。粗野，欠教养，话声太大，突然动怒，所有的不够文明、不够典雅、不够贵族绅士雍容华贵的我的那些个欠缺，就是从蚊虫的入侵开始。

还有一次不过是一只麻雀，它误入我家，飞不出去了。我开开了门而且示意它要从门开处飞走，因为，家里能通室外的只有此门，我们家没有能开关的窗户，我们的采光靠的是窗户纸，贴在窗棂上，家里人管此种纸叫猫头纸，又叫高丽纸，据说这种纸有它比玻璃更科学的地方，它有呼吸换气的过滤作用，它遮挡了强光的刺目，它能保温、节能减排低碳，等等。

麻雀撞晕了，还在抽搐。我非常伤心，我哭了。家人说我可以将小鸟拿出去，说是过一会儿它多半会醒过来，然后它会自由地飞走。我把它拿到院子里了。后来我睡着了，第二天清晨，不见了。它飞走了吗，还是被猫吞吃了呢？人生鸟生，草生树生，就这样轻率而且糊涂，活了，死了，根本不足挂齿，还能说什么呢？

房里也飞进过蜜蜂，大个儿的被叫作马蜂。我太胆小，竟然连被狠狠地蜇一次也没有，竟然没有吸吮过那被蜇肿了的手指。直到七十多年以后，打核桃的时候青毛虫直接落到右眼眼皮上，整个眼眶都肿起来了，这也是惠顾，这也是生活生命，它没有损坏到我的眼珠。它圆了我少年时代没有与蜜蜂亲近过也没有被狠狠地蜇过的怯懦人的勇敢梦。害人的毛虫绰号是“洋拉子”。我怀疑“拉”字应该写作“剌”。小时候“阿拉伯”一般写为“阿剌伯”，而我读作“阿刺伯”。太好了，这个人没有童年，他只能等待老了以后补课。

有一只袖珍熊，我不相信那是熊，然而相信更能带来乐趣与幻梦。是花钱买来的，我随着它爬杆，我随着它走钢丝，我随着它过桥与钻洞。然后它没有了，大人小人，都不承认看到了它，但我始终怀疑是它死了,被扔到了垃圾堆里,他们怕刺激,才不告诉我。生命变为垃圾,结束变为失踪……你为什么不想象它逃走成功,重获自由,不自由,毋宁死,它进入地道,进入树林,从此过着幸福美满、独立不羁的生活。

还有表舅送给我的一只刺猬,他说恰恰在我们所住的小院门口,他捉住了这只刺猬,它的样子非常美丽可爱。但是有刺,扎人,不然为什么名叫刺猬?我不敢抚摸也不知道应该如何照顾它,当然我喜欢它。我不愿意它到处乱跑,我在它身上扣上了一个破洗脸盆,我以为有盆,它就不能跑掉,破盆,它就不会憋死,我以为我的知识与成熟已经足够帮助一个我所喜爱的刺猬。第二天,刺猬无影无踪。破盆翻倒在一边。说是它从泄雨水的阳沟,即院墙脚特地留下的一个方方的洞洞跑掉了。大人说是忘记了堵住阳沟,我担心的则是它跑到街上就比在我们院子里更加危险。

我也不理解为什么童年时代我们的城市里有那么多蜗牛。多么悲哀呀,现在的人们知道蜗居却不知道蜗牛。"水牛/水牛/先出犄角/后出头来唉/你爹/你妈给你买/烧着骨头/烧羊肉哎唉。"

雨后所有的墙脚都有水牛即蜗牛出现,北京人把蜗牛叫水牛,可不是南方水田里耕地里的、犄角长而弯的与北方黄牛同列的水牛。水牛其实很可怜,动作缓慢,爬过的地方留下一道水印,爬行过程中常常受到顽童的攻击,它的壳子一碰就碎。它还常常成为漫画家调侃的材料,描写那种胆小怕事、毫无进取心的人时,就用蜗牛来做符号。天一晴,蜗牛不见了,也许就此消失了?

童年的城市仍然是生命的乡土。现在的城市则是水泥、钢铁与塑胶的天下。

北海公园团城是乌鸦的窝巢,它们啊——啊——地叫着,遮得昏天黑地。甚至也有蝙蝠与猫头鹰造访普通百姓,带来的是噩耗、凶信、预警、灾祸?在已经充满艰难与不幸的生活里,似乎人们对于一切灾星也渐渐麻木。

最大的悬案是一颗星星，夏日乘凉的夜晚，我看到了一颗星星的飞翔，它打了一个晃，它从一个区域进入了另一个区域，没有看清它是消失了还是参与了新的星群。我相信那是一个天使，我相信有多少星星就有多少天使。我相信其实星星天使们生性活泼好动，它们常常排成各种队形起舞，伴舞的曲子常常在我的耳边响起，薄云与薄雾随曲子飘拂，蝙蝠近地的飞驰扰乱了我对于星星天使的高飞的注视，云雾的移动模糊了我的判断，而且星星太高。我相信只有飞移十万公里的天使才能被地上的孩子看得到些微的闪烁。我相信些许的小风是星星飞翔移动所引起的。为什么我们会想象高空的潇洒舒适，只因为那时我们没有去过高空。我痛恨康德，他使观星变成了媚俗。我痛恨诸葛亮，他使观星变成了巫师作法。我痛恨哥伦布，他使观星变成了航海征服开拓殖民之术。我宁愿没有天文学没有星相学没有哲学没有航海没有罗盘技术，只有一个小小少年打着盹，蒙眬地呆傻地想念着会飞的星星。

第二章　瘦弱的童年也许更加期待爆炸

7

下述的紧张则仍然有振聋发聩的功效。每年春天都有乡下人挑着两笸箩雏鸡到城里叫卖。你买了几只小鸡雏,你甚至做出了关于生蛋与吃鸡蛋的梦,你开始思考伟大的蛋生鸡还是鸡生蛋哪个在前的命题。如果有一个前,那么此前之前必定还有一个更前。这才是最根本的悖论,比阿基米德或者贝克莱大主教的悖论更悖谬。此后你在这样的坚硬的思辨面前开始了光荣的退却。在你的童年里,世界上并没有比葱花炒鸡蛋更好更有营养的食物。还有葱花酱油拌馒头与葱花拌咸菜与老油条,用芝麻酱拌上黄酱抹到窝头片上。你渴望着弱小的生命的长成,你爱惜着它们的细小的绒毛,它们细小与娇嫩的吱吱喳喳令你心慌意乱,内心深处感到实在对不起那些小小的生命。你不明白为什么小鸡出现的时候它们都是金黄色,而成长使它们变得那样斑斓夸张,有时候发展到了庸俗低俗。然后有一只鸡雏不吃东西了,它歪着头闭上了一只眼睛,你们把它叫作打蔫。然后有一只开始泻肚,它排泄出了液体。然后有一只小东西突然从喉咙里发出了怪声……它们无例外的结果是终结,是死亡,是失去,是兀地蹬直了僵硬的腿,而你完全无能为力。

记忆里同时堆积着一只又一只死去的猫咪,养活的猫咪似乎远没有养死的猫咪多:穷苦与狭窄的生活里任何生命的添加都是罪过,任何对于生命的兴趣都是害己害生，无能的慈爱好比毒药，无能的祝祷其实是虚伪，无能的善意其实是网罗，无能的怀恋其实是陷阱，无能的眼泪其实是酸酸的秀与骚。

回忆久远的——例如七十五年以前——往事是否可能？怀老老的旧，是否犹如怀念才刚握过手的你的天真纯洁与慈祥还有你的手的芳香？不，当然不，你完全没有衰老，你完全没有失落光华芬芳。你仍然是“我的太阳”，虽然帕瓦罗蒂已经离去，即使那不勒斯我已经再不造访。我不相信七十五年前与一天前没有了区别。回忆是淡淡的，如水，如雾，如干草，如困乏中的链接。这很可能。淡的是往事的细节，淡的是某些情势可能具有的压力与催迫感。也似乎有一点更浓了的感觉，是陈旧的伤感。陈旧会带来一股霉气和老旧的味道，像太久没有打开过的衣箱，像大人说的压在箱子底的最最宝贵、最最舍不得穿、一直准备着你的盛大的节日的衣服。那节日也许正是我们的婚礼。遥远会带来你所舍不得，叫作有所不忍的距离，长距离给人一种叹息与疲劳感。你好比从一个地方出发走远，你没有坐快车，更不是乘飞机起飞。不妨说是你慢慢走开，你边走边回首，你看到了你原来住过好久的房子，走过的街道，抚摸过的槐树，绊过跟头的枯树根。它们一点点地变小变远变模糊，然而你小时候毕竟比后来视力好得多，你仍然看得见它们，那本来属于你的一切。终于，它们离开了你的视野，它们沉落到阻挡物的下边，城市里总是有什么东西隔离你的目光。城市的定义就是看而不远。如果是在乡下，也许你仍然能够看得见它们。如果是在海上，你能看到它们变成了小点，变成了雾气，变成了水滴，直到你们的距离超过了地球的弧度。

为什么说往事如烟或者不如烟？是说它们的形状没有定准？是说它们的浓度迅速丧失？是说它们上升而且随风飘散？有时候我觉得往事如冰，它仍然反射着阳光月光星光，它忽然亮晶晶，它产生了你所无法把握的曲光与断层，它折射出带几分紧张的神秘与美丽，它渐渐蒙尘，它渐渐黯淡，它渐渐因地下的温热而融化。往事还如一盆盆花，它本来就不可能天长地久，哪怕它曾经鲜艳妩媚，哪怕你曾为它施肥浇水剪枝和安插护持，它的花朵总要枯萎，它的叶片终归陨落，它的精神不会不再衰减。往事保存在你的记忆里正如鲜花保持在花盆里，它注定短命，只有舍弃，只有重归大地，只有再经风雨雷电，只有你与花的命运的交会，我才培育出了一簇寿命长久些的花株。

老了还是会回想。回想使你安静，使你满足，而且羞愧。不满足活该，不满足你也没招儿，不满足就是逆天违理，自己拿着自己与世界当寇仇。不羞愧你也害臊，因为你不能拿着回忆当伟哥补药。回想使你淡淡地悲哀，这淡淡的悲哀几乎是一种纪念，是几行文字，你可以安慰自己，我有那么点做悲哀形状的文字。然后是一片白茫茫大地也未必干净，还有原野上的小蓝花，还有麻雀与乌鸦，最主要的还有风，小风阵阵，如鲍罗丁的《在中亚细亚草原上》，如白色的矢车菊，如夏牧场上的马蹄印迹，如热烈后的空无，如迁走了的牧人帐篷，如谢幕十五次后关闭的，落下的厚厚的蓝紫天鹅绒大幕，如拉上窗帘后上门锁时的咔嗒一声金属别棍的声响。

其实回忆的感觉是对于零的靠拢，是对于世界的源头的靠拢，是对于平静的宏伟阔大的靠拢。回忆的终结是与巨大的零的融合。

零与无穷大，这就是上帝——终极。它是我们的安慰与依托，它是一首赞美故事，它是我的两只黑猫，两只眼睛如被两枚钉子钉了的灯泡。一只眼睛是空无，窥探空无，就是对于无边的阔大与无尽的可能的靠拢；一只眼睛是一切，它包容万有万象万年万世万色万声万念万变万喜万悲。它是你的墓碑你的安息你的护佑你的泪，背后是青山，再背后是天与白云，再后是我的双簧管，是献给你的娇羞。

永远不忘的是站在大树下拿着弹弓，你似乎是在瞄准一只树丫上的小鸟，其实你绝对没有猎鸟的动机，你是想用一粒石子伸展你的臂膀去与树梢拥抱，你想与所有的树叶亲吻，你太矮。树太高，不用弹弓你够不着树的面庞与嘴唇。

不，弓太小，弦太软，力气也还不够，你没有身体与气概，你没有雄强与骨骼，你没有身高与实力去吻你的崇拜与沉醉，你的温柔与芳香，哪怕只是去握一握手。那是一棵大槐树，那就是北京，那就是世界，那就是女娲，那就是我膜拜我恋爱我错过了我唐突了的女人。

8

请告诉我，这是轻而易举的吗？这是无比快乐的吗？这是轻狂有害的吗？这是侥幸与招恨的吗？

国人相信的是痴人自有痴人福，聪明反被聪明误。

我参加过比赛，没有费太大力气，老是第一。我跑得快，这是命，这是赐予。

我知道你很努力，你很疲劳，你开夜车，你害怕落在后面。你脸色铁青，你十二岁时就喝浓茶，从你身上我可以想象头悬梁锥刺股的肉搏。而且你们几个人互相刺探互相摸底你们故意不说出真情，你们警惕着彼此。

不，我不喜欢苦，我只是咬紧牙关忍受苦难，同时努力化苦难为经验，为自得其乐，为粲然一笑。舒适与相当正常不是由于骄傲或者怠惰，不是由于自信与自得显摆。只是由于软弱，由于可怜，由于自己不具备拼的本钱。知道必须努力，从努力中得到的不是疲劳，不是辛苦，而是趣味与自己存在的认证。

而且从童年便知道了失眠的滋味，知道生命的辛苦与短暂，就更没有可能自弃自戕。害怕两只黑猫会使我筋疲力尽头晕眼花头上扎针小腿发软。必须正常，不能加班加点，否则你活不了。发现正常了才能够稳稳当当，这令人吃惊，与可怜你的喝浓茶的同伴。

肯定是五行缺水，不论什么时候水都是那样醉人恋人。我只是需要看见水，水色、水泡、水光、水纹、水星、水花与水汽。也喜欢闻到水的鲜腥的女人的味道。喜欢水边的树木、石头，与蓬草映在水中，成为另一个能动的与朦胧的世界。水在树叶中，水在云霞里，水在风雨中，水在堤岸旁，水在相爱时，水伴随着低语。是生机也是活跃，是你的明亮你的摇荡你的祈求你的潜伏你的激动你的汩汩，能不使人落泪吗？

好像还是我们的未来，水波，水流，浪涛，裹挟，冲刷，旋涡，转向，不必再见，不似来过，恰似曾经，谁的一生能够踩过两次同样的水？

喜欢水是因为水的鲜活，水动，水柔软而且曲折，死水也有波澜，死水也有渗透、蒸发与承受——雨雪与溪流，活水更是源远流长，百川入海。水上上下下，高高低低，左左右右，前前后后，闪闪烁烁，明明暗暗，龙龙蛇蛇，润润湿湿，滑滑溜溜，水冲过石头，发出了不知道是石头还是水的乐音。水冲下了泥土，不知道是改变了泥土的格局还是改变了自身的颜色与清浊。水有情，水有语，水与岸的对话天长地久，像调情也像争辩，像咒语也像预言，像密码也像天机，像切切也像喁喁。它温存偏又激越。

那时候有木制的水车，木制的水筲，是山东汉子挑水送到各家，一块钱大约可以换到——注意，没有说买到，那时的人们宁愿意用“换”字代替“买”——五十枚竹牌子，送来两大桶水缴纳一个竹牌，往事安安静静，往事窝窝囊囊，往事亲亲热热，往事牵肠挂肚。七十年前，中国人觉得讲买卖远不如讲交换更人情更古朴更道德更仁义。

水使歌声变得清爽，水使美貌得以纯净，水使你忘掉，然后入眠然后入梦然后升腾。在曲里拐弯以后，在绕过了千山万壑以后，我找到了你，你在与天诉说，你在与星调皮，你在与花逗弄，你在与风撩拨。喜欢坐船，坐船的愿望是不再上岸。喜欢躺在大岩石上冲刷沐浴接受阳光，冲刷的感觉是生命的愿望与幻想。喜欢游泳，游泳的目的是恐惧与胜利，是鱼，是生活在玻璃一样的透明里，是再不遮蔽，再不躲藏，再不忧伤，再不离去——也许有那么一次，再不回来。

最伟大的游泳是游入太平洋大西洋印度洋北冰洋，游入银河天海太空之洋，浩荡缥缈，变成一个黑点，变成一个水滴，变成永远的海洋之水星。

直到后来我才渐渐明白自己有多么讨厌，让老师讨厌，让同学讨厌，让课本讨厌，让那只不吃不喝的三色猫讨厌，让白雪公主与七个小矮人讨厌。老觉得自己比别人聪明的人是丢人的。把一个鸡毛毽子踢上天空，然后打了一个哈欠，自以为是睡了一觉，然后顺脚一抬，接着了你踢上天空的那只毽子，然后把毽子随便一扔，你去买烤白薯。

我必须告诉大家，我曾经有多么讨厌，请讨厌我的应该讨厌的自信与自得，根本不觉得自己有什么自信与自得的自自然然的自信与自得，天生的不自知的毛病，更难于更改修理。不知不觉地我伤害了残害了弱者拙者蠢者。不知不觉地损害了所有的平庸与随和，我活该吃瘪，中家伙，蹒跚，招恨，让人看笑话，嘻嘻嘻。

却仍然喜欢在黑板上做题，在公开课上当众答复，喜欢大声回答问题得一百分，九十九都不能算。还相信聪明是一种美，清晰与自信也是美丽的，准确与干净就更美。清楚的口齿，洪亮的声音，准确的理解，命中十环的回答，矮小的个子，这个孩子成为宠儿，教师的，父母的，但不一定受同学们的欢迎。

9

然而这太次要了，只是儿童的游戏，是“我找我哥去”的恐吓，是“德性”“你德性好”“比你强”……的对答，是“老师，她老瞪我”的告状，是偷偷使个绊把同学绊倒的成功与教室门上放一个板擦，落下来没有砸到任何一个人的失落。人不一定生而恶，但是人生而喜欢恶作剧。小时候，我渴望着有神妙结局的行动，例如去孵两只蛋，让世界上增添两只小鸡。例如去叠一只纸船，放入北海太液池，就像购鱼放生一样，纸船一见水就活泼了生命，像鱼一样地漂游，想象着二十年后它又漂游到自己身边的疏影。二十年后，纸船老了，我还年轻。

例如用身体的温热去帮助一只蝴蝶过冬，让这只蝴蝶享年十六岁。早就听说过，将一只蟋蟀或者蝈蝈放到葫芦里，将葫芦揣在肚子上，大襟下面，蟋蟀与蝈蝈就可以过冬。例如多向枣树树根上贡献一点自己能够出产的肥料，会不会得到一枚比西瓜大的甜枣。冬日的严寒中我是多么同情落寞的乌鸦，忍受刺骨的寒冷，它们的痴叫是抗议还是喝彩？是提醒严冬中不要忘记鸟儿的喧哗，是提醒太阳不要忘记北方，是诉求春天不要迟到。对于它们的祝福也许会使其中的一只对我产生好感，它将能带上我走一趟苍茫的远路。

就在此时，小星星从云下升起，小鸟从柳叶丛中飞出。又有情妹坐马英雄牵马上来。小时候爱李丽华，恨死了赵匡胤，赵不是英雄，是变态狂与不通人性，不懂得爱惜女性的男人，第一应该阉割，第二应该处决。情妹，也许我更喜欢写作青妹，软弱得使我落泪。错字就是散文，乱码就是诗，如果你是诗人诗心诗情。而散文就是错字，诗歌就是假造乱码，如果你不是真正的诗人诗心诗情。谁是我的兵，跟着我走，谁不是我的兵，大屁崩！我上小学的时候的时尚密码如上。那些无耻地写不是诗的诗的人大屁崩！真正的诗的秘密我不会告诉你，像告诉你今天的汇率。在假寐的时候我得到了你的心你的奖你的欢笑。哥哥在路上行走，步行，咪咪在马上左顾右盼，心痛。小时候我觉得李丽华是一只好美的大猫。歌声一次又一次地把少年的我呼唤。长途跋涉却只是为了做上皇帝，不解芳心的皇帝有什么可劳您大驾的？皇帝的滋味未免单调枯燥，广东的老哥们到北京吃过御膳以后，纷纷反映做皇帝太辛苦，连粤菜都吃不上。总是把弦调到升C3，把音响开到25满频，装腔作势而又战战兢兢，连眼珠都不敢错一错，连笑容都像在喝煎熬过了度的苦苦的汤药，活活折磨死人。七十二年前我没有听出来，什么举鞭策马，什么策马狂奔，什么高头大马，那时策马我以为是坐马，就是坐在马上享福。为什么我却深深为妹心打动而含泪不已。虽然大风吹起，虽然乌云转眼蔽空蔽野，虽然大雨如注，虽然电雷交加，哥呀不如同鞍向前进，用不着费心我不怕这区区路程，就这样陈旧着软弱着凄凉着与温柔着，渺小着感动着亲切着，直到一声惊天动地的巨响，炸他个人仰马翻，这才叫作历史。

没有别的办法，旧事是一大堆歌曲。是老式的七十八转唱片，是划出了刺耳的杂音的沟纹，是早该以旧换新的唱针，是装模作样的像向日葵一样巨大的喇叭，是折断过又接上的发条，是明亮的终于暗淡了的、不敢太用力又不能不用力的摇柄。是姓周的与姓陈的，姓李的与又一个姓李的，后来是姓邓的莺莺雀雀。记不住词了还有调，记不住调了还有词，还有面庞，还有笑容，还有听起来那么单纯和娇嫩的呢喃，那么融化的情意，那么芳香的举动，那么多包含泪水的转身。还有你的乳名，亲切的，芳香的，久违了的，绝对不可以出让的。其实只比我大十来岁，怎么那个时候我觉得她们那样年长与成熟？而我只是个屁孩儿。现在呢，我把她们收到亲切里，与莎拉·布莱曼在一起，与芭芭拉·史翠珊与阿黛尔·阿德金斯在一起，她们的声音各不相同，却又都那么女性得紧，正像你的文字，你的文字千种风姿，万种好处，无边的情义。

你知道吧？小鸟依人，依人的小鸟太多了你会渴望秃鹫的俯冲，从 B-29 到 B-52 的战略轰炸，蘑菇云，宇宙大放射大爆炸，世界末日。甜美的微笑太多了，你期待血性的厮杀，让青龙偃月刀司令员同志做重要讲话，让中子手枪连指挥员同志发表号召，让大炮先锋队批评旧世界，让航母唱一曲灌溉灵魂的饥渴之大合唱。正常的生活时间表太多了你会渴望爆炸与颠覆，阴阳日月寒暑冬春全都给我倒立过来，马牛羊鸡犬豕全部占山为寇，狼虫虎豹鹰蛇鲸全部驯良得宠钻进新婚夫妇合用的被窝。一家人甜甜蜜蜜、亲亲热热、黏黏糊糊、臭臭香香，庸俗得你渴望着生离死别，天涯海角，断头台上，骇浪惊涛。周璇与布莱曼听多了你会追寻嘶哑泣血，呐喊雷鸣，天崩地裂，海啸龙卷风……你渴望翻脸变色，你渴望水滴石穿，你渴望茹毛饮血，你渴望决一死战，你渴望刺刀见红三击掌血滴子，如果宰不了虎狼就骗自己。英雄豪杰，齐天大圣，普罗米修斯，特洛伊木马，堂吉诃德，李逵黑旋风砍瓜切菜，武松血溅鸳鸯楼，肃反扩大化，叫作杀得兴起。

是砰然的决断，是打铁的铿锵，是风驰电掣的手段，是决绝毅然。是摇曳的情，是隐隐的雷，是匆匆的跳，是忽忽的仇，是飘飘的雪，是远远的喊。是一个个的头，是一双双的手，是一排排的琴，是一面面的鼓，是一行行的浪，是渐渐靠近的大地，是渐渐疼爱你的前呼后拥的树。祖先排着队，贡献出怎样的精妙与明察。志士拉着手，做出了怎样的壮烈与牺牲。哲人托起腮，他怕你至今弄不明白，不怎么明白，明白了也不透彻，透彻了也表示不出来。于是有了些舒展，有了些雍容，有了曙光朝霞，有了安静的回音与回响，有了嘀嘀嗒嗒的小喇叭，尾响向着一个又一个的 P 行走，蓦地一声钟鼓，指挥终于放下了手与木棍。无声的喝彩泪如雨下。这是青春，这是历史，伟大的也是混账的，英勇的也是荒唐的历史。

10

呵，童年！你被打扮为天使，你被打扮成鲜花，你被放飞到天上云间，你的粉嫩的脸蛋被所有爱怜。你本来就是那么纯洁，那么美丽，那么善良，那么干干净净，一尘不染。你那么想讨好所有，愉悦所有，金童玉女，你只会一种表情，它就是笑靥；你只会一种说话，它就是佳愿；你只有一个使命，就是温暖。让所有人都喜欢你宠爱你奉献你抚摸你背负你搂抱着你。你像跳跃的小鸟，你像浮游的鱼儿，你像飞奔的马驹，你像一朵飘飞着的蒲公英，你像你喜欢我也喜欢唱的那首儿歌，响铃，风车，纸鸢，拜月的银狐狸，恭恭敬敬，虔心虔诚，在偏僻的山林里修炼成了无瑕的少女，在水银般的月光下，你行着礼。每天的子时与午时，你跪求了日月的精华，你吸收了日月的光辉，你出落得水里芙蓉，梦里雪莲，林里云雀，竹竿上长出新叶与练实。

偏赶上那样的疯狂，血腥，缠斗，肮脏，野心，拼死拼活，钩心斗角。又是那样地英勇，高尚，理念，崇拜，献身……明月不承认倒影，花朵不承认花盆，女儿不承认父亲，大地不承认大树，阳光与雨露不承认小草的萌芽，金鱼不但不承认鱼缸也不承认放在缸里的水以及取水的江湖，那氧气充足的自然水域。

你漂亮，有什么用呢？你贤淑，有什么用呢？你纯洁，当然，你从小拥有了一切，你不需要为冬小麦而咬牙切齿影响美观，你不需要为生活而拚搏厮杀，你只需要善良就足够用了，你不需要为了生活而下泥塘进污水道挖腐臭，你永远纯美如玉如白云而与龌龊的地面远离。你自以为是天的骄子，人的骄子，自以为是带来快乐和美妙的信息的天使，有什么用呢？在人不承认人的时刻，人能够接受天使吗？宁愿意接受的是匕首、投枪、子弹、大炮、火箭、轰炸机与密告。

然而仍然至情于你的娇柔，你的细嫩，你的纯洁，你的永远的笑容，你的自以为能够让大家都高兴都满意都和美的酣梦。向着女歌手喊布拉娃，向着男演员喊布拉沃。唱歌就是人生。跳舞就是人生。鼓掌与鲜花就是人生。你的人生就是这样的欺骗与被骗。骗自己，那就骗自己吧，抚摸自己的额头，那就抚摸它吧，大哭一场后硬是强颜欢笑，妙语如珠，阔大豁达，阳光明媚，那就欢笑吧，妙语吧，豁达吧，明媚如春光无限吧。必须说服自己，生活是福，人是福，还有青春与将青春变老了的历史。

然后刹那的春光会带来月复一月季又一季的寒热风雨，三日的盛开引来了无尽的衰败的悲伤，质疑接着质疑，责备接着责备，愤怒接着愤怒，怨怼接着怨怼，伤害的诽谤诉告恶言会带来弱者的唯一快感。直到校准了枪口，三点连成了直线，顶住肩胛，搂动扳机，嘎——咕，飒的一声，却是空管。萨克斯在城墙上吹响，喷泉随着音乐起伏，白裙轻盈地摆动，女孩在山路上奔跑，她们的小腿带来了春光。惊鹿蓦地停步于溪下，雄鹰骤然定格于高空，巨石突变为细沙，大浪速退。海滩露出了太多的扇贝与红螺，海腥味渐渐四散，大鼓是逐步敲响的，鼓声从中心传向边缘，从鼓面导向鼓底鼓架鼓槌和鼓槌上的丝穗，然后鼓声引起了锣钹的共鸣，引起了弦丝的吹拂颤抖，然后你得到了青春,然后你知道这梦非梦、花非花、情非情、生命正不是生命,而只是你纯洁的天使的反光与折射,缥缈,所以永而且远。

我不得不承认,我是一个相当怯懦的人。怯懦是温柔的另一面,凶狠才是男子汉。那年我们去一个大有名气的学校看球赛。不,我不告诉你是什么球,你可以忘记篮足排手曲棍的区分,乒羽玻璃弹砂壶的大小,你可以不去追究棒与垒、壁与网……你只需要回忆那怯懦的一瞬:跳!

所有的同学纷纷从那截断墙上一跃而过,同校的与异校的,同班的与异班的,他们都是轻轻一上一下,如飞如跃,齐活大吉;而你欲跳还休,欲休还跳,你欲落地而收脚,欲求安全而躲闪,你摔裂了脚踵,你接受了木板固定与数月的治疗修复。骨裂以后你做了不少的梦,温暖的与美丽的梦。小猫的灵巧与快乐离不开搏杀的敏捷与无情。狗儿的忠诚与仁义离不开它的窝囊。在我们饥饿时候你多多美餐。在我们粗陋的时候你娇白细嫩。在我们抬不起头的时候你辉煌灿烂。而且你事儿事儿的,你挑剔,你怨恨,你怎么会觉得人人欠你一百吊钱?

所以我们仇恨你。而你自以为是朋友,是好心人,是明媚的歌声婉转,是瑶池下界的活神仙。

当然不会懂得,贫穷有多么温馨,不幸有多么亲切,衰弱有多么甜蜜,争吵有多么体贴,怯懦有多么爱惜,局促有多么幽默,不幸的童年有多么光芒万丈,还有,两只黑猫的梦境有多么踏实,多么深邃,人生一世有多么辛苦而且可圈可点、可歌可泣,终究是无声无息,你睡得好福气。

你知道这个经验吗?因为严冬,所以喜爱哪怕是破烂与狭小的房屋。由于饥饿,所以欣欣于一个玉米面窝头的咀嚼。由于卑微,所以珍爱家人与亲情,除了亲属,还有谁正眼看你?由于室内没有取暖之物,所以认定烂被褥会带来温暖与幸福。由于孱弱,所以谨慎小心,努力奋斗,处心积虑,争取向上。

11

唯一的解释是建筑物尤其是高层建筑的林立，水泥丛林的拔地而起，城市规模的扩大与城市设施的密集，扩大了再扩大，密集了再密集，现在你在北京已经很少听到冬季西北风的鬼哭狼嚎了。没有见过鬼，也没有听过多少狼啸，但是可以断定大风吹过电线的线与杆的时候，会引起残忍的颤抖，像死亡一样无情，像刀尖一样锋利，像野兽一样凶狠，像天崩地裂一样破损，像抽搐一样疼痛；我说的是风声，它像鞭打一样决绝，像强盗一样无情掠夺，像魔鬼一样与人特别是穷人为敌。它令你胆战。比寒冷，比冰雪，比大风，甚至有时候比饥饿更恐怖的是这种风声，这种风声直接刺入心房，令你变色。正是这样的鬼哭狼嚎的风，使你愿意与亲人，与同伴依偎在一起，相濡以沫，相暖以心，以言语、以死咱们就死在一块儿的决绝，温暖着饥饿、寒冷、寂寞而且风声凄厉的童年。

呵，还有忘记了描述树干特别是树枝在风中的痉挛：那疯疯的——飒飒的树枝，那抖颤的莫名其妙地挂在了树梢上的广告纸、破布、浑身破绽的风筝与你随便信与不信，那是女人用过的卫生巾都青云直上，高踞于树之颠。它们发出的声音似乎更多一点人间，像哭泣，像絮叨，像梦中咬着牙齿，像突然憋住了气。

那时是古老的北京，是无数大大小小的四合院的北京，是从高处一看都是黑瓦屋顶的北京，是正南正北、密密麻麻的棋盘一样的胡同的北京，是抽水烟袋、喝茉莉花茶、礼貌得让人啰唆，啰唆得让人感动，感动得让人更加多礼的北京……

也曾经有过航海的梦，也听说过哥伦布与麦哲伦的姓名与故事，然而一直怀疑竖鸡蛋的情节是否真实与可能。那时的特点是各种意外与随机，不能确定鸡蛋里孵出来的一准是小鸡还是天鹅还是癞蛤蟆，不肯定摔一跤是骨折还是捡到一个装着金条的钱包，还是因为摸了一下钱包就挨了一枪子儿。还从麦哲伦身上体会到葡萄牙当年的威武,西班牙的强大,并且联想到澳门的圣保罗教堂遗址,现在被称为大三巴的,土化为洋,洋化为土,误读误记误会成为了更加有趣的风景。联想到绕地球一周会减少或者增加一天,其实计算得并不清楚,我不免吓了自己。哪怕只是听说过鲁滨逊和礼拜五,再哪怕是天方夜谭里神灯的模模糊糊的故事。贫穷与匮乏中仍然有神奇的礼物,伟大的与难以理解的奇遇。越是无望越会想念命运,甚至想象中了头彩的辉煌,乞丐会当上皇帝如薛平贵,瞎老太会龙驹凤辇进皇城,然后是包黑子打龙袍,无产者渴望着失去锁链,虽然不一定能得到全世界,而可能是失去了其他。

就是说你得到了一艘小船,说是——你也亲眼见到了,这艘小船能够在脸盆的水面上航行。只需要点一下火,拧一把小小的钥匙。你的心里吹起了海风,你的眼前掀起了浪涛,你的耳旁奏起了交响乐,有许多美女为水兵送行,有许多银鱼飞翔在海面上,许多海鸥与银鱼颉颃。海鸥的肚腹丰满而且洁白。那么低龄就知道了水兵与美女,这不免有些可疑,但是高龄以后确实认定,坚决地认定了六岁时就懂得了美女送海军出航的雄伟与浪漫,就向往着一切高大与不凡。船一走就碰到了搪瓷洗脸盆边缘,你略加点拨,船时而自主地时而被行走为圆周线段。停了一次,略加指导,又开航了。又停了一次,又由叔叔阿姨给军舰下达了修复的指令并进行了操作,小船走得如飞,你激动得掉了泪,你相信你的未来是当海军,如果不是司令,就是参谋;不是参谋,就是舰长;再不就是烈士,反正不是逃兵。你已经浑身的浪花满脸的水迹。

然而没有第二次,没有继续,美好的事物从来难再,美丽的梦想消失于不知不觉之中,没有过程也没有缘由。高楼大厦是所有北京人的梦,得到了高楼大厦以后才知道没有了古老的北京。所有的获得都是失去,所有的失去也都是获得。第二天,仅仅十几个小时以后,小船已经不能发动,你拨拉它,才发现盆水的阻力远远大于头一天的演示,你擦拭它,然后心中疑惑,很可能是你的擦拭彻底毁损了你的第一艘巡洋舰,你的第一艘巡洋舰娇嫩得如同杏仁豆腐,以致你怀疑你目睹的第一次航行究竟是实有其事还是仅仅是一次幻梦。

还有一座雪山,许多枞树,一间应该是看林人的木屋,七十年后,认定那应该是阿尔卑斯或者喀尔巴阡山,反正那是欧洲的山,不是幽雅的黄山、雄伟的泰山、秀丽的峨眉山和奇峭的崆峒山,它是欧洲的高贵与清纯的山,而且它拥有一泓清水,明亮的湖泊比镜子还清爽。一、为什么会拥有一座欧洲的山?二、为什么认定它是欧洲的山?即使不曾拥有,也毕竟认为拥有。拥有又当如何?三、它是一个画作?一张照片?一个模型?是庙会上从拉洋片的镜箱的透镜里看到的西洋风景?也许它是一个模型,为什么会有一个欧洲山岭的模型?它与我有什么关系?什么缘起?

又岂止如许!还有白雪公主与七个小矮人。它是木偶,它是影片,这是连环图画,这是格林童话集。公主白如雪?呵,她太凉了。公主为七个小矮子所拥戴,所保卫,所忠诚,所爱,一定的。我也爱。

你喜欢一切能够动的玩具或者本来并不是玩具的玩具。比如走马灯,灯一点,人车马,大家都旋转起来,你的思想是多么美妙。电影?尤其是动画,许多年我想自制一批动画影片,最好看的是万氏兄弟绘制的《铁扇公主》,对不起,我两次看过此片,我同情的不是孙悟空更不是猪八戒,尤其绝对不可能是乏味的唐僧。我同情的是铁扇公主,是牛魔王的二奶玉面狐狸,孙悟空用棒子或者是猪八戒用耙打死玉面狐狸令我痛心疾首。

喜爱蝙蝠,因为寓言故事。说是老鼠吃多了盐巴,就变成了傍晚高飞的蝙蝠,它们吃蚊虫,帮助了儿童的敏感的皮肤。夏夜乘凉的时候常常看到蝙蝠起飞。深夜,它们还飞不飞呢?据说它们是倒悬着休息的。倒悬是一种休息的方式。

童年留下的美好十分有限,因为有限格外美好。真正的不幸是:童年留下了太多的愤懑与悲伤;原因很简单,你在童年失去了童年。

12

然而童年全不需要同情的眼泪。渺小、贫窘、孱弱，通向的不注定是匍匐与乞怜，不确定是呻吟与哀叹，它可能是走向辉煌的梦。由于一种姿态高扬的理念，既高富帅，又白富美，有头有尾，成本大套，无所不包，天衣无缝。锣鼓终会喧天，大旗终会飘扬，战刀终会闪光，这里有一个相信：生命终会闪光，蓓蕾终将怒放，智慧不怕轻侮，正直不介意冥顽的甚嚣尘上，真正的生活将从你开始。而你有一手活，我有一手活，他有一手活，她有一手活，生就要活，活就是活儿，就是活儿的精彩绚烂，是生命的精彩与绚烂，是造物的伟岸与激扬，是白浪滔天，是群星灿烂，是众鸟高飞，是群山连绵，是比人本身更不知牛气多少的人的纪念碑与殿堂。

切记，人的制造常常比制造者更伟大。

即使从裸剔后的骨架上你也会看出一头雄鹰的英武，即使从后世的咒骂中你也可以听出一匹恶狼的充分，即使从一事无成的蹉跎里你也体察到了一个生命的不离不弃，何况从一个悲悯而又明哲、圣贤而又天真、坎坷而又强大的成功中产生的赞美与羡慕。

就如那在寒风中呜呜叫着的枯树，貌似枯萎的树。它只剩下了褐黑，它只剩下了枯枝，它只剩下了瑟瑟发抖，但是它仍然有自然而然的记忆，有自由自在的伸展，有不求不说不哭不倒的尊严，有对于严寒的微笑，有对于星空的凝视，有对于大雪的冷对，有对于乌鸦的迎迓，它什么都没有夸张，它什么都没有倾吐，它从来不说什么当年的勇敢与阔绰，它仍然表现了春天的繁荣、夏天的肥硕、秋天的完满、冬天的自信与庄严。

在播撒小雨的时候开放了心花。在蝉嘶鸟飞的时候覆盖了大地。在告别时分燃烧起鲜艳的往事。在豁出了一切的诉说中真实地活了一次，在碰壁与绝望中得到了宁静从容，在残忍与肃杀中奏响神经质的,其实是威严的绝响。

像春花一样盛开的是世界名人的带图故事。苹果为什么落到地上?水壶的盖子是怎样顶起来的?踢足球受了伤遂成了伟大的作家。承受了人间的一切打击,你仍然站住了,像屹立在海浪中的灯塔。对于世界的发现使你疯狂。徒然的努力其实并不徒然。受到嘲笑与打击又怎么样?庸人的不理解并不使你丧气。

相信我开始上高中的时候成为了短跑名将,跳高选手,我会轻功、毯子功、金钟罩、铁布衫、梅花桩、猫蹿狗闪、太极形易、甩头一子、运筹帷幄,我可以除暴安良,包打天下,喊一声:“变!变!变!”

13

也许走得太快了,本来不需要如此匆忙,没有童年的孩子是悲哀的,不必让儿童有太多的承担与奉献,扩充与爆炸。夏日的古城,缺水的古城毕竟还有湖泊与泉流,夏天在水面上搭上了木板,木板上搭起了凉棚,凉棚里摆上了简朴的桌椅板凳,就有了清凉,有了小风,有了荷花的清香,有了仿清朝宫廷的小吃:芸豆卷,豌豆黄,小窝头,肉末烧饼,荷叶粥。相信这里有一个精灵,旧时代有许多这样的精灵,称作什么店小二。他来去匆匆,跑动的姿势像京剧舞台上的台步,小碎步飞快,上身平稳不动,如同在冰场上滑冰,耳轮上夹着一支笔,口里吆喊着应答着,手里托着盘碗,轮番出现在一张又一张桌前。他用歌唱的旋律重复着顾客点的菜肴名称。他再在用餐完毕以后一面盘点大小碟盘一面唱出不同的碟盘代表的不同菜肴的价格,分别报着。累计加着:木樨肉三毛六三毛六,广烧鱼一块三毛八一块三毛八加三毛六是一块七毛四一块七毛四,莲子粥三碗每碗四毛二四毛二一共一块两毛六加上前头的一块七毛四是三块整三块整喽您哪三块整……他是那样快活,他有那么好的嗓子、腰腿、记性、笑容、礼仪、兴致与麻利快,他比算盘快活,比计算机亲热,比纸笔聪明,比打印机人性化人情味……你相信吗？你理解吗？这是真的吗？会不会因为过往而显得分外甜蜜？

而你只不过是一个小蠓蠓虫，你在水上飞翔，你接触着清凉的平移着的小风与温热的上升着的暑气，你跟随着青蛙，青蛙游水的时候它的长后腿的动作屈伸蹬踢已入化境，你时时看着浮上水面乃至跃出水面的鱼儿，你在巨大的荷叶叶片上休息，你沉醉于莲花与碧叶的香气，你完全不在意人间的嘈杂，你不认为那些莫名其妙的人类活动与你有什么关系，蠓蠓虫感到奇怪的只是从人类的厨房里不时飘出热气腾腾的大米煮熟与荷叶加热的怪怪的香味。他们喝荷叶粥。好像《红楼梦》里已经有类似的茶点。

蠓蠓虫跟随你去到了船坞，那里有过你的父亲与一位欧洲学者共同拥有的小小木质游船。那时候你们走进公园后门，听着并非令人烦躁而是令人清爽的响杨的飒飒唰唰与知了的嘶嘶的鸣响，还听到小小瀑布的冲淘的声响。你不明白，为什么林黛玉不喜欢杨树的声响，你也不明白为什么后来更新换代的时候除掉了响杨而换成了其他的杨树树种，你还不明白为什么小小水闸的动静也远不如当年响亮。

啊，童年，你是糊涂的精灵，你是半睡的猫狗，你是飞飞停停的麻雀，你是东张西望的小虫。你享受快乐也冷淡悲哀，你享受美食也忍受饥饿，你对一切都无所谓也都有兴趣，你一边关注一边忘却，你一边走路一边被抱起来。你骑在一位德国学者的肩上，即使在不好的境遇下世界仍然提供给你宽大的肩膀。你不懂得什么划船行乐，你仍然不会忘记那花花点点，明明暗暗，滴滴溜溜，光光影影，桥桥洞洞，草草木木，波波纹纹，凉凉爽爽，摇摇晃晃。你从无忧愁也从无得得。你从无要求也从无失望，快乐的不过是你什么都不知道。

你难忘的是点煤气灯，却懂得了期待煤气灯的突然崭亮。你不懂为什么架起了梯子。水上搭台更像是一种演出一种作秀一种玩耍，像是进入了大宅门，叫作荷花金鱼池，肥狗胖丫头。到处说的是：

“给您请安,给您带好!”至今有人相信,他们甚至著文,北京是人类文明与世界都市的峰顶,因为他们会说您与您,纽约不会,广州也不会。

你喜爱别人送你一只粘下来的知了,却在知了到手的第一刻感到了对于一只惨叫着的昆虫的伤心的同情,难处在于你完全不知道如何将知了放回树枝的高端。你得到了一只什么叔叔伯伯送给你的小鸟,你爱鸟爱得想哭,但是你已经懂得已经预见你将无法确保它的生存,得到的结果无疑是失去,活泼的结果无疑是房室内外的沉寂,生命的结局是死亡,你在对什么都糊里糊涂的时候却体味到了生与死的残酷与无奈。你知道了依偎母亲,而且你立即明白人不可能一辈子依偎在母亲怀抱。你明白母亲在某一天也会离去,你紧张得发抖。你去了一次庙会,你迷上了功夫,你在床上翻跟斗竖直溜,你一头栽到砖地上,你哇哇大哭,哭得自己甚感无趣。有一阵你甚至希望通过功夫对付死神的到来,你从小就明白的一个国学概念就是吸收日月的精华。日月的精华啊,我需要你!

你害怕夏天的午觉,你害怕大人睡觉而你只能无所事事地痛苦,你最小最小的时候却体味了人生最大的苦恼——无所事事,穷极无聊,没有伙伴。没有玩具,没有游戏甚至也不会游戏,于是,也就没有童年,在童年时候失去了童年,只剩下了两只阴郁的黑猫。

啊!即使是瞬间的快乐也已经无比欢愉,即使是转瞬即逝的良辰美景也会永远保留在记忆里。你公园里的湖景。你五龙亭里的茶座。你宫廷的小吃甜品。你自己的游船。你付了账然后告诉店小二“不用找钱了”时候的踌躇意满。

这就是生活,这就是人生。前生活,前人生。被前生活,被前人生。敏感却又健忘,动情却又无端,糊涂却不跟随,失败却又顽强,怯懦却又深埋着自信,所有的童年都意味着先验的韬光养晦:我来了,暂时无声无息,其实我不怕你们也不信你们,我不满足这个现成的世界;其实我将有我的主意:叱咤则风云变色,喑呜而山岳崩颓!

第三章　我的宠物就是贫穷

14

每个人的童年都有自己的宠物,孤独的、不知道是从哪里浮起——现在时兴叫“浮出水面”,更不知道是在向哪里浮游而去的生命需要恩宠,成为宠物,更需要拥有宠物。那是一个孱弱到极点的婴儿活下去的理由。我从小就为失去父母的孤儿,尤其是没有亲娘只有后妈的同学而痛苦钻心。只需瞥上一眼,看看他们的脸上手上的皴与泥,看看他们流淌不止的鼻涕,看看他们那副贼头贼脑、缩头缩脑的样子,再看看他们的脏乱破的作业本,与姥姥不疼舅舅不爱的坐相,你就什么都知道了。

而那时我的宠物是贫穷,弥漫的、温柔的、切肤的与轻飘飘暖烘烘的贫穷。更正确地说,我从小就与贫穷互为宠爱。我的童年与贫穷心心相印。贫穷与童年的我同病相怜。爱就是被爱,宠就是被宠。我钟爱于贫穷的瘦弱。贫穷瘦弱怜惜于它培育出来的发育不良的、火焰燃烧的、心明如镜的我。当然。

孙子在美国明尼苏达与圣保罗双子城时,与一只大雁成了朋友,他曾与大雁用中文与英语交谈,证明大雁的双语程度良好,也证明大雁从来不带种族成见。现在他还保留着他与大雁的合影。它和他相依为命。

女儿童年时喜欢一个小布娃娃,由于我们说另一个赛璐珞娃娃

(那时还没有其他的塑料)更好看些,她伤心落泪不止。我们只好搞“政治迫害秀”,声明经过清理阶级队伍,那只本来被父母认定的更好看些的娃娃查出来了,是“地主”出身,意即可能是暗藏的阶级异己分子。一说是地主出身,女儿马上破涕为笑,不知道这算是阶级斗争理论的威力还是严肃的理论的滥用与亲民化,甚至于是亲儿童化,小儿科化。战无不胜,无所不灵,适用一切,人人都懂,太推崇了也就没治了,这就是极致,这就是解构,这就是稀释,这就是天津方言“玩蛋去……”“玩……去……”

获得一个能令人破涕为笑的理论是重要的。正像长得大些了以后获得一个令人化喜为悲的浓重的思想:包括救国救民,主义理念。一个理论可以使人热血沸腾,可以使人至此止步,可以使人起死回生,可以燃烧少年的心更可以熨帖寂寞穷苦的童年。越是无所准备的人越为理论的首次洗礼而升腾,像初恋一样完美无瑕,天使眷顾。第一次领到工资。第一次散发传单。第一次在短暂的雷雨间歇、在大松树树冠下面与纯洁的小姑娘轻吻。同样,天才才真正懂得理论的游戏与五光十色,头晕目眩,高屋建瓴,乘风破浪,扫荡乾坤:维护了自己心爱的小娃娃,打压了忘记了发现她的可喜一面的另一只小娃娃。即使是游戏,也要有所宠眷,有所牺牲,有所代价。你拒绝任何代价,你只能是自身变成代价。

然而,在布娃娃取得了政治上的胜利以后,女儿很快失去了对于“她”和她的阶级出身的兴趣,不受挑战与质疑地给对手戴帽子,这样的大获全胜是乏味的,从前是这样,现在还是这样,后来也还是这样。

15

受父亲的影响,对于自己的童年的寂寞的回味,以及长大后对于所有的孩子的童年的寂寞的观察与担忧,令我悲从心来。简单地说,有点苦大仇深。童年是天真纯洁的吗？为什么你的童年里包含着过多的委屈？人生的可悲不在于死亡，亡则无悲，而在于寂寞与匮乏的光秃秃的童年，像不长寸草的荒野。完全没有忧愁与惦记，没有盘算与期盼，这是怎样的龟裂与空荡荡的恐怖呀。呵，你委屈与无助的童年；以及后童年。

父亲动辄用神经质的颤抖语调说：“让孩子过没有快乐和游戏、没有营养和玩具的生活，是大人的犯罪哟！”他讲过的定性为犯罪的事情太多，于是乎认定，人人都在犯罪，国国都有罪孽，处处狼心狗肺，人人都在坑害他人。夫复何言？

如果童年既没有找到自己，也没有找到世界与自己的关联，还没有找到看的爱的摸的把玩的与惦记的对象，那种童年的寂寞乃至空虚，童年的恍恍惚惚不确定感，不一定靠豪华的绝美的玩具与亲爱的仁慈的笑脸以及源源不绝的牛奶蛋糕朱古力球丸冰激凌所能解决改善。而没有美好的光明的纯洁的适合儿童的饮食与必需品，没有玩具，没有游戏，没有伙伴，没有好玩的童谣，故事，童话，木偶戏，儿童剧，儿歌，动漫，3、4、5D……又没有天使一般的儿童的呵护者教育者照顾者，总之没有一个属于儿童、服务儿童、被儿童享用的世界，就不可能不被父亲那样的心比天高、人比风还抓摸不住的人痛心疾首。为什么人生竟是一个有时候让自己有时候让他人为之痛心疾首的过程？

儿童本应该拥有的是天堂，结果只有了恐吓、辱骂、训诫，有了多么美好的百依百顺的《三字经》与《弟子规》。奇怪的是有那么多弟子的规矩，却没有对父母与老板立下像样的规则。这是父母老板的罪孽，这是国家的耻辱，这是社会的悲剧……如果我们痛惜于如今的世界不大理想，国民的素质不像有什么提升，上面制定的价值标准谁也不知道到底是怎么才能讲解清晰践行到位，如果我们痛惜于乖戾、凶恶、粗暴、冷漠、麻木不仁与虚伪、阴谋、言行不一的泛滥，不妨看看历史上神州儿童们的生活环境。

也许，儿童当初最需要的只是一个宠物……哪怕这个宠物是一个毒虫、一个土鳖、一个屎壳郎。请想一想，后来的孩子就曾经赞叹，咱们家多好哇：咱们家有苍蝇，有蚊子，有臭虫，有老鼠，还有蝎里虎（壁虎）……

而我当年的宠物是贫穷。贫穷就是等不到吃饭时间到来已经饿得头晕眼花。贫穷就是肠胃的强大大大超过了食品的营养强度。贫穷就是吃上一口窝头已经幸福得流泪。贫穷就是如果把上一顿剩的风干了的窝头或者馒头用菜刀切成小丁，拌进去葱花与酱油，就一面吃一面啧啧地称奇称快，每个毛孔中都流着解馋所带来的快乐的甜美液汁。如果点上一滴芝麻榨的香油呢，香得你眼泪都往外流！

贫穷是永远的感恩：天啊，我没有饿死；天啊，我没有冻死；天啊，我至今活着！

还有芝麻酱，我的甜蜜与黏稠，我的充实与温柔，我的体贴与包容，我的可身与按摩，我的拉皮与肉冻。对于一个贫穷与饥饿的男孩儿，芝麻酱就是胎盘与襁褓，是温柔乡与快乐谷，是生命的安慰与抚摸，是母亲也是情人的搂抱，是丝绸的睡衣，是云霞的衬托。我一直相信，世上再没有什么比芝麻酱红糖烙饼更能融化一颗毛刺与痉挛的心，能带来幸福，带来天使的吻，带来对社会的感恩与让步。

贫穷还是一种带着愤懑的自满自足，小小的我站在胡同口一家名为"同和居"的老字号餐馆门前，我闻到了油与肉、酒与葱花、糖与海鲜、酱油与麦芽糖的气息，还有那不可思议的鱼虾，那是可以让你死也可以让你生的信号，那是可以让你哭可以让你笑尤其可以让你疯的感动，是杀戮的利器，也是激活的杨枝净水……我想起了八十年后神州大地上的广告词，文明是心头的积淀，是心中的同享，是心上的蓝图。用这样的装腔作势的词语去讲文明讲新农村建设，比酸酸的现代后现代诗还空虚并且费解。然而，不妨用它们来描述一个你根本进不去也买单不起的餐馆，芝麻酱饼是心头的纪念与积淀，松鼠鳜鱼是永远无法实现的心中的同享，炒鸡蛋倒是稍稍靠近梦中的蓝图。如同邻邦友邦提出的，建国七十年的时候要让人民喝上肉汤。用东南亚华人的华语来表示，就是说尚不知道汤与肉的巴仙——%（百分比）。

我义愤填膺，我信心百倍，我诅咒连连，我相信贫穷与饥饿的、卑贱与瘦弱的“人民”“老百姓”，一定会战胜酒足饭饱、脑满肠肥、为富不仁的、应该叫作寄生虫的臭虫跳蚤们。

我因了穷苦而增加了正义与理念的自信。

穷苦酝酿的是革命、造反、杀往东京——开封。

不仅是酒足饭饱从馆子里出来的肥胖者，你从小羡慕嫉妒微恨眼馋那些人高马大、英俊美丽、服装入时、性感猎猎，让人垂涎三尺的狗男女。后来有了理论想象：都是阶级敌人，全部该斩首或者枪决，还有杀关管，还有帽子拿在群众手里，有敌我矛盾按人民内部矛盾处理。我们的语言与说法，精妙绝伦，无与伦比。但我仍然想对某些貌美的女生宽大为怀。

为什么从小就认为去鲁菜馆“同和居”吃饭的人可憎并且为富不仁呢？完全无解，那时并没有接受过任何仇富仇美食的宣传，穷苦人意识，来自先验的天才。

16

没有玩具，故而全世界的所有，所有的所有，都是玩具。蹲在地上看蚂蚁，可以看上一小时。你捡到一颗樟脑丸，又叫卫生球的，你在地面上围着正在辛苦爬行的蚂蚁画一个圈圈，你威严得像神佛，像KGB 或者 CIA，你的界线蚂蚁不敢穿过，界线外是禁飞禁爬区。至少有几十分钟蚂蚁们一接近那条边界线，一闻到樟脑的气味就碰壁回头。那里的孩子可以任意划定自己的主权范围并采取有效的划界措施。你开始尝到了掌握生杀予夺之权的快乐，莫非地位观念、权力观念、冷酷自恃、压迫其他生灵的乐趣就是这样养成的？

也看过蚂蚁族群间的战争，尸横遍野，一片狼藉，无怪乎人们要作《吊古战场文》：黯兮惨悴，风悲日曛。蓬断草枯，凛若霜晨。鸟飞不下，兽铤亡群。难道同类相残也是上苍赐予有生命者的天性？而老师讲解的蜜蜂蜇了人就会死去的说法使我感到无限悲苦：攻击就是自杀，防卫就是自戕，加害就是害己，奋力一搏就是毁灭，这是什么样的规则呀，为何我们硬是想不透亮？

从小至今，鸟笼子始终给我一个难以忍受的刺激，毫无疑问，鸟笼就是微缩的监狱。而我们的历史我们的民俗我们的中产市民对于鸟笼有那么多偏爱与讲究，在一个许多人吃不饱的地方却偏偏有各种讲究的鸟笼和各种对于关在鸟笼里的小鸟的探索，唯一欠缺的是科学院还没有招考御鸟专业的博士后研究生。

与被圈起来的鸟儿相比，我宁愿与泛滥的昆虫为伍。在我们的童年，远未发展的城市里有极多的虫子。有一种磕头虫，长大了以后忘记了它到底是什么东西。它大约有三个厘米长，它的头部与身体好像被一个楔子所连接，它只会爬。爬着爬着一屈颈一弯腰，它能平地跃起几十厘米，它不是用后脚而是用头与胸起跳，仰面朝天也可以弯身而一蹦老高。为什么上苍要创造这样渺小的生命？蚊子虽小，会飞，能在人身上叮出一个大包，也算有它的厉害。蚊子不是善茬。而磕头虫除了磕头啥都不做。它是黑色的。你捡到它，它的头颈部就不断地弯曲，不断地折腰行大礼，你会担心由于动作太大它会自行折断。这种表现被小男生们解释为是在给人类的种子们叩头，在这样的昆虫面前，小男生享受到了九五之尊的自吹自擂、自威自重。孩子们完全没有考虑昆虫的痛苦，小男生们自然而然地搞弱肉强食，那叫作弱者天生要被强者折磨戏弄的丛林法则。你感到了可怜，你担心你也可能变成那样的虫子，似乎是许多许多代才变成了那样儿的虫子，欲挣脱魔掌——人掌而绝对不可能，你只能不停地磕头，你磕头而老而活而死；虽然你完全不知道磕头的含义。而且，你叫磕头虫，你的学名竟然仅仅是黑叩头虫，与土名无异，你不像低俗的臭大姐，学名是高雅的梨椿象，还有每年期终考试时候盛开的一般化的绒花树，它的昵称是心意绵绵的夜合花，学名是多情的合欢，而在小说的译文里，它是叫人欣赏陶醉、叫人依恋难舍的金合欢。

你也会半晌半晌地注视墙头的小草。它们生长在砖缝儿里，它们与你一样瘦弱、苍白、营养不良，它们在风中瑟缩、无力地摇摆。一声有轨电车的叮当，它摇摇摆摆。一声周璇或者李丽华的"郎啊"，小草感动得直不起腰来。你会注意到遮盖煤球的防雨苫布，由于连日的阴雨，煤球正在潦倒瓦解而苫布全身黑污肮脏。爱好清洁的好人一经过这样的地方就摇头不止，为自己的同胞的不文明不爽利不洁白而沉痛自责。在一个穷困的城市，麻雀也穷愁无望，怀才不遇；它们自惭形秽，它们躲躲闪闪，它们东东躲西西藏，它们惶恐不安，欲鸣还休。你尤其会可怜冬日的乌鸦，它们成群结队，遮天蔽日，啊啊啊地苦喊，像一群被剧院解雇的歌唱家，像一个叫花子合唱队，像后来的地铁通道里弹吉他唱歌乞讨的待业农民工。它们找不到食物，它们不会筑巢避风寒雨雪。它们期待的是一匹拉车的马走过，排泄出鲜热甘美的马粪，马粪里碰巧有没有消化净的草籽乃至于颗粒完整的黑红粮食——料豆与高粱，这就是乌鸦的美食，这就是贫穷的古都，贫穷的国家，贫穷的国民，贫穷的童年……

还有蝴蝶与蜻蜓，单调的背景与黯淡剥落的色彩使蝴蝶与蜻蜓也显得土了吧唧，无怪乎民歌唱道："土溜溜的蚂蚱，满呀满地跑……"而且充满危险，没有玩具也没有宠物的孩子有时会变得凶恶，会捕捉直到谋杀宠物，喜一个捉一个爱一个杀一个。玩具并不一定带来快乐，没有玩具没有关照却肯定无疑地带来慌乱中的愁苦与破坏，发泄无端。

更加能够成为一代城市人童年符号的却不是蚂蚁，不是乌鸦，不是磕头虫而是酱红色的臭虫。久违了臭气逼人的臭虫。那时睡的是三条木板，叫作铺板。还有两条细小的板凳。所有的铺板上都隐匿着臭虫。越是盛夏，臭虫越是活跃，白天它们隐蔽，夜间当入睡之后，臭虫咬得你全身是包。盛夏缺眠的季节,最糊涂最清晰的经验是半夜大人起来点灯捉臭虫。你渴望睡眠,你无法理解你的妈妈、姨姨、姥姥,后来还有你的妻子怎么会有那么大的精力不要睡眠,要战斗。有的臭虫被捻死在墙壁上,留下了暗红色的血迹与一点点虫子皮。耗散着鲜生生腥淋淋类似败坏了的食用油哈喇变质的气味,类似脱下的内裤许多天没有洗涤的气味。有时候被闹醒的孩子睡眼惺忪中看到了爬得如同赛车一样出溜出溜的巨大的臭虫编队。要除虫还是要睡眠,这是华夏苗裔面临的有神州特点的哈姆雷特式的难题。要还是不要?干还是不干?睡还是不睡?活还是不活?童年的困倦甚至宁愿意接受一时没有过分察觉到的臭虫的亲密吸吮与遍体布局,臭虫是伟大的博弈家;而不愿意被揉搓醒来,被拙劣的灯光光线与长辈们兴奋的呼号硬给断眠:这儿有!那儿一个!哎哟,这儿成了蛋了(指臭虫之多,为什么叫成蛋,待考)!跑了!嘛行子唷!磕嗒磕嗒,把它磕出来!

还有不知是谁发明的行动方式,那是灭臭虫的盛典,那是庄严的誓师,那是穷人改善生活质量的节日,那本来应该有铜管乐队的伴奏与旗帜的招展。在艳阳高照的大晴天,把全家所有的铺的盖的都掀开,把所有的铺板都抬到刺眼的阳光之下,用生铁壶坐满了沸水,用仍然翻滚闹嚷着的开水烫铺板,有时候能烫死一批臭虫,带着臭虫特有的不受欢迎的气味……那时候人们不大知道蟑螂,那时候的北京市民的盆光盘净的厨房不具备吸引蟑螂的魅力。那时候的同胞们个个熟悉臭虫。

久违了,亲爱的臭虫。

臭虫后来换成了蟑螂,这也是沧桑。

臭虫的气味也是一个说不清楚的话题。因为,数十年后发现,确实,它可能有百分之十或者八或者五有一点点像调料桂皮的气味,美国人与印度人都钟情于这种气味。这本来是可能的,香臭的差别与神魔的差别,与警匪、与共和民主两党、与官民、与写着儿童不宜的与未写儿童不宜的片子、与生与死的区别一样，相反相成，似仇似亲。如果你到过欧美，如果你吃到桂皮冰激凌或者苹果派，如果你在五星级酒店里用的是那种牙膏，你会在享受之中突然想起数十年来久违了的臭虫，那很自然也很有教益。它大有裨益，它大有想象力，它催人泪下。

一个半甲子过去了。水泥与钢筋的房屋结构，严密得多了的墙缝与窗缝，人口密度的大增，使得现在已经没有那么多臭虫，那么多磕头虫，那么多土鳖不断地被歼灭着，现在有的是当年没有听说过的H7N9、非典型肺炎、PM2.5、癌细胞、艾滋病毒，和比当年的臭虫还普及化了的躁狂忧郁症。

17

……同时产生了一种所求无几、因而正义、饥寒交迫、所以动人、同舟共济、相濡以沫、艰难携手、共享也是分担苦难的亲切自信。那难忘的涸辙之鱼的凝聚力！

冬天，所以喜欢烤火。

受着吧，受着吧，受罪，这是人生开始时候的多么珍贵的、富于功德自诩的感觉。我说我爱过了，而且受过了，这使我得了理，得了同情与谅解，伟大的汉字特别是五笔字型使“爱”与“受”这样贴近。据说特别是女性，她们会怜惜那些受过许多罪的人，哪怕那人后来变成了禽兽。

所以冬天很冷。所以戴上帽子——那时称之为航空帽，似乎早先是飞行员在严寒的高空驾驶飞机时才戴那样捂得严严实实的帽子。帽子带着“耳朵”——还不行，还要戴上毛线织的脖套，还要戴上专门保护耳朵的耳朵套。手套就不用说了，五个手指的手套完全不能够御寒，所以要做一根拇指与另外四根手指挤在一起的手套。要穿棉毛窝，要穿套袖，就是说在小臂上加一层毛线或棉线袖子，要有毛袜子，要戴口罩，不是为了净化空气，那时的空气很好，而是为了保温。更不必说棉袄与棉裤，我相信所谓暖冬的感觉与抱怨有一半来自取暖条件的改善。即使如此，那时每年冬天都会冻耳朵，把耳轮外缘冻得红肿痒痛直到感染化脓流水；冻手冻脚，半只脚丫麻木，冻得哭起来，冻得小便失禁，脚与手冻坏了再化了然后发炎化脓肿胀通红。冻得尿到了裤子里，在寒冷如冰的天气，只有一股子小童尿带着热气暖感温意，也许是微香，据说童便性凉，是很好的中药，果然是博大精深的传统文化国学。这就是北平的冬天，这就是生活，大多数市民的生活，这就是我们的童年。

已经那么久不知道冻疮的滋味了。

与冬天的冻疮比美的是夏天的痱子，痱子痛又痒，抓破了感染称作痱毒，你也是让人恨得那样亲切无间。

比磕头虫与蚂蚁更心痛的是蚕，春天，一张扫满了蚕卵——口语则称它们为蚕“子”——的纸张，喷上一口水，加湿，两天过去，出现了一些会蛄蛹的黑点点，你放上了两片桑叶，又过了两天两夜，满纸盒子都是爬来爬去的小黑蚕，脱下了黑衣服，是白得发绿的小蚕，它们仰着头飞速地吃着桑叶，为什么吃得那样急迫那样匆匆，不给自己留下一秒一微秒的间歇，你在吃你在长你在蜕，你呼啦一下子长得老大，大得让养你的孩子也就是你的主人感到害怕，壮大就是威胁，不仅在国际事务当中。壮大威胁旁人旁物，壮大也威胁自身。飞快地，你长成了你结束了你完成了，你开始吐丝，春蚕到死丝方尽，这个世界有多么残酷与悲哀。你寻找角落结茧，而更强大也更自以为是的叫作人的混账行子们告诉你要用蚕丝做墨盒用的丝绢蒙子。人们在茶杯或饭碗口上盖好一张纸，把长成了等待吐丝的大蚕一个或者若干个放在纸上，你们找不到任何可以结茧的犄角儿旮旯，你们痛苦地吐着找着失望着，你们高高地仰起了头，你们欲哭无泪，欲痛无声，欲死不得，欲生不能，你们错过了生命与死亡的时机，是，是你们被错过了生死。你们只能在平平的、平得令人发指、平得令有所觉悟的蚕根不得把地球炸成十八瓣，平得令蚕伸头恨不得把自身抻成三截，你们只能平平地爬来爬去。你们在纸上爬着爬着爬着，吐着吐着吐着，抻着抻着抻着，伸着伸着伸着，恨着恨着恨着。你们没有对自己的保护，你们只能裸露着变成蚕蛹，丑陋与萎缩的僵尸范儿的蚕蛹。唔，还有更糟糕的。无论如何，你们毕竟远离了结成茧后被迅速地高温杀死以保护蚕茧的完整、不使蚕茧被蚕蛾咬破，故而必须先期在高温的汤水里煮死以利缫丝的命运。伟大的与残酷无情的嫘祖，黄帝时期的第一夫人！她一定非常漂亮。然后你成为蛾子，你不吃不喝不睡也不怎么活动，你自来分就了雄雌，你交配，你的雌身甩子，你的雄体消瘦与收缩干瘪，你们一一枯干，你们发出了腐尸的气味。你们完成了自己的一生一世。你们不需要吸血鬼，生活就是吸你们的血的鬼，生命就是生命的吸血鬼。春蚕到死丝方尽，这七个字太厉害了。这七个字能够杀人杀蚕杀众生万物。我太早地知道了这一切的惊人的残忍惨痛，“丝方尽”，是一首令幼年的笔者晕眩欲倒，令幼儿的我呕肝断胃的诗。

我曾经想尽一切办法去劝诱蚕蛾吃一点桑叶，把桑叶放到蛾子的头边，将桑叶剪成碎屑，以减少蛾子的咀嚼的不便。我认定蚕蛾的死是由于绝食，而蚕蛾的绝食可能是由于心情上出了麻烦，我希望这里有蚕儿的认识问题、观念问题、意识形态问题。生命的完成竟然就是生命的终结，我想不通。后来长大，当我晓得某些物种，例如蝎子，在雌雄交配以后，雌蝎子就会将雄蝎子吃掉，这样雄蝎子就结束了自己的生命。我佩服《水浒传》等小说将杀人写作“结果”，一个好汉说是“待我结果了这厮”，其实就是说要宰了他。结果云云，我也受到极大的刺激。我迷惑于生、死、交配三者的地位与因果关系，我迷惑于三者的紧紧拥抱在一起的“结果”，我迷惑于人、胎生动物与虫子三者的互动互感。我悲哀于生的匆忙、死的严厉、命的易来易去，而且确实，那时我就从蚕蛾的交配、甩子、萎缩、枯干、不再存在上联系到了自己的一生。人生太杯具了，你只能好好地活，你只能视悲剧为杯具，装上满满的苦酒，慢慢地让它发酵，终于出现了酸与甜的醇厚或许竟是轻飘。

穷困，所以早早体会到活的不易，体会到吃两口玉米面窝头很福气，体会到一过春节天就不那么冷了，大地重新充满了希望。一遍一遍地看《九九消寒图》，相信对于日历的通晓有助于人们经受严冬的寒冷的试炼。同时体会到每一顿饭都要经过奋斗，而一到吃饭的时候，肚子确实饿得抽搐而且头发晕、浑身发慌。穷困，走在路上从来不担心会遇到抢劫，晚上睡觉前也不必反复检查门闩门锁。穷困的时候常常幻想着在一个角落，最好是墙根，是路边，是草窠子深处，是大槐树下或者大路拐弯的马路牙子下，拾到一个钱包，里头有很多钱或者哪怕是一点点钱，够买四两肉，那时是老的计量方法，四两相当于今天的二两五，即一百二十五克。那时候买肉，不像现在在超市，不会认为只买一百二十五克太少。那时卖肉用马兰草拴肉，用荷叶或蒲叶或薄的刨花片托肉。那时的肉非常好吃，有一点点肉就会香得你销魂失魄。

穷困使你产生一种踏实感。你穷困我也穷困，我们之间不会是谁瞧着谁不顺眼。你听到什么为富不仁，什么贪官污吏、奸商暴利，不会感到与你有任何关系，你等待的是看笑话，是解恨，是过瘾，是拍手称快。你欣赏你的破衣烂衫，你欣赏你的饥肠辘辘，你欣赏你的家徒四壁，你甚至欣赏自己的与全家的面黄肌瘦，你知道不会有人盯着你嫉妒你对你评头论足指指画画。

再回过头来说胡同口那家老字号的饭馆，你常常从那里经过。夏天则是在那里乘凉。你闻到了“馆子”的气味。那个令你如仙如盗如醉如仇如飘如狂如上了身也接了枪子儿也中了特等彩或得了外国的大奖的馆子味儿使你意识到自己的伟大艰难，你有了理，有了动人处，有了爱，有了审判权，有了愿望也有了信念，有了滔滔不绝的雄辩，有了信心与把握。你正在变成机关枪迫击炮原子弹精确制导。这样说自然有一点可疑，你在快要八十岁的时候怀疑自己当初是不是真的有这样高的阶级意识与觉悟,还有知识与俏皮话,至少那时不会恶搞。然而记忆里确是有这样的温馨与膨胀,这样的顾影自怜,这样的豪情满怀,这样的巧克力壮阳效应。

心里一直有一张油画,一个发育不良的第三世界或者第七世界的穷孩子,抱着一只瘦猫,饥饿中站在馆子门口,闻着佳肴的香气,对自己无限爱怜,对世界无比恼怒,对家人无边惦念,对生人无不怀疑,你好像是一只应该活活打死的落水狗,谁懂得落水狗的悲凉与自爱,呻吟与舐吮,它们也有被抚摸的梦……虽然你本来极其崇拜鲁迅。为什么他那样讨厌落水狗?那时候阔佬的宠狗落水的可能性极小极小。

而贫穷就是对于报仇雪恨与抚摸舐吮的期待。贫穷就是相濡以沫,而小康了富贵了多半会是相忘于江湖。而在相忘于江湖,舒服了满足了字(滋)儿字(滋)儿了的同时又是孤独了寂寞了冷淡了格式化了制度化了有了一成不变的时间表了以后,你怎么能不怀念贫穷的温馨与辛酸的感动?你怎么能够不怀念贫穷的多变与难以推测的下一分钟?你吃得饱饱的,穿得暖暖的,住得宽宽的,活得好好的,你怎么可能体味到饥肠辘辘中得到一块炊饼的欢喜,你怎么去想象艰苦付出后获得了的终于不负所望的自信,你怎么可能懂得贫穷是低温并且接近冰冻,贫穷是瑟缩中的一阵暖风,是黑暗中对于阳光的美梦,是人生的艰难人生的残忍,人生的快乐与人生的希望的根基?没有贫穷过的人他或她的一生能够算是真实的人生吗?贫穷是忍耐,贫穷是磨难,贫穷是几滴自己安慰自己、自己胡噜自己的泪,贫穷是自爱自怜,贫穷是清爽的凉开水,贫穷是消毒剂,贫穷是清洁剂,贫穷是一只小麻雀,贫穷是一只小老鼠,贫穷是掉了弦的胡琴,贫穷是从地上捡起来的一个剩香烟蒂,贫穷是无望的泪水,贫穷是强作的欢颜,贫穷是低眉顺眼自动后退,贫穷是见人矮三分,是把一切欲望、雄心、异议、委屈、不平与仇恨咽下去,压下去,吞下去,化作麻木,化作阿Q,化作无耻的一笑,化作逍遥的大葫芦,化作汪洋大海一样的言辞文章波浪,化作怒完了哈哈一笑的博大精深古老中华状……贫穷是最最美好的等待,如少女等待自己的第一个情人,如作家等待自己的处女作的获奖,如将军等待捷报,如摸彩获胜或可能获胜者等待发布自己的幸运消息……

那么,贫穷是诗,贫穷是八面来风、四方透气,贫穷是冰雪的洁白,贫穷是安宁的本分,贫穷是静观待变,贫穷是十月小阳春的阳光暖洋洋,贫穷是怜惜与坚守,贫穷是爱每一粒米每一棵草,贫穷是憋着的一肚子气、励志再励志,贫穷是春夏秋冬的唯一的一件小棉袄,贫穷是饥饿中的一块小饼,贫穷是惺惺惜惺惺,贫穷是一种轻松解脱,贫穷是志气,是咬紧牙关,贫穷是耐力、马拉松、极限运动张健横渡大西洋海峡,贫穷是自我调节是空无是虚室生白吉祥止止,贫穷是朱元璋早年当叫花子、韩信受胯下之辱、在人屋檐下怎能不低头,贫穷是蒲公英,轻如鸿毛,素静雅美,不用购票就随风旅行,踏遍青山人未老,万物皆备于我,明月清风酒一船,贫穷是风景这边独好,贫穷是清高与从反面激起的骄傲自豪特立独行与人不堪其忧、穷也不改其乐,贫穷是对于仇恨与不平的巧为利用,贫穷是化霉运为资源,化郁闷为精神的升华,贫穷是试金石是真情流露的喷涌是侠肝义胆力能扛鼎成人之未成克人之难克的传奇法宝,贫穷是哲学是终极关怀,赤条条来去无牵挂,是裸退,是豁达是想得开是宰相肚里撑航空母舰,是明月出天山,苍茫云海间,是逍遥游,是天地为庐造化为工,是无虑无忧海阔天空一片白茫茫大地真干净,我失去了金钱地位名誉房产,我拥有的是纯洁与干净,是敞亮的胸怀,是普罗大众,是无有之有、无物之物、无威之威、无极之极……

18

就在此时产生了困惑:人类的语言能力、命名能力,要多伟大就多伟大,要多全能就多全能,要多麻烦就有多麻烦,要多专横就有多专横。

那是什么，那是黑猫一样的贫穷吗？那是梨花一样的白瓣与绿蕊吗？那是纯种金丝卷毛犬一样的宠物小精灵吗？那时候你准知道什么叫贫穷吗？当然更不可能知道啥叫宠物啦。那时候你羡慕嫉妒恨或者干脆是热爱挚爱疯狂地爱过富裕吗？你知道什么叫饿，你知道什么叫冷，你知道什么是臭虫咬的包，你知道什么是发烧拉稀冻手冻脚，你知道肚子里没食的空洞与抽搐吗？你知道一本小人书（连环画）的有趣，却会见到猫狗而躲闪。因为你被一只肮脏的狗儿咬过，狗不叫喊，一口咬下了你的脚面上的一块肉。贫穷与肮脏使狗与人一样心情恶劣。

功课好，这是你的骄傲点与满意感之源。你去到一个功课一般所以对你颇有羡慕的中俄混血儿同学家里，你进入了两进的院子，你躲开了槐树上掉下来的虫子，你走上了雕花的回廊，你进入了同学家的客厅，你看到了不知是谁的显然是摄于外国的大大的照片，不是挂在墙壁上而是挂在墙角。照片染上了拙劣生硬的颜色。不用说，那时候没有彩色摄影。你的同学的父母与你见了面。你在那里正正经经吃了一顿饭。你没有嫉妒他们。你没有羡慕他们。因为他们是他们，你是你。你的贫穷与他们的是否不贫穷无关。你根本没有感觉到自己的贫穷，也没有感觉到自己有没有宠物。你对于一顿饭的感觉没有超出这一顿饭。你对于中国伯伯与俄国阿姨的感觉没有超出这一个伯伯与那一个阿姨。其实那时候也还不时兴说什么阿姨。那时候称呼同辈人的母亲是伯母。那时候你还没有想过接受过关于贫穷与宠物的命名。伯父与伯母的纪念、同享与蓝图，使你更加明白那不是你这个贫穷而又功课出奇地好的孩子的家。

后来你还到过一个更大的更多的层级与纵深的多进四合院。朋友的父母是像模像样的老板、掌柜的。他们在晚上，在院子里与屋子里开启了那么多电灯，有厨子与老妈子。他们有专门的饭厅。有红漆大圆桌，桌子上摆着醋壶与清酱壶，胡椒瓶与盐瓶与辣椒粉瓶。头盘有冷菜。你意识到盛夏时分他们家有商家冰场每天给送冰块,有用冰块的融化来降温的双层木冰箱。你学会了一个词,这一次,叫作焦熘肉片。它代表着润泽、弹性、香甜、滑嫩,它代表着渺小的幸福或者是巨大的不幸,那时你已经嗅到了幸与辛、福与祸的辩证法。那时候你开始读社会发展史的小册子。

不,你谁也不羡慕,你羡慕的是社会发展,是历史,是你自己的功课与课外阅读,是你的狭小、不和、没钱花,然而无比亲切的家。

其实已经无法判断"贫穷"一词二字是从什么时候开始的。起初,其实很难说懂得了什么叫贫穷,当然知道饥饿与寒冷的滋味,知道瑟缩与困乏,感觉得到一切痛痒,其实常常是无痛痒的痛痒:无有之有,无物之物,无物之叹,无空虚感之空洞、麻木、平静、婴儿的随遇而安,儿童的得过且过,还有随时忘却,随时消磁,随时抹去,随时丢失。那丢失了的贫穷感、无力感,那丢失了的幸福的或者完全等同于不幸也等同于痛苦的童年,那无缘故无厘头无端倪无明暗无是非无喜悲无醒与不醒的、即睡与不睡、眠与不眠的差别、无好恶取舍聚散进退此彼的童年。那好像时时入睡时时恍惚时时傻笑的最初的岁月。当没有"贫穷"两个字的命名的时候贫穷其实不是贫穷,其实贫穷也就是富有,贫穷也就是寂寞,贫穷也就是搜搜、啥啥、嘿嘿、呵呵、哼哼、休休,不过如此,无非那么回事。

好像一个鸡蛋还没有变成小鸡,好像一粒草籽还没有变成嫩苗,好像一股正在成为恶气破风虚躬——屁的东西还没有进入大肠、没有抵达直肠并且肛门,好像一片树叶,快要干枯了的、快要枯黄了的树叶几次欲随秋风而去,欲乘扶摇而升空,却只是由于千万分之一克的黏合之力量它硬是晃晃荡荡地没有离开得成树枝树干,它仍然在自问与问世界,去还是不去,去这里还是那里?到底去哪里?

上了幼稚园,那时候叫幼稚园,不叫幼儿园。跳了皮匠舞,总是有一只脚或者一只手或者是腿或者是胳臂伸展得不很直,屈弯得不合格,你感到了羞愧,在感到了贫穷之前。那时候喜欢吃凉粉与扒糕，很快厌倦了凉粉与荞麦面做的扒糕。因为夏天有了冰棍，夏天的冰棍给孩子们带来了嘴里的天堂，你好像是夏至到来的时候娶了媳妇当了皇上，你好像得了天使的清凉的抚摸与风爽。除了冰棍还有冰镇柠檬汽水呢，在盛夏的困倦的日子里，在午睡睡得嘴歪眼肿口水满枕之后，在忘记了昼夜与立卧的区分之后，喝一瓶冰凉的、充满碳酸气与似辣实甜的刺激的柠檬汽水的时候，你想跪下大叫一声我的亲娘噢，你也许禁不住号啕大哭一场，有小孩就有亲妈，有寒冬就有火炉，有炎热就有冰棍，有肚子饿就有大眼窝头，有好的功课就有老师夸奖，有人生就有各式的说教，有倾诉就有倾听，有强硬就有柔软，有蓝天就有黄土地，有阳刚就有阴柔，有干枯就有湿润，有大雪大雨就有晴空万里，有贫穷的、瑟缩的、卑微的与乏味的童年，就有雷电风云、雄鹰展翅、白浪滔天、碧海掣鲸！

呵，那永不复返的乘着贫穷的羽毛缓缓地在空洞中飞翔的童年岁月，那操着贫穷的木船逆流而上的悦喜的水花，那除了善良与聪慧再无其他可资炫耀的贫穷的光洁，那不声不响，不骄不躁，不馁不忧，自有道理的贫穷的高雅，那如依如拥，紧靠着取暖的贫穷的甜蜜，那可能失去的只有你可怜的匮乏与卑贱，却意在得到一切的一切的华美丰腴，得到巨大的充实，那小时候贫穷，其实是无比吉祥的日子！

第四章　青 春 赋

19

你无法回忆你是怎样成长与变化的。你渺小得像一只瘦猫。你躲避那些莽撞而且霸道的二愣子二楞子二杆子。你无法忍受你的班上的一项混账活动：冬天太冷，忽然几个考试常常不及格的男生发起了“压摞儿摞儿”，他们把瘦弱的同学压在下面，然后一大堆身高力猛的坏小子压在上面，谁的力气最大，谁就占领尖顶，并哈哈大笑着欣赏被压在下面的小个子同学的吱嗷乱叫。你不明白为什么他人的痛苦能够给有些人带来那么多欢喜与满足。你没有力气与他们对抗，你拼命地躲跑逃。你被压在下面喘不过气来，但每次都逃脱了。你的命运是软弱与终于逃脱。你的幸运与悲哀在于逃脱。你隐隐约约地觉察到了世界上有退让也有欺凌，有温良也有强横，有压迫也有逆来顺受。你学会了忍气吞声。但是你的功课无可怀疑地压倒了全班男生女生，你只承认一个名次：第一。老师的表扬与偏爱使你扬眉吐气。自然而然，后来的压摞儿摞儿，坏小子们放过了你。

胡同里常常出现一个有疯病的长发的妇人，回忆起来你觉得她很给力。她带着有时候是抱着她的面容与身体四肢肮脏的女儿。一些小学生，我要说，多半是男生，向妇人和她的女儿挑衅，小淘气们喊道：“咳，疯子，咳，傻子，咳，要饭的，脱光屁股瞧瞧……”直到忍无可忍的时候，妇人大吼一声向领头的孩子冲过来，她发出惨绝人寰的悲号如狼的声音,你吓得魂飞胆裂。

你还被别的男生拉着上树上房上墙,手里拿着一个木头枪嘴里嘎嘎地响,你在期待着枪林弹雨?你在期待着杀敌报国手刃敌顽血溅鸳鸯楼白刀子进红刀子出砍瓜切菜。你当真用手枪打死一个坏人未必像用假枪毙敌那样春风得意。而被击中了呢?你未必体会体味得清中弹的滋味。你甚至曾经跑到一个爱哭爱告老师爱翻白眼爱生气噘嘴的女生家门口,她家离你家不远,她也不是富人,她是班上的中上等家庭出身人氏。你认为她是一个斗鸡眼,两个黑眸子往中间挤。后来你发现了许多美女都是斗鸡眼。例如电视明星女士们。反正这位斗鸡眼的女孩家境比你们这十几个一身汗臭一脸污痕的男孩阔绰高贵。她带到学校来吃的早餐里从来没有见过粗粮。她带过一次蛋糕,那个年头只有大阔佬的孩子才见过的蛋糕。你们对于这个女生的侵扰带有某种人民性与革命性。夸张一点说是阶级性。阶级斗争无处不有处处有,无时不在时时在。她差不多是全班男生的公敌,本来不明确是公敌,后来那天你们实在没的可玩,你们在人家门口怪声怪气,大呼小叫,无耻无礼,一副下三烂小流氓的声腔模样。当你们品尝到了我是流氓我是下三烂的混混的时候,当你们由于人多势众而认识到革命性正义性群众性人民性的时候,你们深深认识到了树立全班男生公敌的必要性戏剧性与无可置疑性。人生能有几次流?一个正经人的一生正经一贯正确容易有疲倦的感觉,人生能有几次歪歪斜斜?所以人类之子们都爱看他人的醉态、疯态、失态。你们十几个男孩子的号叫代表着公意,代表着你们的友谊,代表了志同道合同仇敌忾的快乐,代表着同而不和的义气。你们开始懂得了战斗的必要,以太阳纯阳扫荡小阴至阴的快感。你们十几个男孩子在厕所的小便池边,一面比着谁撒尿撒得远,一面集体痛斥女生的矫揉造作,女生的媚师求宠,女生的没完没了对于男生的陷害,还有她们的喜怒无常、心口不一。你们在纯阳的小便池边集体真诚地宣示:你们长大了绝对不与女生结婚,谁结婚谁他妈是孙子,实在闷得慌干脆找男人结婚。你们疾恶如仇是非分明。你就是这样快快活活地、浑浑噩噩地、稀里马虎地、不情愿地,应该说还是欢欣鼓舞地告别了你的儿童时代。

而到了第二年春天,垂柳让你心乱心软心慌。垂柳下的女子让你竟然想哭一场。几棵柳树就让你忘记了你们的纯阳之誓。心的容易柔软正像它的容易强硬。原来世界上没有比女人、柳条、花朵和春天更迷人的神神鬼鬼。你其实从小就更加喜欢狐狸精这一令人如醉如痴的说法,如果世上没有狐狸,即使有了狐狸也成不了精,如果你从来不受任何美的柔的细的娇嫩的等待阳刚的无限活泼的女生的诱惑,活而无惑无诱,还活个啥意思?

"杨柳岸,晓风残月"的句子让你泪眼迷离。还有"江上柳如烟,雁飞残月天""无情最是台城柳,依旧烟笼十里堤"。可能垂柳下是女鬼出没的地方。湖水的波纹让你心头酸苦。微风让你失去了重心,微醺微晕,你站立不稳。而花朵让你不知为什么觉得想死,倾斜、凋谢、化作春泥犹护花。那么多,那么鲜艳,那么芬芳,那么变幻不定,那么不断替换,像生一样蓬勃,像死一样深远。只存在一个短暂过程的彩色与图形,像流星雨,像万花筒,像旋转的河,像梦,像随风传来、声音时大时小的小提琴协奏曲,像一只蹿上跳下,房檐树顶墙头路边跑来跑去忽隐忽现的三色花猫。像透过树丛,摇动着漏下洒下的阳光、水滴,也可能是白雪。

花开七彩应该是一个陷阱。花开是大自然的阴柔计谋,是对于英雄主义的谋杀。春光,春色,春色满园眠不得,满园春色关不住,春光乍泄,春光无限好,天上挂满了星星,天上飘荡着云霞,天上映照着彩虹,地上是如海的花,是起伏如万顷波浪的花,是让你自惭形秽的花。你因春花而羞羞答答,你因春色而脸红,你因春光而不敢抬头,你因花的仙子风姿而自觉只是小鬼小妖小老鼠小魔头小丑八怪。

你只有低下头,再低下头。你看到了自己在污水中的倒影,你从你的丑陋的映照中似乎也看到了丝丝善良,丝丝聪敏,丝丝清纯,丝丝期待。你期待春光，你期待盛夏，你期待爱情，你期待革命，原来你看到了已经起步了的青春。你期待渺小的凡俗的你与她。期待他们她们在大风雨里得到高扬，在大雷电里得到光耀，在大波涛里得到冲击。你又想剪除那些令人骨酥体软神迷的狗屁花花草草，你盼望全体好男女一律穿不分性别的军服。你只想留下鹰与虎，松与杉，风与雷电，浪花与洪水，斧头与枪支，批判古往今来的各种社会体制的大炮与手榴弹。

是的，如果春天没有能让你醉倒与堕落，春天就一定能够叫你爆炸，夸喳，克瑞啊施……砰……叭！

20

上一章写道：不仅是酒足饭饱从馆子里出来的肥胖者们，你从小羡慕嫉妒那些人高马大、英俊靓丽、服装入时、性感猎猎、让人垂涎三尺的狗男女。

……后来有了想法：设想他们都是阶级敌人，全应该斩首或者枪决。

男男女女而狗之，中华文化中华百姓儒家传统太强烈太高尚也太歹毒，太伟大崇高也太不堪喽。男只是因为与女在一起而狗化。女也是因为与男在一起而母狗，而成为狗嘴里叼着的骨肉。你越是喜爱与需要女人你就越觉得你与她们当真是狗男女。

也许没有这样严重。青春是一吹就着的烈火，也是一泡尿就浇灭的火苗。它与她是那样温柔又那样泼辣，那样智慧又那样愚傻，那样雅致细腻，像杏仁豆腐、像景泰蓝、像鼻烟壶内画、像苏州刺绣、像杭州西湖边断桥上许仙帮助白素贞娘子遮过雨的伞。又是那样野性，像砍瓜切菜，像摇摆于强暴与自宫之间的手术刀，像盗匪英雄像原子弹高科技。青春有时候像落水的老鼠，总是在打战，在躲避，在垂手肃立诚惶诚恐、引颈就戮，在自惭形秽、讨好乞怜。伟大的力量、智慧再加武器啊，还有道德法庭，饶了青春这一回！而且青春就是景阳冈的老虎，在中学生要武当红卫兵的年代，中学生拿着皮带抽牛鬼蛇神，不是用牛皮带子抽，而是用皮带的钢头抽，一下开瓢，两下毙命。

青春点起了历史的烈火，青春天然地具有圣战的倾向。青春的五谷丰登是诗，爱它的人如醉如痴欲仙欲死感动莫名鼻涕眼泪灵感天才上天入地，对它不来电的人则认定它是纯粹的窝囊废物点心白吃饭浪费糟蹋装腔作势莫名其妙成事不足，坏事有余。

呜呼，也有夸饰的、神经兮兮的、像青蛙一样地吹胀自己的肚皮的、泪眼迷蒙的、酸不溜秋的小资的或者浑横不讲道理却认为自己是所谓革命的、因愚蠢而自我拔高的该死的青春吗？

是青春点燃了革命，是革命烧透了青春。是革命才华了教育了也纠正着青春，是青春升腾着忽悠着修饰着美丽着也歪扭着革命。青春拥有了革命，革命拥有了青春，于是革命有了强大的未来，有了动人的审美品质。有了多么感动的罗曼蒂克。于是有了躁动，有了狂想，有了威风，也有了那么多幼稚乃至胡作非为大呼小叫。于是青春与革命有了排除万难有进无退如火如荼的品性；干脆如火如“茶”也行，既然读白字读别字不影响提拔，既然读别字能增加幽默感，既然伟人也可能读别字，既然纠正别人读错了字的人自己也可能读别字，既然被指出读了别字的情况下照样能够理直气壮地恼羞成怒，就让我们如火如荼地把造诣读成造纸，把吻你读成勿你，把大腹便便读成大腹遍遍，把衷心的感谢读作哀心的敬礼吧。

从来名士皆耽酒，自古英雄不读书。这是扬州瘦西湖花园的名联。

而青春要接受革命与未来的考验锻炼锤打造型，打铁还要自身硬，快把炉火吹得通红。

21

而且不能否定青春的强烈。既然自己不能开出牡丹芍药郁金香紫罗兰,那就干脆消灭一切花花草草!青春就是空前的强与烈。托尔斯泰让你匍匐,普希金与莫扎特、舒曼让你在冰面上翩翩起舞,滑出了各种绿的与褐的线路。叫作如歌的行板与如画的线条。使灯光如同荡漾在湖水里。契诃夫让你含泪微笑,自怜自艾,摇头轻叹。你得意于自己的青春、才华、聪明、灵敏、正义;你得意于你的胸肌腰肌腹肌,你的肱大头肌、三角肌、臀大肌、臀中肌、臀小肌、闭孔外肌,力拔山兮气盖世,你可怜你的渺小卑微穷苦,所以你更加伟大,由于没有开花闪光炫色而更加伟大。你练单双杠俯卧撑仰卧起坐举重与拉力器。你想喝牛奶吃鸡蛋嚼维他命撮鸡鸭鱼肉氽丸子啃炒肝尖,但是你没有。不能给青春提供炒肝尖的社会还算是合理的社会吗?巴尔扎克让你变成了外科手术刀,寒光腾挪中,显现出你的貌似无情却有情的大爱。李白让你伸展,让你在豪迈的欢喜中透露你对于人生的悲凉感喟;而鲁迅让你深沉,让你凝视,而后号叫如独狼。贾宝玉让你在地上打滚而大荒山似乎奏出了管风琴的赞美哀乐。祷词?挽歌?顿足?超脱?色即是空,空即是色,受想行识皆是如是。无穷大就是零,零就是无穷大。强烈如驾云如高空滑翔,强烈如自朝鲜民主主义人民共和国的导弹发射器崩起。强烈就是会时时变硬,常常勃起,或者天昏地暗,或者凯歌彩云,霞光万道,或者欢乐入港,或者煮海熬江,或者如鱼得水,或者决心拉响手榴弹的弦子。强烈如董存瑞、黄继光、刘胡兰、马特洛索夫、卓娅,还有苏菲亚与安娜。早早知道了法国大革命自由女神,自由引导人民,她的名字是不是玛丽安娜?

百姓革命首先是由于穷困,而知识分子常常是加上了由于烦闷,又名空虚,或者是你以为,你的幼稚天真使你到老仍然想象咀嚼反刍革命祛闷原理。反正苏菲亚与安娜都是从俄罗斯到世界革命的符号。巴金在《激流三部曲》中提到了波兰二十五岁作家廖·抗夫的戏剧《夜未央》。“夜未央”翻译得真好,青春一邂逅“夜未央”三字就陶醉而且兴奋,夜——未央,未央之时,是夜深的开始,是深夜的渊薮,是勇敢的叛逆、秘密的结社、大胆的从未有过的思想、英勇的宣告、淋漓的高潮、机敏的躲闪、气吞山河的杰作、摧枯拉朽的灵感、残忍的谋杀、隐蔽的计谋、兀然的打响、未央夜的生态是何等茂盛!虽然“夜未央”这三个字在旧时代的诗词里表达的是委婉与寂凉。“夜未央,曲何长,金徽更促声泱泱。何人此时不得意,意苦弦悲闻客堂。”唐代僧人皎然的诗句。但是巴金与波兰作家传来的是火爆的激昂。

子夜未抵,正在做什么呢?应该有志去做什么呢?夜未央,老农、醉汉、傻子已经鼾声大作,鸡入笼,兔入窝,狗仍然警觉,猫上房叫春,夜鸟突然长唳,青春红桃心颗颗欲碎,女儿发出芳香乳液,男子汗流浃背。挺着,挺着,支棱着,摩擦起电,灼热生痛。你希望得到爱情、光荣、奉献、承担、神圣的牺牲壮烈,起义、起事、起跃、起飞,鲤鱼打挺,二龙戏珠,旱地拔葱,天苍苍兮野茫茫,在刑场上举行婚礼,在沙家浜胡司令的婚礼上响起冲锋枪,让大炮批评我们这里尚不具备起码是绝对不成型的资本主义,让刺刀尖挑起孔老二的国学,让野火烧透雪峰,让仇恨开遍紫花,让旗帜充斥空间,让鼓声热烤神经末梢,让鲜血沸腾,让骨骼钢铸,你要一把捏碎旧社会的脊梁骨,一直到尾椎骨与肋骨。你要驱散乌云,灿烂阳光,金光道道,彩虹天桥。这就是出身贵族的革命家俄罗斯的革命符号华西里加安娜。

安娜的情人准备暗杀一位俄罗斯反动军政要人狗官,类似什么总督监军警察宪兵队长鸠山座山雕黄世仁南霸天戴笠冈村宁次特务头子。你的相距七十年的记忆如此。是自杀式袭击。自杀式袭击由来已久,时日曷丧,予及汝偕亡。《尚书》上早有书写。苏菲亚点燃了窗台上的烛火或油灯,因为她看到了人民公敌独夫民贼屠户刽子手历史火车头的拦路虎的考究的马车来到了她的窗下。我们可以假设,不,肯定,再一万个肯定,既然是一位阶级敌人,他当然强梁霸道,血债累累,敲骨吸髓,草菅人命,欺男霸女,死有余辜。我们可以断定他强奸过上百个女童。剥削阶级是霸占了初夜权的阶级。他的双手沾满了劳动人民的儿女的鲜血。他们享用着劳动人民的身躯却又剥夺着劳动人民的生命。他们难道要的是死亡的尸体?安娜为情人义士点灯点蜡发出暗号引向壮烈就义的情节仍然令诸位君子大人少爷小姐透不过气来。原来这就是革命的魅力,这就是人生的极致,这就是热血的喷涌,这就是终极的献身,这就是《圣经·约翰福音》第十二章第二十三节:耶稣说,人子获得荣耀的时候到了。二十四节:我实实在在地告诉你们,一粒麦子不落在地里死了,仍旧是一粒。若是死了,就结出许多籽粒来。这当然是指基督被钉上了十字架,如果基督不上十字架,就不可能有信徒得救迷途羔羊回归牧羊人的鞭下的伟业。而到了三十二节,耶稣说:我若从地上被举起来,就要吸引万人来归我。

一粒种子如果活着它就只能是一粒种子,直到霉烂。如果它死了,如果它进入地表,进入土层,接触地墒,它会发芽出苗拔节生枝长叶开花结果,从而变成许多许多种子,变成铺天盖地的种子之雨,到处是萌芽,到处是树苗,到处是幼株,到处是新生丛林,到处是参天大树,一粒种子变成掩天覆地的植物群。巴金首部小说《灭亡》的扉页上印着《圣经》上的这个威严的教训。

你是否准备好了献身?准备好了就义,准备好了消失自身却化作无数革命的种子。做不做这样的种子?还是做捂出绿霉来的自我腐烂?这里的剧情很伟大也很慌乱,很动人也很紧张,很下泪也很狂欢,而主要的是死一样地倔强与神圣。咦,人生能有几次欢?能有几次 high?能有几个安娜式的情侣?能有几个耶稣上十字架——能有几次向往安娜与华西里的青春体验?

当我阅读巴金小说的扉页的时候,当我读到《圣经》上的力透纸背的关于种子化为丛林的警句的时候,我激动得牙齿打战,我发出了“咯咯咯”的声响,我的骨节配合着口腔,我像是点燃了自己的青春的引信。我宣誓。

当然,我的青春没有吃素。

22

我的青春没有太早的对于少女的染指,没有秦可卿的引风领月,没有花袭人的委身奉献,没有对于嫂子或者姨妈的郭沫若式胡思乱想。我曾经因而五内俱燃,处在自我爆炸的临界点。我还是在一部影片里感觉到了少妇的可亲可依可靠可拥可触。那个妇人角色洗干净了手,挽起衣袖,和好面团,做出馒头花卷,放入蒸笼,腾发出热气。我只觉得她的手,她的臂,她的身材,她的动作,她说话的声音,她撩一撩头发的帅气,她甩动头发的飘逸,她把馒头放置到盘子里的灵巧,比烧卖还香,比花卷还清秀洒利甜甘,比热气还温暖。我愿意变成一个馒头,由着她来揉捏挤压,我愿意变成一个花卷,请她用纤纤玉指来塑造拧巴我的轮廓线条。我愿意变成蒸锅里的水,请小娘子来加热,来舀出与舀入。我愿意变成笼屉,请小娘子任意摆放充填加封。她由“敌伪”时期的女星周曼华饰演,我愿意躺在她的怀抱里,我可以闭上眼睛,随风而去。

别忙,这时春花灿烂开放,果然是令人慌乱的春天。海棠重叠繁复。丁香如雾如霞。桃花似火似锦。梨花绿蕊银妆。山楂如伞含情。石榴轻掀艳丽。牡丹大展宏芳,芍药活泼绣球……这时候你稳不住自己,你总是想哭想笑想拥抱也想决斗想出家想自宫也想 high 高高 high。刚出门你就想回来,刚听歌你就想手枪连击像刘易斯一样地跑下百米。你至少应该发表一篇爱情诗篇,迷住一个小小卖花姑娘,跃过一个两米二八,跳不过去也要紧紧抱住横杆立柱狂吻。到处是杏花的白嫩与片片,到处是樱花波浪,到处是玉兰如霞,到处是桃花如海如呼如浮如潮起潮落，到处是梨花如雪，到处是樱花如爆炸横扫一切颓靡。郁金香如浮雕海棠如新嫁娘山楂如贤淑的姐姐，到处是芳草中的三色堇。花如海如浪涛如秋千如云霞如密电码如劲舞狂歌如派对如闪婚裸婚，在南极的雪山与北冰洋的浮冰上做爱，因融冰而造成弥天洪水。如动员报告如嗷嗷苦叫的诗朗诵喊口号如忆苦吐苦水如喜儿见到黄世仁先给他一个耳光，如四窜的野火春风斗古城，如腰鼓队如狂欢节如春天的交响，春天的故事，如天地的厮杀与演奏。

然后是一片落英，是落花如雪，是石榴如火而后槿点染夏秋两季。春深渐远，是无常，是无定法，是无量无差无等无虑无在无知无觉无语。是渐渐皱起了眉，是了无痕迹，是枝繁叶茂，是疲劳的夏天，是无花的庄重高雅枯燥，是或有的追溯，到哪里去了呢？花的困扰，叶的挣扎，香的四散，艳的明丽与褪减，春的抖颤与感动。最大的悲哀是感动，最软的柿子叫多情，最烦的季节是仲春，最啰唆的鸟儿是燕子，最浪费的激情是性爱，最最廉价最浅薄的经验是幸福的甜蜜，同样浅薄与廉价的心绪是悲愤而且作秀悲愤，做骚悲情，两眼里常含泪水，爱的可只有自己。所以我们更尊敬鲁迅，我们不称鲁迅是鲁迅而煞有介事地称先生作“先生”。

葬花本来极其可爱，落花本来极其感人，后来因为有了黛玉，落花终于毋庸絮叨，《红楼梦》摧毁了挤净了也排除了我们对于落花的感觉。

于是面对花海你只有惭愧你只有悲伤你只有握拳只有叹息只有失落自己的盛开的梦……希望在人间。你应该庆幸还是遗憾？你应该自豪还是慨叹？

然后有黑紫色的樱桃，个儿大肉厚，酸深甜永，深沉冷静。它们积蓄着并且已经增强了。阳红色的樱桃，何嫩何娇，有少女的羞涩，它们甜酸着并且继续酸甜加上了一点点苦涩。有白色的软杏，如醉如痴。有热情的红杏，低下头亦是出墙。你愿在墙外苦等，你分不清桃与杏蝶与蜂。它们失落着、成熟着、香甜着，它们余下的只有贡献、奉献、侍奉君前，任君品尝咀嚼蹂躏。没有谁回忆它们的花色花期花容月貌青春妙龄华年。

春天是游魂。春天是滑翔机。春天是苍茫的呼号。春天是微渺的炊烟。春天是浮萍。春天是拉响炸药包上弦子的冲动。春天是奔腾的野马与向着太阳直飞的苍鹰。春天是一个攥拢起来的拳头。春天是阵雨一样的阵泪，为了少女，为了母亲，为了受苦大众，为了所有负屈含冤被践踏被糟蹋被压榨的兄弟姐妹。

尤其是你在春天得到了真理的启蒙，识破了天机，穷苦的缘由是剥削，瑟缩的原因是压迫，饥饿的来源是那些人的花天酒地，打光棍的难熬来自彼辈的三妻四妾薄幸青楼金屋。阶级与阶级之间是血海深仇。掠夺与正义之间是你死我活。献身连续着光芒四射。社会的发展是一个接一个。革命要拼刺刀。断头其实快意。洒血才有春秋佳庆，人民英雄，树碑立传，流芳千古。暴力是新社会制度的助产婆。起来饥寒交迫的奴隶，团结起来到明后天，永远永远。明天是万道金光，是欢乐的进行曲，是红旗飘飘，是礼炮轰轰，是鼓声震天，是杀声破胆。是战友的情谊，指挥员趴到了勤务员身上。是临终的党费，身上还有七根火柴。是主义真，是默哀，是举起右手宣誓。是咬掉敌人的耳朵。是舍身炸碉堡。是前仆后继如火如荼如海，是不惜一切代价。

这里有一股光，有一粒光球，有一缕光束，有一团光影，有一片光辉。它在黑暗中萌生，从地底下发芽，它一片窸窣，让大地裂开了缝，流出了清泉汩汩，让树叶变绿，让鲜花变嫩，它的旋转渐渐加速，它的光辉渐渐加强，它的照耀渐渐加威，它与黑暗的对峙渐渐严厉狰狞，它的穿透力渐渐精锐，它的爆炸力正在升级，它的狂欢正在等待鸣枪发令，它的火热正在走向点燃，它长叹一声，它厌倦了生活的烦恼，它极端蔑视人类的庸俗，它希望哪怕是怪笑，是狼嚎，是龙卷风，是海啸，是强暴与战胜强暴，是飞旋的锋利，是高空的礼花，是午夜的光柱,是最后的审判,是庄严的执行,是嗍的一刀,一箭,一弹,一针,请给我以新的生活,请给我以新的理念,请给我以新的图画,请给我以新的欢呼与朗诵,为此我不惜一切代价。

23

因为我是青春,我是杀人的与救人的,诗性的与血性的,悲苦的与敞亮的,郁闷的与痛快淋漓的青春。

现在回过头来要告诉大家,我没有过早地躺倒在甘甜的女人怀中,但是我太早地接触到了革命的道理。儿童也爱革命,当然,王二小,潘冬子,小兵张嘎,小英雄雨来。后来稍大一点的姐姐是刘胡兰与至今一提起我就泪如雨下的卓娅·科斯莫捷杨斯卡娅。

理论是批判的武器,武器是批判的落实。理论是现实的否定,否定是理论的魅力与威力。理论的武器生发着武器的理论,批判的武器号召着武器的批判。斯大林说,中国革命的特点与优点是武装的革命反对武装的反革命。根据是五种生产方式。五种社会制度。阶级的起源与阶级的消灭。斗争,斗争,还是斗争。失去的是锁链,得到的是世界,是永远的比幸福还要幸福。越幸福就越是看清了现存的丑陋肮脏。越理想就越显示了现存的龌龊卑鄙。越高尚就越暴露了现存的猥琐下贱。越远大就越对比了现存的鼠目寸光,可怜巴巴,活该灭亡,化为齑粉,焚尸扬灰。

青春不再是小儿女的破泪,青春不再是狗屁不通的诗篇。青春不再缠绵,青春不再苟且。青春就是原子核,青春就是地震,青春就是发射火箭,青春就是大合唱。青春就是用胸膛把刺刀碰弯。青春就是提升,再提升。青春就是赞美诗,赞美,再赞颂,再歌颂。无论如何这是幸运,比睡在秦可卿的床上更幸运。比与袭人同领警幻仙子所训更舒服。因为这个舒适之后不是困倦,不是罪恶,不是偷偷悄悄不可告人,不是担心不是空虚不是永远的不满足。因为这只是一部交响乐的头一个音符。

你的面前是一个完全不同的世界，是光明和太阳，是正义和美好，是鲜花和旗帜，是吹奏乐和满山满野满村满街的敲锣打鼓、载歌载舞、红绸绿袄，欢呼呐喊、报仇雪恨。没有比认识到自己苦大仇深又认识到翻身的日子快要到了已经到了更令人兴奋的了。没有比认识到天堂的美景就在眼前而为了这一切的好先需要自己的好，需要自己没有一点不好更好好好的了。我们认识到为了好上加好需要奋斗，要奋斗就有牺牲，就有苦上加苦，就有万里长征就有拼刺刀就有苏菲亚就有董存瑞就有无数英烈纪念碑，就有对于叛徒的无比轻蔑与仇恨。就有锄奸队就有潜伏就有九死一生与千难万险。

这是一种日益充实的大爱。这是冲锋号的吹响。这是无边黑暗中天角的一抹红霞。那时候有苏联。有解放区。有康姆尼斯脱（共产党人）。那时候有苏联对外文化协会的中文图书《联共（布）党史简明教程》，有上海的以苏（联）商名义办的时代出版社出版的报刊，例如《时代三日刊》。有生活书店、新知书店、读书出版社。北京和平门新华街那边有简陋的却是光芒四射的朝华书店，出售进步书籍。它们是普罗米修斯盗来的火焰。它们都敲着鼓点，宣示真理，它们给了我《钢铁是怎样炼成的》《我是劳动人民的儿子》《妻》《延安归来》《新民主主义论》《论联合政府》《思想方法与工作方法》《大众哲学》《新人生观》《苏联纪行》……最后一本是英国费边社会主义者们写的，其实他们对于苏联有很多批评，仍然无法遮蔽苏联梦想的瑰丽与强烈。苏联梦苏联梦，二十世纪是苏联梦的时代，联共——后来改称苏共，一张口就说自己是“时代的荣誉、智慧和良心”，真他娘的给力！我们祖国多么辽阔广大，它有无数田野和森林，杜纳耶夫斯基的歌声让世界劳动人民排起了长队。

我们是阶级社会的叛徒。我们是旧世界的大灾星。我们是封建孔孟逆子。我们是剥削阶级的掘墓人。我们是改天换地的英雄好汉。我们是中华民国的悍匪。我们是国民党的不共戴天的魔头。我们选择了血战，选择了杀与被杀，选择了不做铁锤，便做铁砧，选择了生要站着生、站着生，死要站着死、站着死。我们选择了兄弟们向太阳向自由，向着那光明的路。我们认定了生活像泥潭一样流，机器吃我们的肉，我们爱唱的是《华沙工人歌》：

仇恨的风在头上咆哮怒吼，
黑暗的势力向我们下毒手，
快团结紧和敌人决一死战，
不必问有什么在前头。
……正义的战斗，流血的战斗，
挺起了胸膛，快向前走！
……战友们年轻的眼睛，
难道看到绞刑架会发抖？
……和暴君们我们是不共戴天，
来，受苦人，今天要报血仇。

革命是一页一页的书，每个字都在黑夜发出熠熠的光芒，每句话都在寂静中发出轰然的雷响，每个论断都刺穿了社会与人的虚伪，每声呐喊都改变着历史的方向。革命是一颗颗燃烧的心，准备着为迷途中的羔羊照耀方向，准备着用无私的爱与恨扫荡统治者的凶狠贪婪萎靡昏聩，准备感动所有的冷漠麻木鼠目寸光，准备融化冰冻，温暖愁苦，为弱者挡风遮雨，为孤独者驱散悲凉。革命是贫穷者的希望，许诺着财富，许诺着生产力，许诺着众人皆有的幸福人生。革命是胜过生命的虔诚和神圣，是砍头不要紧的勇士，是我不入地狱谁入地狱的担当，是从容就义的苦笑。革命是诗，是惊天动地的言语，是撼动岭岳的山洪，是秒杀敌顽的利剑，是令贪者廉鄙者立怯者勇懦者强的历史的强心剂。是封不住、烧不光、取缔不尽、扼杀不了的真理之光，是崭新的逻辑与语言，是无坚不摧的法则与天命，是无孔不入、无往不胜、无人不服、无路可遁、无二话可讲的威严的历史规律，人民的斗争原理，胜利的必然载体，人生的最大满足堂皇。

革命就是青春，就是文学，就是歌舞，就是戏剧，就是人生的艺术、艺术的人生、激情的爆发、爆发的美丽。牺牲的红花，奉献的硕果。是大联唱、大合唱、大歌舞、大欢狂。是一万面红旗、一万首歌曲，人海，花海，旗海，歌海，锣鼓海，兵海，枪海，骑兵海，大炮也成海洋。我们是红色的战士，保卫穷苦的人民。我们的将军就是伏罗希洛夫，从前的工人今天做委员。每一颗子弹消灭一个仇敌。太阳出来了，满呀嘛满山红。铁树开了花，哑巴说了话。庄稼人翻身啦。国民党一团糟。咦呼呀呼哟。鲜花送模范。我们是民主青年。大旗一举满天红哟！

风纠集着风。浪催赶着浪。胜利紧跟着胜利。炮火拉响了炮火。青春照亮了青春。牺牲了就更加不怕牺牲。勇敢牵动着更加勇敢。爆炸引信了再爆炸。解放的结果是摧枯拉朽藐视万古的解放。向前向前向前，我们的队伍向太阳。爱情因革命战争而高扬。战争因革命爱情而悲壮。革命因战争爱情而温暖。青春因革命而充实自信加力牛气冲霄汉。我们会面的暗号接关系的暗号是卖梳子，有桃木的吗？要现钱。一个小孩子，一个小小孩子，他已经雄心壮志冲云天，你已经宁愿做地下党员，做革命的主家，做烈士的候补，做新时代的开路先锋。

24

什么是往事？往事如烟。不是烟。往事知多少？不堪回首月明中。往事越千年，魏武挥鞭。逝者如斯夫，不舍昼夜。往事一去不返。

有谁回忆起往事来能够如此清晰分明凸现。同样分明的是往者已矣，昨天已经古老，往事已经成为过往，往事不在身边。寻找往事只会是刻舟求剑。刻舟求剑同时也刻骨铭心。记得再清的二锅头不能举杯祝福。记得再清的女友不能拥抱在怀，记得再清的饼馍不能下咽喷香。三十岁的时候我曾经惊悚，我？三十啦？这怎么可能？四十岁的时候我曾经悲观。天啊天！五十岁的时候我太忙碌，忙人的今事早已经压扁了往事事往。六十岁的时候我哭笑不得。人的老竟是这样荒唐滑稽，只能算是出他的洋相。七十岁的时候我淡然撇了撇嘴。完喽，夫复何言？叮叮七登呛。八十岁的时候我眨一眨眼。八十又如何呢？往事如山又如何呢？往事如流淌的大川又如何呢？伟大是什么？天真是什么？闯荡江湖是什么？献身祭坛是什么？哭天抹泪是什么？怀着骄傲注视你们又能如何？

我一次又一次地脱帽，默哀，听着哀乐。看到加框的标准照片。我看惯了奶油小生变成肥胖的呆鸟。看到俊俏的国产苏菲亚、安娜变成嘴歪脸拧巴的赵姨娘。看到热血青年变成念稿的朗读机。看到激愤的红卫兵变成油滑的官僚。看到乳臭未干的小子变成满腹经纶的学士板得慌。看到倒下去的，爬上来的，著作等身其实毫无意义的，上过刀山下过火海然后在主席台上睡着了流出口水的。介绍完经验，树立完典型，披红戴花，头衔满天飞最后入狱服刑的。就在这样的混乱喊叫当中，历史发展了，生产力壮大了，空气污浊了，囊中不那么羞涩了。有买房置业的了，有出国留学的了，有远洋旅游的了。回首往事，你不因碌碌无为而羞耻，也不因虚度年华而悔恨。又未必因为你的投身大风暴而吹牛，不因你的没有锁身于书桌旁而自愧弗如。你高扬了革命的大旗。你高唱了胜利的大曲。柔和晨光，在照耀着，克里姆林古城墙。解放区的天是明朗的天。你相信“明朗的天”四个字赛过了一个骑兵师。他们一声喊推动了历史的车轮滚滚向前。

你一直想写一首长诗写白蛇的故事，爱的纠缠，生的艰难，死的恐惧，毒的凛冽，佛的庄严，法的坚硬，灵芝的奇功，战斗的凶险，金山寺的无情，雷峰塔的宣判，白娘子的镇压，小青的侠义，许仙的窝囊与变节……你本来可以写得与普希金的《叶甫根尼·奥涅金》一样，写得与白居易的《长恨歌》一样,甚至于与荷马的《奥德赛》一样。

你一直想成为一个数学家,你热衷于研究无穷大与微积分,概率与数学悖论……

你认为你应该获得远远辉煌得多的成绩。包括那个一登龙门身价百倍的褒奖,皇天后土,舍我其谁?

你没有做到,因为你被扯成了好几瓣。

因为这是一架钢琴。你弹得太流畅太飞快太圆润。这是一把二胡,你拉得又像民乐又像提琴又像马头琴。你甚至于能把地胡吹出调调。这是一株蜜桃,你给它嫁接了荔枝、龙眼、榴梿、鸭梨、核桃、籽棉、椰子、槟榔还有烟草。这是一个学人,他获得了十八个学科的二十四个学位。这是一场国际标准舞蹈大赛,你有三十六个舞伴。

还因为你的愚傻与聪敏一样突出。你的呆滞与轻盈一样执着。你的深情与滑稽一样饱满。你的厮混与认真一样真诚。你的乐天与悲哀一样深刻。你的坚硬与柔软一样无边。

往事随它如烟还是如鸟如雀巢如三聚氰胺。往事随它牛气冲天还是雾霭弥漫。往事随它清楚明净还是面目全变。往事管它可圈可点还是未免羞惭。往事就是往事。你就是你。我就是我。A 是 A 就不是非 A。A 变化着就不完全是 A。钢琴至少一次可以弹响十个以上的键。我平常心地望着往事。我自然而然地回忆着也忘却着往年。我爬到大树上摘下了一个果子,悲哀嫁接着伟大,卑微嫁接着贪恋,宝贵嫁接着贫寒。空无嫁接着超然。康姆尼斯脱嫁接着诗仙。

青春和你,生活和文学,呵,你们娘的是多么全面!

第五章　那时鱼儿常常从水中跃出

25

那时鱼儿常常从水中跃出，它们好像要赏听、要参与情侣的喁喁私语：它们深知爱情的密码，是爱的主导与见证，它们是欲与丘比特媲美的水下的爱神。那时候天空常常蔚蓝，白云常常与蓝宝石般的天空相映。那时飘浮着的云朵很像蓬松的棉花糖，它们与天之蓝海一样地纤尘不染，鲜嫩明丽玉洁冰清。那个时候的我们也是同样地纯净自如，如鱼游于水，砰地一跃，水面溅溅作响。那个年代夜幕即将来临之际，西山上仍然有残留的紫红色的云霞如火，人们据此讨论明天的阴晴寒暑，屡说屡中。那时候新民主主义青年团员周末在公园过团日，你建议他们暂停讲话，共同欣赏西山的晚霞。在没有哪里发布天气预报的时代，在完全没有也不可能想得到电视与手机的时代，草根们都有仰观天象、预知晴雨风雷的能力与把握。而晚上常常听到鸟语、鸟的起飞与落枝落树与交欢。草丛也时不时发出窸窣声，不知道是蛇行还是虫闹。

那个时候人们祈盼的是工厂冒烟的烟囱。苏联歌曲歌唱的是“工厂的烟囱高高插入云霄”，而古都的百姓，祝祷的是早日实现城市工业化、冒烟化，要把北京建设得像莫斯科一样。

那时候我们都相信，明天当然比今天好，后天更好，苏联一定比这里好，它们的今天就是我们的明天。明天更灿烂，明天更圆满，明天的饺子里全是肉馅,明天的拥抱里全是爱恋,明天的科学可以起死回生,征服自然,明天的长寿至少是二百五十年,只要它不是一千、五千。

有水流声。你常常会想象有一对不太听话的青年人情侣在写着"禁止游泳"的牌子边下湖戏水,你追我躲。那时的影片常常是男孩追着女孩跑,上山下路,绕树钻草,跑得上气不接下气,追上了,两个人拥抱在一起,看来,如果女孩的奔跑速度与游水速度再快一点点,人类面向未来的男女相爱根本就不可能。

也许爱情出自春天的湖水。你来到树下,你闻到了柳梢与湖水的新鲜的腥生之气。你知道什么叫鲜生的气味吗?像是折断了一枝树茎,流出了生命的汁液。草有,菜有,未成熟的酸果有,混合着泥土与前一个年头的草根与旧叶,保留着春天的泥泞、冬天的冰雪、秋季的秸秆气息。未做过爱的男女少年也有。有微汗与口水,有头发与皮肤,有荷尔蒙与眼泪的芬芳与嫩软。一点点腥气,如扇贝,如乳汁,如春天的分泌,如你的初恋情人的呼吸与唾液。

你迎迓树冠上的星月光芒。你的年轻人的微风使得各式光点闪烁收放伸延。你头脑里出现了歌曲与乐曲的蛤蟆蝌蚪。海顿、莫扎特、黎锦晖、刘天华与马可。你想起了不无野性的兰花花,早上你死来晚上我兰花花走。你想与兰花花搂抱在一搭。你耳边出现了诗词歌赋散文散曲与俄语英语诗歌的诵读。假如生活从来没有欺骗你,还能有什么眼泪?而没有了眼泪,还能有什么诗、小说、戏?还能有基督与佛陀?没有眼泪甚至也不会有马克思主义的千头万绪,没有正义的檄文《共产党宣言》,发表于1848年2月,伦敦;还有古老中华的《礼记·礼运·大同》篇,约始编于B.C.475年至422年,B.C.即公元前。

你觉得该有一个她与你在一起,你们一起享受生活与嫩草一样的青春。你们一起享受革命的胜利。你们一起回味《共产党宣言》与《大同》篇。你们一起感动于蓝天白云,同时祈盼着到处是烟囱浓烟。你一连看了六遍影片《攻克柏林》,女教师娜塔莎带着孩子们在花丛中行进的场面甚至比战争的惨烈更令人震撼,还有斯大林、莫洛托夫、罗斯福与希特勒的场面更令你神往。你知道一场足球胜利的含意,你知道一场网球胜利的含意,你知道被侮辱被损害的人民揭竿而起,以尸横遍野、血流成河的代价取得的改天换地的大凯旋的胜利吗?你闻到了她的发辫的湿与黑。那里有一股药皂与香皂的混合味道,更多的是少女的思恋的鼻口与皮肤细胞的芳香。是她的温润的目光。是尚没有找准靶心的爱情神矢的纯美与犀利的、焦渴与火爆的飞翔。莺莺燕燕,鸟鸟虫虫,你听到了她的声音,你常常设想她的声音有些嘶哑,由于做了过多的街头讲演,号召人民、特别是青年们奋起抗争。但是后来,真正的她不喜欢"嘶"与"哑"这两个字。马嘶,不是比马唱马吼更可爱的动词吗?她的声音也不仅仅是清脆,不是银铃呀什么的,她的声音里包含着深情与犹豫。也许还有忧郁。她小小年纪,却知道旧社会的苦。她做过童工。

爱?就爱了?能那么简单明爽?

你使她产生了犹豫与忧郁,你对不起她,你还不能做到让她对你一见倾心,你没有做到魅力秒杀。你觉得你身边当真缺少那样一个人,她不一定是琼玛,你也绝对不想做一脸疤痕的、大主教的私生子亚瑟——牛虻。不,你期待的不是苦刑苦行,不是刀山火海拉响炸药包。你期待的是新生活。新生活,这三个字令你不怕付出刀山火海老虎凳刑场的代价。才有了新生活。

你的生命里竟有着那么大的空白。你要的是一个美丽的人,一个有感情的人,一个温柔缱绻的人,一个常常说不的人。她稳定着你的冲动和未免过头的速率。你的才华回旋加速器每秒钟六亿八千万转。

一个完全不想讨你的好,不会那么快跟着你走,躺在你的怀里呻吟着让你抱起来的人。一个对待生活严肃却又平常心的人。然而你的真诚,你的自信,你的才华,你的革命美梦,你的纯洁的比天空还明远、比白云还轻柔。你的绝非等闲的绚丽明朗的内心世界又让她不可能拒绝,不可能抵抗,不可能忘却,不可能淡出。

然后她是从天上来的,从海一样的蓝天上像鱼儿一样跃出来的。从红旗飘飘里来。从鼓声阵阵里来。从山呼万岁里来。从大炮轰轰里来。爱情不会是来自雾霾、沙尘、汽车尾气、手机段子、无厘头小品和嗷嗷嗷乱吼的敬礼圆满成功的套话。更不可能来自影星歌星笑星和经常读别字、肤浅得装不满一个碟子的节目主持人。谢天谢地,那时候没有这些。那时候最多有老旧的电影,有《何日君再来》,有《教我如何不想她》。更多的是新社会的耀眼,是新思想的尽善尽美,是解放军的"三大纪律八项注意",是影片《攻克柏林》里阿廖沙与娜塔莎、苏联荣获斯大林奖金的小说西蒙诺夫的《日日夜夜》中沙布洛夫与安娜的战斗中的爱情。只是一个暗示,一个字眼,一个嘘寒问暖,一个笑容,一首萌生生的小诗,扫除了我的羞怯与自卑,解放了我的才干与热情。我在天空飞翔。我在地表旋转。我练双杠和虎伏,快把那炉火吹得通红,你要打铁就要趁热。我读小说和写诗。我激浊扬清,替天行道,打着革命的红旗,流着阶级的热泪,端起了扫射的重机枪。日月星、天地人、虫鸟鱼、树花草、虎狼狐、雨雾电、敌我友、左右中、苏联的提法是党与非党的联盟……呼呼呼,喔喔喔,乒乒乒,当当当,叮叮叮,群舞与合唱。然后是笑靥,是天真,是温暖,是手拉着手。是电闪与雷鸣,是天门大开,是天光普照,是天阶小雨润泽光鲜,是天女散花丝路花雨,是天风浩荡尽卷残云,是圣洁与幸福,是高雅与美丽,是快乐与满足,是比真正的自己还自己,是自己百倍于自己,是比好还好,是比生命还完全还生机勃勃的双倍多倍饱满的生命。

我可能瘦小,我可能畏缩,我可能邋遢,我可能卑微渺小,我就是有点自卑,因为我打不过同班的男生,也许还打不过女生。因为父亲的朋友送给了我一个鹰形的纸鸢,我却没有能力将它放飞到天空。还因为在上小学以前我住了北京大学附属医院,简称附属医院,因为痢疾,住了四十天,据说出院后有几天我走不好路了,我不会迈腿了,我退回到不足一岁学步时的行为膂力水准了。还因为我离不开妈妈,姐姐,姥姥,姨。我看到练把式的,我回到家里练三拳两脚,练晕了头,一头从炕上栽到地下。我他娘的怎么这样没出息!

是的,自信不可能仅仅来自“力”,它只能来自“理”与品德、智慧、才具,来自伟大的精神。就在这个时候取得了精神的武器,精神的强大,它就是真理、反叛、暴力、专政、历史唯物主义与辩证唯物主义、《联共(布)党简明教程》第四章第二节和《论联合政府》,列宁说组织才是无产阶级的唯一武器,组织起来战胜无比强大的资产阶级。列宁战胜了孟什维克马尔托夫,忘记了是不是还有天才的马克思主义理论家普列汉诺夫。解放区的天是明朗的天,嗨嗨嗨嗨呀呼嗨嗨咿呼呀嗨!苏联当年的标语:战无不胜的(旗帜与主义)万岁!

就在这个时候我发现了你,我感受了你,我爱上了你,我崇拜了你,我想念了相信了你,我心里眼里耳里肚子里有了你。我感觉到了光辉,我感觉到了未来。你的胸前佩戴着荣获列宁勋章的共青团的团徽与火炬形苏联少先队队徽。你是你们学校的第一任少年先锋队大队长。一个男孩子心里有了一个热恋的女孩子,有了《共产党宣言》,“共产主义的幽灵在欧洲大陆上徜徉”,于是普世大放光明,世界不再一样,生活不再低迷,你的胳臂、腿、言语、心情,它们是怎样不同了啊。

与你的邂逅,对你的追求,与你的互相照耀与相互映射,对你的呼唤与对你的回声的期待,对你的钟情与对自己的抒情的回应的预想,突然证明了我的长大,证明了我自己的价值,证明了我本来具有的,至少是可能具有的魅力,我突然强大了与自信了。请相信,我是一个了不起的人。也许可以想象我与影片上的那个英雄差不多一样。面对愚蠢的德日法西斯,玩弄他们于股掌之上。面对昏聩的国民党,他们更是不堪一击。请相信,我与诗人、杂技大师、神枪手、发明家、滔滔不绝地做大报告的领导人、英勇就义的革命家方志敏、保尔·柯察金、诺尔曼·白求恩其实相当接近。请相信我也能成为大写的人。我相信影片《金星英雄》里的警句,生活里有急流也有缓流,而我当然应该周旋在搏击在急流里,甭客气,俺就是弄潮郎,应该一日千里,应该纵横高低,应该流金铄玉,要大显身手,要求爱与被爱,要有所作为,有所可爱可亲可喜可珍重可敬不已。

26

当然,最最不能忘记的是我接到了你的邀我深夜凌晨去观看国庆阅兵的排练。经过了一点小小的曲折,在沉湎于准失恋的痛苦的时候,我突然接到了你的电话。我们如约午夜来到了天安门广场,我们坐在观礼台,那本来是节日阅兵与群众游行时候提供给劳模与边远地区的观礼团来看的。那就叫心花怒放!放得都怒起来了,伟大的汉语修辞万岁!由于我们是生活在激流中的人,我们有提前排演观礼与观礼排演的机会,也许有人认为是特权,我们那时的“特权”来自我们早早地接受了革命的理论,参加了革命的队伍。我们是共产党员,我们是特殊材料制成的,当然是“特”一阵子的喽。我们也自以为了不起。因为我们已经把历史的规律、历史的长缨抓在自家的手心里了。今日长缨在手,随时去捆去绑去踢去踹苍龙。喝令三山五岭开道,我来了。到了“大跃进”时期,出现了上述豪言壮语。观礼的与被观的“礼”一样,气势如虹,从胜利,走向胜利。只要走一走,什么都成功,什么都得到。怕的是你不敢不肯迈步。我们在凌晨一点开始了阅兵观看。我们闻着装甲车的燃烧柴油的尾气,觉得比芝兰芳香。我们看着列队前行的“塔山英雄团”。我们想起了“黑山阻击战”。我们看着大炮与火箭炮。我们欣赏着军乐队的“分列式进行曲”,我知道我们的铜管乐早就进入了世界的前列。我们期待着未来的世界是没有军队的世界,但是我认为,即使没有了军队,也还需要铜管军乐,哪怕只是为了婚礼与崭新的店铺开张营业。此时此日此地此心,我知道了,国家好了,我们好了,一切都是好好好好好了……

什么是特权？特权是怎么产生的？特权并不是无源之水无根之木。特权至少开始时候并不是来自贪婪与压迫人民鱼肉乡里的恶念。特权开始只是一种自信。自信的结果有可能通向专门纠正旁人指引旁人的高高在上。成功会通向欢庆，通向歌舞升平，通向万民歌颂，通向永远走在前面指引方向，走上俯瞰众生的制高点。仁爱、恩惠、大旱中是你们降下了甘霖，你理所当然地得到了人民的箪食壶浆——还有馒头与红烧蹄髈。你得到了人民的尊敬，所以在苏联影片中，人民说："让列宁同志先走……"对于列宁同志的爱戴的心声震响在阿芙乐尔巡洋舰的炮火声中。知识、才能、经验，甚至满满的意识形态的优越感与崇高感，连同献身的愿望，胜利的捷报，严丝合缝的逻辑，手拉手的坚如磐石的团结，一切一切的成功加必胜的基石，也完全可能引导出高踞百姓头顶的功效。升华、提升、高飞、激进、智慧、伟大的胸怀、伟大的业绩、优秀的品质与能力，一切的光荣与骄傲，都与处处优越优惠优先优待优厚相联系在一道。优，极优，能丝毫不特？人民的老黄牛们啊，老黄牛们吃的可不是一般的草儿！老黄牛们怎么可能不面对特殊地位与待遇而自得却又不安！

起码你们那时候能到中南海怀仁堂欣赏乌兰诺娃的芭蕾舞《天鹅湖》片段，能在七一的深夜，暴雨之后集合在先农坛，见到毛主席，你们看过那么多别人看不到的文件，何等的信息优势。你们也能在十一前的午夜，在市中心各路口进行了严格的交通管制之后，看到了阅兵、新式武器、呼啸着列队飞过的米格式战斗机，还有礼花，比国庆当天当晚百姓们看见的还要真切逼近。不，那时你想，这其实不是特权，这只是合理的差别与安排。我们天真地快乐着，享受着。拥有着，幸福着。

然后去大华电影院看苏联彩色影片《在和平的日子里》，一部反映苏联海军生活的影片，仅仅乳白色的海军服已经使我们惊服。故事与人物都淡漠了，海军服依然伟大、光荣、勇敢、骄傲，无敌于天下！

而且所有的男子英俊峭拔，所有的女孩如花如玉。

爱情就是发现，突然发现生活是这样美好，力量是这样强大，人是这样美好，女孩是这样清丽，也就是说，你本人是，你应该是，你距离所有的无限美好这样贴近。爱情无限好，人生最光明，革命大胜利，兹后尽欢腾！

爱情就是欣赏，你欣赏到了眼泪与微笑，星星眨眼，歌声曼妙，雨点滴滴答答，琴声勾魂夺魄，荷花荷叶团团满满，青蛙蟾蜍呱呱咯咯，红绸红旗飒飒唰啦。生活有自身最美好的一面：兴旺发达，繁荣富强，从今走向，又是走！几亿人在秀肌肉秀精神。每个人都有自己的最美好的一面，每只麻雀与每根小草都应该欣赏自己，珍爱自己，改善自己。试看今日之我人，已经是今非昔比喽！

爱情就是歌儿，戏曲，朗诵和吟唱。爱情就是苏联的《纺织姑娘》《春天的花园花儿好》，美国歌曲《人鬼情未了》与《回首往事》，爱情就是昆曲《贵妃醉酒》《牡丹亭》，爱情就是新疆维吾尔族民歌《黑黑的羊羔一样的眼睛》。爱情就是"我们是红色的战士，保卫穷苦的人民""我们在太行山上……敌人在哪里进攻，我们就让他在哪里灭亡"！

27

爱情是才华，你见到过爱情与才华结合的璀璨靓丽吗？如彩霞与万花筒。

什么是才华？才华是美。才华是光，才华是生命的芬芳，才华是精神的舒展与灿烂。才华是鹰升长空，鱼游万里。夜空横亘着牛奶铺就的大路——银河。才华是精神的秀雅、矜持、微笑与从容。天下的天下，男女的男女，青春的青春，最迷人最性感最体面最愉悦比酒还醉人的自然就是才华。

才华就是人。才华才是人。你没有松柏长寿，你没有骏马疾走，你没有乌龟沉着，你没有蛇猴灵动，你也没有大相扑选手的体形。然而，你有头脑，你有气质，你有才华，你有风度，你有感召的力量，你有比狮虎龙蛇闪电雨雪花草岩石还丰赡的才华。你永远告别了旧时代的昏庸、怯懦、萎靡、愚蠢、老朽！滚你妈的蛋吧，僵尸般搊着气儿的旧中国！

而且，你革命！革命出场，巨无霸，扫千军，高压雷电般征服了多少男男女女！

才华是智慧的银河，才华是尼加拉瓜的瀑布，才华是长江与黄河，才华是寒光闪闪的利刃，才华是清明与自信的舞姿潇洒，还有举重若轻的美好绝伦的流水行云，随性任缘。才华是一眼看穿的分明的眸子。

有才华者的爱情是最有效的美容法术，即使完全不是一个美人，他或她因爱情而光泽，因爱情而焕发，因爱情而喜兴饱满，因爱情而笑容可掬，因爱情而精致周到，因爱情而无懈可击地排列好了所有的纤维与细胞。爱情是最神奇的速效救心神药，即使是一个呆板、闷郁、阴沉的伙计，他或她会因了爱情而满心善良，会为爱情而希望拥抱你身边的所有，会变得高贵、乐于助人、平静、兴致勃勃，充满趣味。爱情就是更好，比好还好。爱情就是秀高贵，秀善良，秀生机，秀美丽，秀才华，秀文明，秀教养，秀坚强的不可摧毁的力量。美好的结果是脸部肌肉格局与纹络线路良性地发生变化。正如阴沉的愤愤不平的内心在那位伙计的脸上涂抹了卑劣、晦气、一脖子歪扭、一脑门子官司、一派阶级斗争与路线斗争。爱情是一种信念，是一次对人生与上苍的请求，是一个正在成真的美梦。中国梦、美国梦、黑人梦、苏联梦，俄罗斯联合各自由盟员共和国，造成永远不可摧毁的联盟。即使苏联不存在了，苏联梦仍然永远。你梦我梦他梦众梦，梦影繁复，梦声喧哗，众爱如焰火礼花。爱情是让你终于明了，在没有她的到来以前，你尚不能算是降生到这个世界上来了。

因为有了你的笑意与温柔，有了你的洁净与单纯，有了你的心愿与祝福，因为有了你的自自然然的舒舒服服的美丽。你的喜悦，你的目光，你的端庄的永远无懈可击的精雕细刻的鼻子与恰到好处的嘴角与嘴唇。有这样嘴唇的人热烈又不失含蓄，单纯而不失稳健，极其善良却不失尊严。有着这样的鼻子与嘴角的女子从不轻浮躁动出丑犯贱，更从不虚张声势、横空出世、摆谱装丫。能够因为美丽而感动不已的人，自己能够不与美丽相通相和相亲相爱吗？能够为善良而感动的人，自己能够不与善良为伍为邻为知己为长相伴长相思吗？一个希望得到爱恋的注意的人，自己能够不注意旁人、不关心旁人、不醉心于爱的动人与美好吗？爱情是我们的老师，是我们的上帝，是我们的编剧与导演、我们的制片人。它是我们的舒卷如意的云朵，聚散随心的浪花。它总该教育我们更可爱更风趣更快乐而不是更阴险、更可厌、更面目可憎语言无味心如蛇蝎；它总该教给我们更阳光更信心而不是更危殆更恐怖更猥琐与诡诡诈诈鬼鬼祟祟憋憋闷闷嘀嘀咕咕。

尤其是，看看人们的面孔吧，与人为善的面孔和与人为恶的脸型轮廓是何等的不同啊。眼神里的杀机与凶恶，跟眼神里的爱怜、和睦、友谊，是怎样的不同啊。

28

你们一起追逐萤火虫。那小小的灯笼，为伟大的人类解除黝黯。即使是微弱的一点，也带来赞扬与感激，趣味与亲昵，略略几星神秘。像指标，像密码，像演出大厅里打开的小小手机光斑。像先兆和谶语。是星？是虫？是魂？是快乐的小鬼魅。是娴雅与清纯？是谦虚与自尊。雨后的萤火虫，意在告诉不必为连阴天气而忧愁，意在告诉你一粒微尘也有自己的光明。告诉你要有光，要有爱，要有感恩和欣悦。萤火给虫子带来灵魂而且苦苦寻觅着爱侣，提灯寻爱，这是何等地将爱与光结合在一道！爱侣是生命也是理念，是温柔也是诗与哲学，是执于你手的手与灯也是上苍的眷顾。正如相应答给人生带来欣喜与安慰，相照耀当然给你光影与温凉。

在你看到了你所爱的人以后，你方才看到了你自己！

你们喜欢山丘和丛草，你们追逐着，好像随时会把自己与另一个自己丢失，然后不断地找到了另一个自己。人生有多少次因为找到了而欣喜。什么是人生的追求，那就是找到了三个字，你找到了你的所要，你找到了你的所思，找到你的所爱。为了寻找爱的归宿，你走遍整个国土，《苏丽珂》唱道，你们看到了对方，你们没有看到对方。你们看到的是人生，是相伴之幸，是相答之美，是相呼相携之无比温存。你们听到了对方，你们没有听到对方。你上上下下，寻找着对方。你下下上上，找到了，没有找到对方。但是你感觉到了她与你在一起。你的身上心里充溢着惬意。你知道是你得到了天地的恩宠，是你得到了生命的垂顾，是你得到了好人的好心好报好运。是你们赶上了春天，而你们的父辈生活在呻吟动乱迷茫之中。爱情上你永远是幸运儿。你相信爱情，爱情便惠眷了你。你相信伴侣，伴侣便陪伴了你。你想念忠诚，你得到的便是忠贞不贰。你喜欢并相信好人，好人果然在身边无数。你果然不会白白来这个世界地上人间一遭，因为有了她，她她她她她。她无边无缘无息。

怪了，忠贞的人常常遇见忠贞，就像自私的人遇到的人都自私，阴沉的家伙动辄遇到阴沉。阴沉遇到了阳光，以为是遇到了杀手，阳光依旧阳光，更证明了阳光是阴谋与毒辣的克星死敌。

你们喜欢月光，月光下的石桥，月光下的石坊，月光下的乱石与山岗，月光下的水波与小舟，坐着人的与人坐着的。月光下的轻歌曼语。笑，怎么还有喜极而泣？是幸福而不是幸福指数使你那么感动。月光流动着爱情，月光期待着紧张的亲密，无间。弯月本身就如飘荡在天上的小船，朝鲜民歌是这样唱的。《金日成将军之歌》是这样唱的："长白山一条条，染遍血的足迹。鸭绿江水曲曲弯弯，漂着血痕。"多么痛惜！爱情的青春性令你心痛欲碎！后人们嘲笑说，把青春给了青年纯粹是浪费，那么把爱情给了青春呢？青春有了爱情就永远不悔。月光融化着屋顶、树木、石山，你们的他们的她们的青春。月光讲述着多少爱的故事。月光照耀抚摸着青年的冲动与不平，平息着青年的激愤与冤仇。

你们喜欢漫步，亲爱的朋友，你当年可曾有过与初恋情人彻夜走遍古老伟大历史名城的经历？谁能说那样的轧马路是不必要的呢？如果青春是不必要的，那么生命呢？人类呢？地球呢？国家呢？无产阶级呢？呵，伟大的历史名城也会面目全非！千年百年过去了，有几多情侣连夜走过全城全景全街区。打了烊的商家冷冷清清，风中飘荡的街灯光影轻移，交通警察亭里已经没有了在岗的秩序维护人，那时候的城市入睡得很早很沉，那时候的街区瞬间就变得十分安静，生活立刻变成了无声无人的电影。那里的社会治安比现在好百倍。那时候你听得清你的走路，她的鞋掌与鞋后跟声。也有你的说话，她的呼吸，那少女的呼吸是何等均匀委婉迷人，那风中的两个人的脚步是何等快乐乃至激越。故宫睡熟了，它不再咀嚼清宫秘史里编撰的皇帝与后妃的悲哀的爱情故事。为什么老旧的祖国存贮着那么多痛苦得无计可施、惨烈得肝肠寸断的爱情罗曼史。林黛玉与杜丽娘，苏小小与白素贞。王府井休息了。它那里建筑了首都第一座百货大楼，它那里卖自行车也卖手表，瑞士大英格。那时候并没有人知道劳力士。王府井后来出了个张秉贵，他抓糖一手准，说一两就是一两，说三钱就是二加一钱，他与掏粪从不抛洒的时传祥成为伟大北京的人才的代表，道德与智慧的明星。你们与张秉贵时传祥一样，有信仰与理想，你们相信从今走向繁荣富强幸福美满光明清爽天高地阔按劳取酬按需分配一大二公。你们知道从此生活像歌儿一样，爱情像诗篇一样，做事像口号一样，风貌像图片一样，明天像天堂一样，营养像热豆浆一样。八亿中国人民与三百万首都市民，全都喝上了热豆浆。敌人是秋风落叶，摧枯拉朽。我们是凯歌阵阵，捷报声声。你们漫谈。你们说笑。你们拉手。你们学习最新的领导人高屋建瓴、势如破竹的指导。好啊,好！高呀,高！高家庄的高！你们讨论谁谁的个人英雄主义表现与谁谁谁的不关心政治,缺少政治觉悟。你们想在街道上跳集体舞。有蒙古舞新疆舞西藏舞,有俄罗斯舞、西班牙舞、匈牙利"瓶舞"。每个胸腔宽阔高耸的美女头上顶着一个玻璃瓶子,瓶子里装满了幸福之泉的仙水。欧洲的杨枝净水。

生活是这样辽阔,青春是这样欢愉,城市是这样亲昵,爱情是欢笑的满足,是永远的永远,是无可怀疑的乐观,步行是健康与阳光的敲击。爱情也可以变成进行曲。相爱也可以变成欢乐颂。漫步也可以变成心想事成,走向胜利。初吻也可以变成团结起来到明天,我们的目的一定要实现,我们的目的一定能够实现。我们的文风如长风巨浪,如板上钉钉,如夯实了再加碱的高举重击。长途行走也可以变成雀跃的游戏,步行六小时也可以变成欢快的享受,绕城而行变成生活与事业的颂歌,难舍难分变成千秋万代的幸福光景。

那个晚上,我与我的初恋、我的女友、我后来的妻子一起步行了六个小时,我搂着的是你,是整个的所有的北京,我觉得我们与西四相拥起舞,蓬拆蓬拆,我们与西单商场与甘石桥共跳华尔兹,蓬拆拆蓬拆拆,走过天安门的时候我们与城楼的步子改成了慢四步,到了东单,我们兴奋地变成了探戈,而在鼓楼,我们与所有的商店与路灯,所有的电线杆与槐树,所有的湖水与拐弯,所有的街道与古建筑,与白天的一切兴奋与记忆,拉成了一个大圈,跳起了以乌克兰民歌做伴奏的集体舞,再到了后海与北海后门,北京的地面也随着我们的青春蓬拆蓬拆,蓬拆蓬拆拆,旋转起来,波动起来,妩媚起来。那永远与北京牵手共舞,与新中国一起阔步向前,与伟大首都一道挺胸昂首牛气冲天的不可思议的美妙感觉,如果你有过这么一次、这么一个夜晚的经验,你当然是世界上最幸福的一个。

29

怎么会那么光明？一盏电灯就像一百个太阳，一声男高音，例如“二呀嘛二郎山”就使天堑变成了通途。而“雄赳赳，气昂昂”果然战胜了“美帝野心狼”。叫作天空出彩霞呀啊哈，地上开红花啊呀哈哇呱呱呱，狗赶鸭子呱呱叫。一串当当当，有轨电车的铃铛使城市充满欢笑。一次大报告令全体青年团员掌声破天。一只燕子就证实了春天当仁不让，立刻，一只燕子变成了十只百只千只万只燕子，燕子的声音已经驱逐了所有的寒冬、猛禽、冰冷，唤来了一道道花红柳绿水晏河清。叫一声同志你觉得世界已经变为高尚之地圣贤之乡，握一下手你相信从此华夏儿女加上苏联波兰匈牙利保加利亚罗马尼亚捷克斯洛伐克朝鲜民主主义人民共和国阿尔巴尼亚儿女成为亲兄弟姊妹，马恩列斯都拥有大胡子，同时他们一个比一个人的胡子小，他们的并排照片告诉你世界正在走向光荣和胜利，五一游行时中学生们打着的世界各国共产党领导人的照片，排在最后一张的是西班牙共产党领袖被称为热情之花的多洛雷斯·伊巴露丽。

你们都爱伊巴露丽，所以你们志同道合，你们是上天的选民，你们是未来的英雄壮士。你们是伊巴露丽的战友。啊朋友再见，乔乔乔！或者如爱伦堡的小说：快点打口哨，是战斗的时候了。法国与意大利的共产党员多么浪漫，他们打着口哨打击法西斯强盗。你们将开天辟地，创造崭新的历史。与你们将要开辟的历史相比，此前的人类历史其实是不文明不开化的野蛮的史前时期，只有野蛮人才会有私有财产的观念。你们也都喜爱郭兰英，喜欢听与唱“正月里闹元宵，金匾绣开了”。你们更喜欢马烈茨卡雅主演的《乡村女教师》，她的眼睛上永远有一脉柔和的光，而她的下巴似乎隐藏在黑影里。你在十五岁的时候还想到过，你也许会娶一位俄罗斯捷乌什卡——姑娘，她最好名叫叶卡捷琳娜，也就是最早邂逅的喀秋莎，梨花开遍天涯。不一定叫娜塔丽娅——昵称娜塔莎。

爱情的成人典礼不仅在于热烈与芬芳,也许更重要的是疑难,是思考,是拷问,是天若有情天未必老,是人间挚爱在何方,是生死祸福通蹇哀乐重于泰山。你总不应该将泰山的重量压在一个纯洁的少女身上。一只翠鸟飞过,你觉得你爱上了她,就是她吗?不是另外的她她她吗?一支歌唱起,你觉得这正是你的命,你的天意,你的此生此世此人此家此族此子此孙,是吗?会不会还有别的歌唱的可能?你能掂得起这生命与情感,这当下与未来的无数春夏秋冬,从年轻到老迈,从生活到死亡,从花前月下到青松石碑的沉甸甸的分量吗?

爱是生的赐予。爱是命的相托。爱是身的交融,爱是灵的相许相浴。爱是无所不爱无所不至。爱不仅是盛开与烈火,爱是乾坤阴阳,爱是上下四方天地雷风水火山泽、金木水火土、柴米油盐酱醋茶、喜怒嗔怨欲、衣食住行、吃喝拉撒、功名利禄、药石针刀剪镊、席梦思沙发炕席板凳、浴室化妆室厨室卧室客室书室密室直到中南海的会议室、饭桌茶壶、账单存折、愁虑甘苦、核心隐私,还有最最最、莫莫莫、滔滔、默默、浓浓、淡淡、冷冷、热热……不,我们这一代人没有那么多不可告人的隐私,我们从来不怕赤裸。我们尽可以做到赤条条来去无牵挂。碰到旁人谈论我们,我们绝不紧张,绝不气急败坏。我们是养在玻璃缸里的金鱼,我们要把自由游泳的快乐与舒展展示给世人,我们要将纯净的水波与纯熟的水性与众人分享。

爱就是此生和后世、后代、后人,记忆和永远的牢记。爱包括执子之手,求婚,鱼水和谐,生儿育女,患难与共,八千里路云和月,灭顶之灾与青云直上,与子偕老,重症急救室里的日日夜夜,陪住病房的日日夜夜。还有中华文化与革命文化的某种程度的禁欲主义,责任重于泰山主义、万恶淫为首主义、一日夫妻百日恩主义加上浪漫主义、唯情主义、唯德主义、女权主义、革命主义。爱情是这样地庄严和神圣,我厌恶对于爱情的轻薄、无耻、下作、臭流氓习气,就像那几个小子那样。

30

事情会是这样简单吗？也许，也许应该再想一想，看一看，试一试。然而，对于你来说，越是大的事情越是简单，大的事情来自最简单的考虑。大的事情来自天性与良知。大的事情是不能计算、不能犹疑，叫作义无反顾的。大的事情不是生意，不要账本，不必制定明细表格也不用拨珠子或敲键触屏。革命还是反对革命，对于你来说没有比这个更简单更明快更坚决更超前的事了，毋庸迟疑，毋庸斟酌，毋庸拉锯。爱还是不爱，忠还是不忠，污浊还是高洁，需要的是一眼看透的，决无反顾。

这也像人生道路的其他问题一样，爱与不爱的区别就像夏天与冬天的区别、昼与夜的区别、忠烈与奸佞的区别一样。这里要的是坚决，是相信，是信仰的始终不渝，而不是什么小心翼翼、患得患失，更不是满腹鬼胎，疑神疑鬼。

然而爱情之后仍然是爱情。爱情的后面是生活，是爱情的生活化。是分分秒秒、时时刻刻、日日夜夜、岁岁年年。爱情是点点滴滴、悲悲喜喜、平平凡凡。它是像生活一样琐碎，斑驳，折腾，日常，难以尽善尽美，也许尽善尽美了更让人疲倦，更失落了奋斗与咀嚼的五味俱全，更难以沉迷于似梦非幻。而且爱情是二万五千里长征，一个二万五千里加另一个两个几个二万五千里。它需要上雪山。它需要入泥沼。它需要飞夺泸定桥。它需要穿过枪林弹雨。你低下头来，再低再低，你趴在地上。你匍匐前进。你遍体鳞伤。它会遇到粗野和蛮不讲理，它会遇到无端的旦夕祸福。它会遇到因无知而生发的气冲霄汉，因嫉妒而生发的深文周纳。

爱情不相信计谋策略。爱情不惦念利益。爱情不假装志同道合。爱情肯定会嘲笑男女双打式的夫唱妇随。爱情不相信小报告、诬陷，相知不相信黑材料。生活不相信因冷酷而制造的人为苦难，和因了胡作非为而产生的事与愿违，还有因为牛皮太大而导致的喝西北风……你必须接受，你必须忍耐，你们必须互相鼓励，你必须在饥饿中不忘记到馆子里点一个“烹大虾”的菜肴，你应该平静些再平静些，你必须相信你的光明与信赖，欢乐与缤纷的底色。你知道你老了以后会回想这一幕一幕的一切，你希望你不会因为心口不一而羞耻，你也不会因为做过对不起自己心爱的人的事情而无面目回忆往事。

爱情需要考验，挑战，艰难，压迫。像风筝，手拉的线越是往下，风越是向侧面变化方向胡吹乱刮，然后才有了鹰、旗、蝶、屁股帘儿与风车的上升与扶摇。乘扶摇而直上青云。贫贱夫妻百事哀，这是婚姻生活的最真实最古老最诚挚的铭心刻骨。即使在百事哀的情势下面，即使在岁月残害了青春，老一套的对于驻颜无术的慨叹终于攫住了渐渐褪色的心绪的时候，仍然有青春的回忆，有花前月下，有影院的拉着手儿欣赏影片的甜美，有散步的轻盈，有划船的凉爽，有共吃一盘馅饼，一人喝一碗绿豆小米粥的暖乎，有伏天信远斋冰镇桂花酸梅汤的清凉，有同坐火车的旅伴之乐，有同观窗外的风景，有同赏王昆、才旦卓玛、黄虹、宝音德力格、涅恰耶夫、尼基丁的含泪的赞扬。有送别，有重逢，有书信，有冒着破产危险、紧张得出了一身汗的长途电话，电报，还有诗，你是我的诗，我是你的歌词。你是我生命的见证，我是你生命的欣欢。

曾经共同寻找早春的第一株小草，共同欣赏三月早发着的第一朵玉兰。共同用脸和手接受这一年的第一次春雨。共同在山岭的松树下避雨，其实你们躲着的冒着的都是雷击的危险。如果遭受了雷电呢？那也是人生，那也是爱情，那也是命运，那也是在天。那个年代读过的台湾籍作家许地山笔名落华生译的《二十夜问》的大团圆结局就是相爱的公主与驸马在新婚之夜接受雷击的超度。

共同乘坐当时认为豪华得不得了的捷克造大巴。当时称捷克造的公共汽车是无头大客车。还有德意志民主共和国的钻石牌倒蹬闸自行车。还有共同观看的第一部影片，竟是莫名其妙的苏联产《山野的春天》,描写格鲁吉亚一个什么山区的民族的抢新娘的风俗,影片改编自小说《萨根的春天》。然后去到了林下水边,不停地唱了电影《内蒙春光》的插曲:“草儿哟青青,溪水长……抓去修工见面难”,为什么非要把已经获得好评的影片更名为《内蒙人民的胜利》呢?

31

真奇怪,第一次在电石灯照耀下的水果摊上买了几个梨,她却不愿意吃。后来才知道,她不喜欢“梨”与“离”谐音的含意。难道这一切都是真的吗?有梨有离,有桑有丧,有桃有逃,有盗有道,逃之夭夭,盗亦有道。人们点点头,说:“谁让他少年得志?”也许是命该如此,理该如此,客观规律原该如此。你们早晚会尝到这一切,罪与最,诬与舞,佳胜与夹生。

……一个接一个的偶然,或然,可巧,谁知其理其详其奥妙呢?必然是哲人的洞察,是大师的概括,是厚厚的书本;而偶然是凡庸的命运,是赶上什么算什么的没有道理可讲、没有价钱可讲的蹊跷。必然是倾盆大雨,是山洪暴发,是大河奔流,偶然是一滴雨水珠,恰恰落到你的耳朵里,引起了你的中耳炎,而你恰恰是一个音乐家,中耳炎了结了你的本国贝多芬的预期。必然是事后诸葛亮的找补,偶然是突兀的先验,它丝毫不讲道理。偶然是戏剧与小说,是灵感与信笔。必然是教授的讲义:伦理学、历史学、社会学。必然充满了壮志豪情,从胜利走向胜利,百战百胜,战无不胜。偶然才告诉我们事情不会是一帆风顺,不是这边,就是那边,总会有一些差错,有误读误判误毙。会绊跤,会骨折,会岔了气。必然是安慰,是认了这壶酒钱,偶然是无解的悲苦,终于变成一笑了之。必然是无懈可击的论文。偶然是荒诞的虚构。偶然却又成了宗教,成了服从,成了难免抱怨的通知书和罚款单。

缴纳罚款,偿还你不知什么时候为什么事情曾欠下的债务,连篇累牍地书写悔过博士论文,一百二十页论文加二百五十条注解。你向所有的交警行礼，即使满目红灯，仍然寻找着与人民一起行走驾车的康庄大道。即使满目疮痍，仍然看到了地表的与地层下边的草根的生机与雨露。硬是没有掉过一滴矫情的眼泪，硬是仍然朝气蓬勃，聪明剔透，喜笑欢愉，八方万里，孙悟空的超音速筋斗云。硬是胸容天下，气吞山河，青山绿草，花红柳绿。我们点煤油灯，我们用白酒擦灯罩。我们排长队买土豆。我们挖菜窖。我们寻摸废旧木材，打小饭桌钉小板凳。我们捡拾碎砖砌炉灶。我们装车卸车运煤码煤。我们在冰雪上拉动爬犁。我们在严寒中看到男厕所里的小便池上方矗立着尿的冰山雪峰。我们排长队购买必需品从上午九点排到下午五点多。我们推动灭了火的越野汽车。我们设计火墙。我们设计与制造炉灶烤箱。我们在泥泞中行进，拔出来一只靴鞋，又陷进去另一只脚。同甘苦，共患难，笑对匮乏供应与无边大话。提倡了不怕杀头，不怕坐班房，不怕开除党籍，不怕降级，不怕丢官。面对“五不怕”的豪情我们只能苦笑。这也是温热，这也是骄傲，这也是良善，这也是永远光辉的爱情。长此以往，却又不乏幽默突梯滑稽。这带有演出的意味。这带有喜剧性笑料性与开展性、开放性。这就是如池莉所命名的“生活秀”。

还有，谁能没有呢？还有这里那里的不太舒服，有 B 超、核磁共振、CT 扫描与不能报销的加强 CT，然后是手术，是麻醉与鲜血，是各种匪夷所思的治疗。

因为有你，因为有爱，因为有时间的稳步进行，因为黄口小儿正在变成老到的成熟，因为美丽的少女承担住了所有的试炼，因为头发不声不响地变白，而皮肤上出现了突破想象力的老年斑点。因为年龄的高度已经超越了一号冰山，而经验实历已经突破了随便哪部连续十余卷的长篇小说。因为有爱的家庭比超级碉堡还坚固，因为在坚贞的爱面前小小的浮面的“响箭”——“咋呼”是小儿科般可笑。“响箭”与“咋呼”在王永民的五笔字型中重码。

在真诚与自然而然的爱情面前，你们那些响箭，那些咋呼，我瞧不起你们啊。

我们的爱情来自十八岁的华年。它延续到了八十岁你的离世。中间没有缺失一天一夜一小时一分钟。叫作山高水长,叫作与生同在,叫作与命同悲,叫作松柏常青,叫作夕阳如火,叫作往事依依。听,当年基层工会每逢周六晚上举行的交谊舞会的乐声又响起来了,那时候的大喇叭,叫作扬声器的,已经令我五体投地。《步步高》响起来了,两个版本,都是快四步。西班牙的《鸽子》响动了,是探戈。苏联的《大学生之歌》响动起来,可惜的是兹后几十年再没有听到过此曲。这个曲子有点活泼,活泼得有点轻佻,轻佻得让我想起上海的那种拆白党,但是不会的,那个时候认为随着旧中国的灭亡,随着社会主义阵营的强大,已经没有拆白党了。我们这里是工人的舞者,是穿着劳动服、中山服、列宁服的工人阶级的一员又一员在翩翩起舞,正是我们,共产党人,才摆脱了旧中国的糜烂腐朽罪恶,人们摇摆着自得着因为明天只属于我们。我们是在户外的水泥地上跳舞的,水泥地上的舞蹈同样令人陶然。你揽着我的腰,我抱着你的肩,我们再没有封建、保守和畏缩。我们永远与林黛玉、梁山伯、祝英台、高觉新哪怕是罗密欧、朱丽叶、安娜·卡列尼娜的那种痛苦绝缘。那永远的圆舞曲与狐步舞曲,那永远的《娱乐升平》《彩云追月》《糖果仙人》《蓝色的多瑙河》与《维也纳森林》,尤其是《风流寡妇》!新中国带来的是新的生活……叫作什么都没忘。我们仍然回到了那鱼儿跃出的水花旁边,我们仍然吟味着生命即爱情的密码。历史是逝者如斯夫,不舍昼夜,生命是生生不息,爱情是永远的感动。密码无须破译解读,只求暖心焐肺,拭目承悲。那些不承认人间有真正的爱情的可怜的朋友们啊,你们好可怜!

不想念爱情的人当然永远与爱情无缘。不相信救赎的人永远无法获救。不追求真诚的人一辈子生活在虚伪的冰水里。只承认蛇蝎的人也只有如蛇如蝎般地终其一生。

第六章　未　名

32

第六章没有标题，它是人生，它是文学，它是幽灵，它是从无到有，从模糊到强烈，又变成令人心悸的混然一片云雾光影。不是说每次都能够、都必须给诗情与文心命名与说清。命名就像是入党，命名就像是婚姻与获奖，如果不是获刑。没找到情人的时候也就是没有找到春天，没有找到这一段书写表达的简易驱动。它是在追求前进，追求新的生活，追求有意义的理念，它还只是一个寻爱者、寻梦者、寻找奋斗方向的追求者。

这是前五章的回顾，是难分难解的追溯，是空茫的充实，是与充实共生的漫漫不已。然后是诗的潮涌，是文的海啸，是劈头盖脸的灵感的潮汐，是昏天黑地的感觉的旋转，是拼死拼活的倾吐诉说，是哭哭笑笑的一座纪念碑，是文学大海的惊天巨浪，是文学天空的星光灿烂。

当你看到一条新出水的鲤鱼的时候，你会为餐桌上的菜肴而兴奋，但如果你是一个写家，你的激动也许根本不在于口腹，不在于动物蛋白。当你不能确定那是鱼还是虾，是黑猫还是墨狗，是水花还是水草的时候，你为切肤的写作灵感而感动。

是的，它已经跃跃欲试，泪眼迷离，百感交集，山雨欲来风满楼，多情岂被无情恼？你已含情，泼水难收，无法更改。一切的一切正在降临。你当然感谢命运,给了你雨点一样多的敲打弹搔,他来寻找诗情画意,他赐下小说的订单,一个字,一张纸,一本又一本新书,就像一个又一个的浪头,一个又一个飞起再飞落的海鸥。一潮未落,一潮又起,浩浩荡荡,呼呼哧哧。又像满天的星星,这里一闪,那里一亮,这儿连成了光河,那儿散成了花线。她提供了纸张与显示屏,她抚诱你编织出一块又一块的云图。她是……还不完全知道她的姓名。她是丁小兰?她是戈雅?她是波波娃?她是远方的星,近处的低语,一只飞过的夜鸟,昨天造访的梦中美人……她已经长眠在松林深处。

不,这个核心不一定是一个故事。它好像是一条丝线的抖颤,你还没有把握住它的波形、振幅与端倪,它只是似有似无地动着,再动着。它好像是一枚丢失了的指环,郭颂演唱的东北民歌《丢戒指》。就是不能拜天地儿啊,咿呼呀儿哟!你相信它仍然为你而旋转、而传情、而隐藏在指甲草与蝴蝶花丛,是的。

请问那是什么地方?它好像是一个久远的幸福记忆,是一次想象与追求中的热吻,你的怯懦使你没有贴住她的嫩软的面庞。怎么又像一个还有点模糊的梦?你记得你很幸福,你早就离开了她,你仍然记得她脸上的茸毛,记得她脸上的俭朴纯净的香味。你仍然为有过的、后来被渐渐遗忘了的甜蜜而感激却又酸楚。是一只风筝?一根放风筝的绳?是风筝、绳儿与放风筝的儿童的、由烦闷缠绕住激情的灵魂。就像那个高高摇摆的风筝,用绳儿拉住,又靠线绳送上无边辽阔的天。是风筝上的那个高高低低吟咏不已的哨子,如歌如鸽如哈瓦那。我们高歌"要古巴,不要美国佬"——古巴耶斯,扬基诺。

不幸的孩子已经因为贫困与委屈而夭亡。那时所有的歌曲都吟咏游击队长。他的爸爸是游击队的战士。深夜,远方的风送来一个孩子呼喊妈妈的叫声,送来一个女人的啜泣和一个醉汉的狞笑。送走过一只痛苦的狼。白天,你在这里迁移无主的棺木,你向久远的骷髅致意。风筝升上了高空,寻觅太阳,寻觅大风,寻觅高山与大河,寻找狼。你是如此地与他们心神纠结。而你日益变得遥远与陌生,因为，明年，是不是你将衰老？你本来没有想到这是一个如此看好的故事题目。

第六章又应该是最美好的一章，已经有了生命，五魁首或是五魁手。已经有了马吃夜草与两只黑猫，已经有了冷与热，贫与富，饥与饱，还有萤火虫的闪耀。还有爱情的笑靥，应答的音歌，共饮的冰镇桂花酸梅汤，还有一根小豆闪光灯，漂亮！

而此前还有更迷茫的欢喜，更空泛的等待，更飓风的豪迈，更火炉的温暖，我闻到了晚香玉或者是玉簪花要不就是阮玲玉的气味。她们本来都是白玉无玷，后来因了黄世仁、南霸天，一些臭男人毁灭了清纯的美丽。夜来香，夜来香……然后是一种坚强，期待着与敌手的一搏。来则能战，战则必胜。

33

……北京话叫“上”街，不论从地形看你要去的街是比出发点更高一些还是更低一些。

就是说，上也好下也好，上下都是上哟。

你知道上街的快乐吗？自行车修理铺子前站着几个与你一样兴致勃勃、神色匆匆、自以为正在缔造新地球的年轻人，他们的口袋里揣着苏联曾任最高苏维埃主席的加里宁同志的著作《论共产主义教育》，“加主席”长着漂亮的山羊胡子。他们摆设好气筒哧哧哧地打气。小小的清真饭铺卖完了所有的豆浆、油饼、蜜麻花与芝麻烧饼，正在擦桌扫地洗碗，污水里也有炸馃子的油香。茶庄打开了光光净净的玻璃门，一身新衣的店员笑得比新科状元还熨帖，每年有几次小小吹奏乐队的吹打。绸布店的门户如深宅大院，店员拿着硬尺软尺，耳轮上夹着一支铅笔。他们的撕布声令人想起褒姒与夏桀，还有晴雯与贾宝玉。衣帽店的招牌顶天立地。它画着一顶大帽子，还写了外文字母。有几个商店播送着缠绵悱恻的《走西口》与《三十里铺》。

那时的苏联有一个庇雅特尼斯基乡村合唱团,它的《有谁知道他呢》风靡中国,中国效仿着建立了一个由陕北绥德的农村姑娘们组建的合唱团。唱了一些歌,后来的后来民歌合唱团无疾而终。钟表店的橱窗摆列着各式当时视为奢侈品的手表与大商店大衙门才用的墙壁挂钟,至于落地式的大钟,它们的标价是你的月工资的五十倍,似乎带有威胁与示威的意味。钟表,是西太后她们最早接受的欧洲文化普世产物之一。

马克思讲过物质的微笑,那么,当然,也就有物质摆架子、威风凛凛、横空出世,吓死土包子。

你喜欢橱窗与门脸,你喜欢招牌与幌子,你喜欢花花绿绿的灯彩,你喜欢香气扑鼻的吃喝,你喜欢生活的热热闹闹,你喜欢生命的蓬蓬勃勃,你喜欢上街的感觉:男男女女,说说笑笑,拉拉扯扯,走走停停。原来你也同样喜欢世界的物质性欲望性消费性诱引性。噢,更重要的是闹市里的阅报栏,《人民日报》《工人日报》《北平解放报》后来是《北京日报》。那时候最喜欢读的报纸版面中有《人民日报》的国际新闻版,那时候一个版两个甚至三个版会刊登苏维埃社会主义联盟俄语缩写 CCCP、英语缩写是 SSSR 的驻联合国首席代表维辛斯基副外长的长篇讲话。他的讲话洋洋洒洒、漂漂亮亮、轰轰烈烈、铿铿锵锵、堂堂正正、叽里咣当。他的讲话是重机枪小钢炮的扫射。他的丰满的论述,严厉的辩斥,刺刀见红、狗血喷头的对于欧美的批判,实在让你鼓掌!按篇幅,他老先生每次的讲说应该超过两个小时。说是维辛斯基曾经充当大清洗时期的苏联总检察长,审判被冤枉处死的布哈林、季诺维也夫、加米涅夫。他坚决地处决了他们。他的法学理论是口供即证据。那时不止一个同志想的是政敌必灭万岁!对敌人的仁慈就是对革命的残忍。他其实应该算是斯大林的杀手。无怪乎他说什么都那么气势如虹、泰山压顶、风卷残云、雷雨闪电。时势造英雄,英雄多激烈,千秋万岁评,谁知身后事。

别了,你维辛斯基同志的长篇檄文!别了,你热心于诵读苏式长文的革命的红孩子！别了，你以为自己只会是从胜利走向胜利，是战无不胜，是坚如磐石，是锋利如偃月秋水刀，是精确如国际标准度量衡的少年意气，挥斥方遒！

你仍然无法不惊叹，那样的安德烈·雅努安列维奇·维辛斯基，他讲得那么光辉灿烂，正气浩然，那么花团锦簇，字正腔圆，那么日月经天，江河行地！他获得过一枚又一枚一共六枚列宁勋章。真绝！他寿终正寝，一生圆满。

同时你又老是缺了点什么，盼着点什么，梦着点什么，想着点什么。街上有一个小男孩不停地与一个女孩瞎逗，他捅了她的后腰一指头，他摸了一下她的头发，他说了一句什么笑话，他回头就跑，他等待着她的追逐。只要她停下追逐了，他就回去一再逗她捣乱她，你为他们而感动，你为他们而欣喜。你缺少的是一个可以捅一下的女同学吗？你少的是，那就更神往了，是一个女孩儿忽然捅一下你的肋条骨吗？一个热衷于学习维辛斯基的长篇讲演的“少共”期待着什么样的调皮的小姑娘呢？

你想到了你的童年，你从小就太老实，太正经，你从小就坚决地被培养成一个正人君子。从小就会背：“大学之道，在明明德。”“身体发肤，受之父母，不敢损伤，孝之始也。”

你太缺少逗趣与捣乱的经验。

你也很少进那些花里胡哨的商店，给你享受的不是商品财富。

你们那一代从小已经看过不少电影，粗糙的与不甚粗糙的，明白的与糊里糊涂的，有点内容的与完全不知所云的。但是你在每部片子里都看到一男一女，他们长得都比常人漂亮，他们引起了观众的唏嘘，你已经懂得盼望他们常在一处，他与她不在一处的话，那么她会与谁在一处呢？你并不担心他不能与她在一起，你担心的是她离开了他以后会遇到一个神马东西。你不免叹息，影片本来已经安排好了的，他与她，难道还有什么怀疑吗？

从很小你就关注着你的飞翔，你盼着的是你的发挥，你是一根上好的竹竿，你本来是最好的竹马，但是你硬是没有“郎骑竹马来，绕床弄青梅”的机会。你等着的是你的知心人，你设想找到的是你的另一半，你的回声，你的主宰，你的崇拜，你的沉醉。你写了很多信，只是暂时还不知道应该寄给谁。你画了很多画，只是暂时还不知道给谁一看，能得到谁的夸赞。你学了很多歌曲，只是暂时你还没有唱出过声音。你相信你有极好的声音，却又没有信心去感动谁。但是你毕竟在那个时代学会了一个大词：生活。哈哈，生出来了就要活！它比什么都包容，都顽强，都平常，都快活也都美好。生活是第一套第二套第三套广播体操。生活是四分钱一盘的骨头汤熬白菜、一毛五一碗的东四牌楼的馄饨汤，一毛八一盘的木须肉——其实正确的写法是“木樨肉”，是说那炒好的鸡蛋穗像木樨的黄花。生活是有轨电车、无轨电车和公共汽车。生活里有许多激昂慷慨的大会、中会、小会。各种会上的发言提气、给力、出火、过瘾。生活啊生活，我的所有的情书都写给你，我的所有的情歌都唱给你，我的所有的灵感都属于你。

你希望能与她一起到月亮上干一杯酒。你希望能与她拉着手走到至少是上海，从前就是这样，北京人和上海人，有时互相羡慕，有时互相讥笑。如果不是喀尔巴阡山，北京人的旅行目标多半就会是上海。你希望与她一起讨论生活的意义与我们有可能给生活以什么贡献。你希望能与她一道欣赏中国青年艺术剧院的演出，俄罗斯的经典：契诃夫的《万尼亚舅舅》，为什么不是《海鸥》？“大雨过去了……”金山饰演的万尼亚说。你闹不懂契诃夫的戏，你越发感动得要死要活，三魂出窍，七窍冒烟。你只希望听到女演员嘴里的契诃夫的文雅的语言。你为你的生活中的不文不雅而忧伤。包括你的领导与你的同事，在中国，谁能文雅而不受嘲笑？你希望能与她一道去莫斯科餐厅点一道基辅黄油鸡卷，天花板上是六角形的雪花，柱子上是松鼠尾巴形的图案，服务员是俄罗斯的姑娘。好景不长，很快苏联就堕落成修正主义者了。你想给她背诵一首你写的诗：“假如生活欺骗了你”，不，那不是你写的，你哭了，不能冒充，只能服气，你不能不惭愧得要死。你不能写得不如普希金，你不能写不了《黑桃皇后》还有《叶甫根尼·奥涅金》。“奥涅金”在繁荣市街上叹息，说是“走遍俄罗斯，你找不到好看的女人的脚，一双或者一只”。“奥涅金”与惋惜女人的脚的诗句都是出自普希金。只有一双或者一只的说法，出自想当诗人却尚未成功、远远不是普希金的少年的你。你也不能相信“君不见黄河之水天上来”诗后署的并不是你的名字。你悄悄地自语：“我不是一个一般银（人）儿。”你知道此生你有许多事情要做，不做就对不起此生，而很难说还有再一次的机会。你干脆想宣布，你就是普希金，你就是李白，你将会更好更高更多，问题仅仅在于，谁相信？

人生有许多期待，最美好的期待是期待爱情。期待笑语，期待美丽，期待醉人的初吻，期待温柔体贴，我中有你，你中有我，如波如浪，如胶似漆；期待零距离的融合与交流，期待共赏共享共乐。最好在辛弃疾描写过的上元佳节去观灯，美食佳肴，蒸饺烧卖，街灯挂灯，一夜鱼龙舞，春花秋月，山岚水影，逆旅驿站，船上同舱，机上同座，携子之手，你手我手，你心我心，你的生活生命，我的生活生命。还有契诃夫的戏，普希金的信，当然，底下是你的戏。

良辰美景，月夜清风，欢欣美满，大街小巷，天光草色，江岸沙滩。天下三分明月夜，已有两分在心头。你期待你的情书有一个寄送的邮政地址。你期待你的心尖上写上一个电话号码。你会每天温习这个电话，哪怕你不可能老是拨响她的电话，你怕她嫌烦，你也并不是一定有足够的长途乃至本地的电话费用。你期待着你的火焰有一个燃烧的指向，你觉得整个天与地、日与月都是那么可爱。

人生是什么？现在是对于一个人的寻找。是一个尚未确定的地址。是一个还没有找着的电话阿拉伯数字。

然后一找就到，一见就灵，一说就对，一想就梦！

所以你写了诗。不但写了诗你还学会了那么多歌曲。我曾漫游过整个宇宙，找不到我的爱人。说什么这是白俄罗斯的民歌，但是你此生从来没有听到过有人唱起或者奏起，甚至从来没有人说起。“从前在我少年时，鬓发未白气力壮，朝思暮想去航海，越过重洋漂大海，但海风使我忧，波浪使我愁，我多瑙（河）故乡其水流潜潜……”你至今也没有弄清楚这个歌的来历身份，这个歌始终没有出生证与户口，然而它代表的才是你的憧憬思念、潇洒风流、多情如瀑、无瑕如玉，飞翔如海鸥，吼叫如海狗。

从诗到了散文，你会背诵：“青春，青春，你什么都不在乎……”你爱背诵：“阳春召我以烟景，大块假我以文章。”你还背诵鲁迅的“他们粗暴了或者将要粗暴了”，其实你缺少粗暴的勇敢拼搏，你其实相当害怕流血。你却生在了铁与血的时代。该出手时，你怎么能来上半点犹疑？你在这个爱情欲来未来之际，醉心于游泳与滑冰，醉心于工作与学习与反省自己的诸多缺点。你的反省的圭臬是刘少奇的《论共产党员修养》，你们在小组会上一面朗诵“修养”一面流泪，共产党员的修养本来应该那样好，而你远远没有做到。

最主要的是，你要写一本书，与你想的你读的你感觉的你含泪的你承受的一切酸甜苦咸辣涩鲜、悲欢离合情仇怨、生老病死驻坏灭、吉凶祸福智愚残相比较，奇巧的故事算得了什么？花花草草算得了什么？回肠荡气算得了什么？惊人冲天算得了什么？大言盖世算得了什么？要泄露给人们的是天机，是细密也是笼统，是壮烈也是凄然，是坚强也是柔弱。人的，命的，生的，爱的，男的，女的，老的，少的，真实与虚伪的，分明的与混乱的，惊悚的与难解的，几千年来没有人认真感觉过，感觉了也没有人认真书写过，书写了也没有谁写出来过，那深藏的与诡秘的，那微渺的与飘摇的，那最最动人却也是最最捉摸不定的一切，那尚未命名的章节，那尚未有的知音，那知音尚未降生的神秘交响！

34

始终无法解释，你喜欢游泳，八十年来你至少游过五十个夏天的泳。你甚至敢于从悬崖上跳水，你破浪乘风弄潮戏涛。你也喜欢滑冰，然而八十年来你只滑过一个冬天，事实上前后只有一个月，无非是四次至五次的冰。

就是那个二十世纪五十年代的冬天，冰场是用席棚搭成的。大喇叭里不断播放着俄文的《有谁知道他呢》，她的卷舌音与圆唇元音都令人销魂。谁知道他为什么目光一闪？即使在贫困和寒酸的时代，滑冰者们仍然穿的红袄绿裤，仍然有彩色的围巾、头巾、手套、毛线与绒线小帽，还有各式皮靴、棉鞋与冰鞋。还有，相识的与互不相识的青年男女，似乎是常常是，在冰雪上，在灯影下，在寒风与热气中，他们目光一闪。

向我一闪吧，我的人！

你能否记得此生只有此一冬体验到的滑行、转弯、内刃、外刃、提速、超速、降速、前倾、侧倾、后倾、平衡、停步的自由与灵活，强健与飘飘然。是否记得任我行，凭我力，随我行云流水的自如，还有与许多男男女女一道飞跑，一道转弯，偶然穿插，时而变卦，难免磕碰，甚而摔倒，始终热气腾腾的快乐？那冬天的热烈，那嬉戏的喧哗，那健康的飞舞，那鹤的立起，那燕的飞翔，那狡兔的腾挪，那猎狗的迅疾，那少女的婀娜，那少男的英豪，这一切只如昨日。我在冰场上等待着你，有谁知道她呢？她是谁？她能知道我的价值？她能想念我吗？五笔字型中，相信与想念、相仿、相邻、相依都重码，都相通。这里有仓颉的埋伏哟！而且相信就是期待，想念的不是你现在的差强人意，而是你此后的光芒四射，生龙活虎。我在歌声中期待着你，有谁知道它呢？我在众人中寻找与倾听着你，有谁知道他们呢？

《杜鹃圆舞曲》，口琴里也会吹的。《溜冰圆舞曲》，你感到了人头攒动，人影错叠。冷吗？人人口中吐着白气，眉毛上结下了冰霜。很抱歉，你的随乐起舞、飘飘欲仙的感觉不是出自舞厅舞场，不是在贵族的大厅或者酒店的舞厅里，不是在凡尔赛宫或者公爵与公爵夫人的晚会上，而是出自露天的，简易的溜冰场地。

青春是露天的，青春是简易的，青春只需要席子搭起来的快乐，青春对寒风满不在乎。爱情要的是青春的明快与纯净。

那一个冬天转眼就过去了，一去不复返了，而对于唯一的一个冬天的回忆天长地久，这个回忆滋养了你一生，给了你一生的笑容与永远的安慰。想起了《安娜·卡列尼娜》中吉提与列文的滑冰。小时也曾经认为滑冰是资产阶级崽子的享受勾当。原来滑冰的感觉那样美好，冬天啊冬天，滑冰啊滑冰，你已经是我的了，我已经是你的了。

你还在中苏友好协会的大厅里欣赏唱片。你闻到了一点欧洲人喜欢用的香水气息。你听着穆索尔斯基的《图画展览会》，里姆斯基-科萨科夫的《一千零一夜》，格林卡的《伊凡·苏萨宁》，你倾听着草原、北冰洋、伏尔加河与俄罗斯，直到红海地中海。你听到了海涛轰鸣，你看到了帆船起伏，风平浪静后是美女的诉说，千姿百态后是老人的独步，你好像来到了数十年后去到了的西班牙格拉纳达阿拉伯花园，花经过精心的设计，它充塞了天地，有高的树，有树上的树边的藤，有一寸高的，两寸三寸……的花花草草，有一百种大树，有二百种灌木，有三百种藤萝与攀缘植物，有五百种花和一千种草。有在树梢、树枝、灌木、花草上的鸟、兽、虫、鱼。有小水池，有小渠道。世界已经被精心设计、精心种植、精心安排、精心培育的花园所充满。你已经被这样的花园所征服，所占领，你再没有胡思乱想、东拉西扯、天上地下、人间非人间的余地。

还有柴可夫斯基，那对于生命的伤感，那对于伤感的沉醉，那对于沉醉的消受，那对于消受的质疑，那对于质疑的应答，那随应答而起舞的翩翩，那翩翩之中的诉说，那诉说中的悲怆，第六交响乐的命名“悲怆”：那就是生与死，那就是祸与福，那就是男与女，那就是生活、爱情、烦闷与激动的燃烧。

还想起了舒曼的沉吟，还有门德尔松的温馨，还有施特劳斯的怡悦欣然，还有贝多芬的雍容富丽堂皇，还有二战音乐的沉痛与悲情，包括咱们自己的《义勇军进行曲》。

而她将在音乐中现身，她将要在旋律里显形，她会在节奏里与你舒展，在振荡里起伏。她也许会从画上走下来？你一次次地为画中人的故事而涕泪交加，你相信她早晚走下来为你清扫停当，为你烹调美点，再回到画上去。不，我不可能下手烧掉那张神奇的画。也许更合理的设想是从书页中出现，写得好的人物就是成了精的，杜丽娘从《牡丹亭》里走出来，林黛玉从潇湘馆里走出来，朱丽叶从莎剧里走出来，卡门从梅里美的中篇小说里走出来。而你所等待的丽人可人战士与同志，正在准备着走来。

你会与她共享人生的诸多滋味，许多美丽，许多悲伤，许多尴尬与匮乏终于化作一笑；许多难忘与遗忘，许多纪念与留恋。你的人生，她的人生，我们的人生加在一起是多么淳厚充盈。

虽然，我们都有一死，所有的青年都会老大，所有的芬芳都会耗散，所有的美好都有告别的那一天，那一刻。然而，毕竟是美好过了爱恋过了，花开过了，鸟鸣过了，草绿过了，冰也滑过了。树，非常非常地高大过了，英雄们英雄过了，非英雄们非英雄过了，男人当真地爷儿们过了，女人确实地娘儿们过了，而且，咱们俩相爱过了，热乎过了，亲密过了，活，干过了，头，抬过了或者低过了，人香过了或者臭过了、被臭过了，终于不臭过了。仍然值得，舍得，要得，了得。哈恰图良，《马刀舞曲》，劈上砍下，决不粘连磨蹭，还有《假面舞会》。有一阵你记错了，你会以为《野蜂飞舞》也是哈恰图良的作品，它们都是急急风。

尤其是在书里、戏里、朗诵与默念里、文字里。你相信她同样感动于托尔斯泰对于安娜·卡列尼娜的悲悯，有雨果对于珂赛亚的珍爱，有陀斯妥耶夫斯基深爱的梅特金公爵与娜斯塔霞的癫狂癫痫，有梅里美的卡门的火焰棱角，有泰戈尔的农妇与儿童，有你记起的“美妙的一瞬”，有波斯大诗人阿菲兹所说的自身是深水里的鱼儿，等待着她用美的鱼饵鱼钩将自己垂钓上来。

尤其是，当然，你们会相悦于关关雎鸠，在河之洲。你们相会于青青河畔草，你们为六世达赖喇嘛仓央嘉措的情诗与生平而伤痛，他是“蓦然听见你诵经中的真言”，你是蓦然看到她五一游行中的笑脸，听到她小组会议上的发言。你们都沉吟于“如花美眷，似水流年”“身无彩凤双飞翼”“油壁香车不再逢”。你们都会背诵陆游与唐琬的《钗头凤》。你们谁能不为宝玉与黛玉而洒下同情之泪？谁能不为鸣凤与四凤、陈白露与繁漪而心如刀绞？

原来宇宙为了欢迎你们已经做了无穷的前期作业，地球为你们的相爱整整准备了六十七亿年，众星为你们的相爱而明亮了许多劫，又黯淡了许多劫波，江河为你们的激情而涌流盘旋，冲刷了不知多少陡峭的岸壁。生命细胞为你们准备了三十五亿年，生生灭灭，从草履虫到白鱼，从菌子到大森林。人类从类人猿那里走出来为你们俩准备了辛苦了六百多万年，文明为了你们的相爱已经准备了那么多美丽的与不美丽的、幸福的与不幸福的、令人喜悦与令人痛哭的故事、记载、书写与纪念碑。尤其是奏乐与合唱，大提琴与箫管。李白、李商隐、李清照，所有姓李的与不姓李的诗人都为你们准备了诗与歌。上天为了你们的爱情准备了那么多春夏秋冬、阴晴风雨、花鸟虫鱼、乡村城市、大街小路。上苍为你们的爱情准备了那么宽阔的舞台布景配乐灯光效果。还有参考书目、动情的参考台词与散文韵文。原来历史与巨变同样预设了你们相会的地点、当儿、道具与主题曲。第一次，第二次，直到最后的告别墓地。是的，历史拢聚了你与她，介绍你们俩人相识的人包括了盘古与女娲、从伏羲氏到轩辕氏、从耶稣到佛陀、孔子与苏格拉底、牛顿与爱因斯坦、达尔文、莎士比亚、达·芬奇、歌德、伏尔泰、贝多芬、莱蒙托夫、巴金、屠格涅夫、高尔基、王贵与李香香，自然还有马克思与林肯……原来万事俱备，万年修得，只欠你的慧悟、勇敢与分明，自信与奋力上前，只欠你说一句：

我爱你！

35

那就是说，万有来自万有，有来自有，即使你感觉到了零的存在，感到了“没有”，最后是“没有”，那么没有也是一种存在的方式，没有通向的也是“有”，也是存在的零相零象零项零零向形式。正如传染病的零报告，正是报告着确有的传染病，曾经肆虐，或者即将传染，或者可能传染。没有“有”哪儿会出来“没有”？你的没有，因爱，而成了有。你的有，因了爱，而后续而哭泣而纪念着曾有，又痛苦其变为没有。你是古远时候的一个亦有亦无的微尘或无尘，无尘即是微尘，近于零的微尘。你是人子的中原的北方的你们家族的一个基本粒子，一个梦中的没有的或有。你几十亿年前附着于星云、阿米巴，几百万年前飘游于一个类人猿的族群，或大洋中的海豚群落。那个时候你就与她那个粒子相吸引相依靠相重叠，你们在二十世纪的中华人民共和国刚刚成立的几年间相会。你们赶上了大时代、大气魄、大手笔。你们在一九五二年五一佳庆之时，在入夜以后，在天安门广场上，在劳动节的礼花映照下拉起了手。那么美国芝加哥大罢工的参加者也属于你们的红线团队，有了那回大罢工才有了五一佳庆。然后，生命的粒子永远，爱情的能量永远，爱情的追求与等待恒久。

一个是长久，一个是遥远，一个是零，一个是爱，然后有了你与我与他与她的最初的粒子，有了历史有了过程有了迹象有了发生与结束，有了生命，有了生命的个体的消失，有了爱的延续，有了纪念与文学，有了从遥远到长久、从零到没有到或有到实有。

所以你当然要好好地爱，真诚地爱，至纯至忠地爱，高尚美好地爱，互相恭敬地爱，像恭敬天地，恭敬日月，恭敬历史，恭敬生命，恭敬异性；而绝对不是丑恶卑劣自私欺骗地去上床，去设陷阱，去肆虐，去伤天害理，狗彘倒灶，腐臭龌龊、长疮流脓。那样你对不起他、她，更对不起上苍、宇宙、历史、文明与命运，那样的你罪不容诛。

夜静更深时候的祝祷，虔诚的信赖的忠贞的与屏神静气的誓言，那就是通天，那就是神游，那就是经典，那就是从泥丸宫到命门，从太空到人间，那就是五体投地五心朝天。那竟像是施法、陪读、联诗、对歌、应和、集句，也就是二重唱和协奏曲。像是设坛招魂，那正像是虚席以待，更像是促膝谈心，完全是你中有她，她中有你，你就是她，她就是你。你喜欢就是她喜欢，她感动就是你感动，不见面，还没有见面，已经是相见甚欢，交谈甚得，如鱼得水，如苗得雨。即使是相隔万里，挡不住你与她的相见，即使是相隔万年，她也要来到你的身边。等待着我吧，等待着你，等待着她！你还不知道她吗？正如她还不知道是你，没有想到是你吗？那就是说，你心里已经有了她，她心里已经有了你。如果没有，那又有什么不知道的呢？你不知道压根没有的她，这怎么能算是不知道呢？不知道不存在的她，不正是等于甚知道她的不存在吗？那不是清清楚楚地知道一个不知道吗？而你的对于不知道她的假定，不正是对于存在着她的"知道"吗？世上还有比男友与女友一起，然后是最神圣的夫与妻谈书谈诗谈戏谈情谈文谈改天换地叱咤风云更快乐更美满的好事吗？

所以说她就在那里，她正在到来，她慢慢走向你。你就在这里，你正在走去，你正在走向她，她一直在那里。这里要有决心，这里要有信念。有一朵云就一定有另一朵云。有一棵树就一定有另一株树。有一段历史就有一段角色，有一个英雄就有一个唱段的咏叹，有一丛花就一定有一捧泥土，有一株草就一定有一颗露珠。有一段精致的描写就一定有一行又一行的清泪。有一个人就一定有那个等待他或她的人，与他相好，与他共舞，与他应和答问。

所以你应该追求，你应该敢于说出你的所要。你应该相信自己的堂堂正正，光光明明，宽宽敞敞，善良加上才具，深情加上哲思，担当加上忘我，达观而且幽默。你就是一座花园，你就是一幢宫殿，你就是一部杰作。你可以大声宣布你是一个有趣的生灵,有情的男子,有智的精华,有德的圣贤。你自幼能够表达也能够聆听,能够温文也能够严厉,能够服从、毕恭毕敬,也能够独出心裁、随心所欲、俯拾即是。能够忍气吞声也能够痛快淋漓,能够温柔体贴也能够大气磅礴,能够文采风流也能够如临深渊,能够温温恭人也能够高歌猛进,能够至爱至诚,百年不易也能够委曲求全,忍辱负重,脚踏实地,水滴石穿,执子之手,与子偕老,长命无绝衰,山无陵,江水为竭,天地合,乃敢与君绝!

何必惭愧,你没有任何的背景,你没有任何的资源与条件,你无爹可拼无财可炫无威碍屁的路子门子可走,无足够的热量管理层蛋白蛋黄维他一条命的营养催猪剂瘦肉精硝酸铵。你的贫穷与早慧过早地去当救国儿童救民小子使你耽误了体力体形腰腿直到脚巴丫子的壮观。但是你有宏大的头颅,你有端正的绝不平板的鼻梁,你有发达的胸肌,你有不差的力气,你有清明亮洁的眼珠,你有庄严乃至悲痛的嘴角,你有程序井然的心脏与呼吸系统、神经系统,你有美好的音质,你有绝佳的分辨声音的耳朵,你有灵敏的神经纤维,你有清晰的思辨,你有超级的反应与灵动,你有绝不叫苦,最多是苦笑的耐力。你有宁教天下人负我我决不负任何一人的至善选择,你有宁当东郭先生不当恶狼、宁当善心的农夫不当恩将仇报的毒蛇的明辨,你不怕被狼诬告被蛇狠咬以身饲虎。你补充了中国明代马中锡的《东田传》与来自希腊的《伊索寓言》。你在钩心斗角、刀枪剑戟、阴谋如林、陷阱如海的年代保持了善意。你情柔似水,志坚如钢,心明如镜,才高如峰,理盈如海。你分析起来、判断起来、论述起来都是快刀乱麻,心如明月,条分缕析,平展锃亮,一扫昏聩、糨糊、愚蠢、狡诈、斤斤计较、患得患失尤其是可厌可鄙的嘀嘀咕咕啰啰唆唆。

你完全可以相信,你带给你的好人的是幸福,是光明,是清醒,是智慧,是坦途,是天天喜,是步步诚,是成功。你快快写信,你可以写得文明礼貌而又诚恳朴实,在说“我爱你”以前你应该说“我真的喜欢你”。在说我想念你以前,可以干脆说“我想你了”。赤子之心赤子之言是无罪的。你应该送她一本书。你可以给她买一块刚刚出烤炉的热白薯。你可以直着脖子给她唱一首家乡的民谣。要不就干脆用意大利文唱《重归苏莲托》。你可以用加拿大民歌《红河谷》的调子唱起西班牙内战时期被佛朗哥消灭了的左翼游击队的队歌:“多少个同志,倒在山下,雅拉玛开遍鲜花。”如果是真的,你当然可以对她说:“我昨天晚上梦见你啦。”虽然没有赶上火车,你仍然按时到达了克里米亚。如果你还没有梦见过,你至少可以说:“我在想,是不是昨天晚上梦见了你。”夏天你不妨一次给她买十支冰棍或者七个大西瓜。你当然有性格,有性格的人会给女孩子留下深刻的印象。你可以给她介绍苏联影片《勇敢的人》《侦察员的功勋》《夏伯阳》《列宁在一九一八》,还有意大利新写实主义影片《罗马,十一点钟》《偷自行车的人》。你会直截了当地告诉她,她长得像苏联影片《她在保卫祖国》里的女游击队长巴莎。尤其是她的嘴、嘴角、下唇。想到她的唇你会潸然泪下。你追求爱情就像追求光明、胜利、社会主义与共产主义,还有永远的春天。你永远歌颂卓娅与舒拉的故事。你绝对不应该放过光明与幸福,你绝对不可以面对爱情而畏首畏尾,前怕狼,后怕虎。

36

……呵,你曾经我也曾经,我们都曾经,我们经历了伟大的风暴,我们取得了伟大的胜利,从而更渴望新的更伟大十倍的胜利。叫作从胜利走向胜利,这是一个好梦。我们可能把记忆与想象,把希望与现实,把激动与观察,把期待与满足,把心愿与分析混淆在了一起。那是一个不眠的年代。夜两点了,到处明晃晃的电灯,开会的仍然开会,汇报的仍然汇报,统计的仍然统计,报告喜讯的仍然报告。新的工厂机声隆隆,新的工人文化宫放映电影,新的舞厅蓬拆蓬拆，新的破获等待着人民的铁拳重锤。还有几个工作人员在炒炒面，喷香的小麦粉的气味，预告着朝鲜半岛东线西线的攻势即将开始。大家相信，只要昼夜操劳，废寝忘食，拼老命，拼小命，拼所有的命，就能战胜资本主义，战胜杜鲁门与艾德礼，就能解放一切尚未解放的地方。我们的加班加点直接决定着世界英特纳雄耐尔的胜利的时间表。

少年时代的熬夜是一种特殊的人生体验。疲劳托举着兴奋，兴奋包含着排他的专心致志，专心唤起了一种使命感与崇高感。兴奋就是我们的圣火，我们期待着的是神圣的决战。只要到了明天早晨，正义就会永远地战胜邪恶，亲爱精诚就会战胜一切阴谋与虚伪，爱情就会清扫嫉妒与仇恨。我的你的大家的火炬正在熊熊燃烧。深夜、夜已深了，夜不是“未央”而是已经过了“央”即子时了，意味着破晓，团结起来到明天，《国际歌》的这一句歌词说明共产主义的决绝奠定在夜深人静之时。夜深人静，世界革命与中国革命进到了关键时刻。生死存亡，成败利钝，在此一举。此时，人们的头脑格外专注，感情格外专一。深夜属于志士，属于真情、深情、深信、深思。深夜有一种严肃、壮烈、奋不顾身与走上祭坛之感。深夜的速度减慢，态度转为凝重。深夜属于刑场、烈士、越狱犯人、钟情女子、奇袭别动队、潜伏与潜流。深夜属于秋瑾、安娜、洪湖赤卫队里的韩英、青年近卫军里的邬丽亚、抗日战争时期的锄奸团。深夜属于居里夫人、牛顿、爱因斯坦、鲁迅，也属于意大利西西里巴拉尔摩市的黑手党的教父。深夜更属于斯坦尼、丹钦柯、曹禺、梅兰芳、周璇、关汉卿。

深夜属于你与她，属于爱。爱在夜里，爱在黎明前，用爱呼喊着朝阳。

深夜产生好梦，产生幻想，产生热情，产生无限的爱恋。深夜就是歌，就是酒，就是药，就是诗，就是舞台剧，就是配角退下，主角独吟，就是合唱暂停，领唱独挑大梁，独舞担纲。啊，你伟大的独声独行独步！夜就是肉搏，夜就是孤注一掷，夜就是激情如花如旗如火。夜是按摩，就是洗浴，就是大海，就是波涛，就是风暴，海燕与海鸥，海豹与海狗，海潮与海沙，海礁石与海珊瑚。然后平息。平息中仍然有伟大的口号震响。

你们我们曾经多次在黑夜里游泳，夜深如海，我们游到了水与天，深夜与清晨，似睡与似醒，语无伦次与语句生春口齿生香的交接关隘，我们看到了杜丽娘、林黛玉、喀秋莎、瞿秋白与刘胡兰。我们游到了孔孟老庄王阳明龚自珍与陈独秀王明李立三毛泽东的转换线，我们游到了沙俄与苏联的三角洲，我们游过了李香兰李丽华白光王人美，我们游到了王昆李波郭兰英《白毛女》《赤叶河》《血泪仇》。朝鲜版革命歌剧叫作《卖花姑娘》《一个士兵的日记》《血海》。苍山如海，朝阳如血。我们在加班加点开夜车当中享受着少年的勇气与献身精神，享受着主义与党，享受着大爱无边与我只爱你。

而且大办公室里有一扇大的瑞士挂钟。我们的办公院落出自没收的敌产，是一个三进大院子。党委办就在正面的大厅。厅墙上挂着的古老的大钟，推断起来应该是当年的敌产，凌晨二时的时候，挂钟当当地响了两声，宣告着新的一天即将到来，宣告着旧的一天已经过去。你们为这新与旧的交替而显现了笑容。

之后是朝霞满天，阳光万道，千万钟声响起，宣告新世界的诞生，百姓欢呼，举世同庆，只为了新世界带来的那一连串的加班加点，那一连串加班加点带来的新世界，还有那一连串爱情与青春的盛典！

却仍然担忧，众人已经习惯了浅层的述说、模仿、评话、三角、多角、情杀、暴力、警匪、变态、色欲、拳头、枕头、乌龟、放一把火或者扔出一组人体炸弹。那突然的尽现，那原生态的灵魂，那赤裸的印象与感觉，那像天象、土象、海象一样的生命象与心象，那奔突冲撞的烦闷与激情，会使你们困惑而难解，会使你们惊怖而憋闷，你们还得从头学起，深潜的与隐蔽的，思考的与面对的，散文的与小说的，文学的与灵魂的，拷问的与抚慰的，而且是从生到死。

第七章　灯下的十九岁

37

亲爱的朋友，我已经写给了你许多，但是我仍然意犹未尽，我无论如何应该再专门写一章告诉你我十九岁时候在台灯底下读巴尔扎克与托尔斯泰的感受，在灯下聆听柴可夫斯基、舒曼的感受，为了再重温一次，为了再过一回十九岁，我甘愿付出一切代价。

十九岁的时候，我天天感动，我窍窍通天，我事事神奇，我字字光焰，我人人亲爱，我的所有细胞都流淌着信赖、赞美、崇敬、奉献，更重要的是爱恋。

十九岁的时候我认为台灯的亮起是智力劳动的极致，是集中精力的极致，是思想者的生活的极致，是与上苍、与宇宙、与革命导师、与党的领袖、与人类天才交流切磋的进程的开始。台灯的亮起，开始了人类的智慧与良心发展的崭新阶段。

从二十岁刚过时我就想，我希望上帝能满足我的要求，如果只可以满足一天，我的要求就是让我再过一天十九岁，如果可以满足我的要求两次，那就让我两次回到十九岁。

其实从道理上讲，我不认为童年少年青年时代有常常忆起谈起、不离不弃的理由。我貌似豁达贯通地不知说过多少回：年轻就是年轻，何必少年老成？少年老成的人剥夺了自己的青年时代，扼杀了自己的青春，他她没有流出自己的少不更事的眼泪，没有作自己的多情多姿的诗篇,他她没有写下,更没有送出自己的冒失的依旧是委婉的求爱书信,没有在睡梦与遐想里悱恻缠绵与跪下来求婚。没有酸酸地顾影自怜过,也没有苦苦地聆听过自己的热血沸腾:泡沫碎裂,脉搏如咚咚的战鼓。

是的,我的父母那一代,他们的一生是一个没有做成,甚至没有做出的梦。是一封没有投递,乃至没有写下来的情书。是一首没有来得及张口,就被各种苦难、各种钳制、各种物质的与精神的贫困,更被几千年来伟大却又太可怜巴巴的中华呆木与鄙陋封杀了的歌谣。是一直没有开始却宣布了结束的长篇故事。

我也不喜欢那些长不大的老纨绔、老顽童、老莱子。从幼年时代,老莱子梳上小髽髻怡亲的故事就令我作呕。我确实觉得他们有点恶心,正像我不喜欢同胞们说起话来动辄我老婆子我老汉地老老老老个不住一样,我也不喜欢欧美人谈龄色变的自欺欺人。他们怎么会这样不敢面对时间与年纪?他们怎么突然失去了科学精神、实证主义、务实面对的态度?生老病死,带来了人生的悲痛,也带来了人生的滋味,活着就是尝味体会味儿。生就是老,病就会死,如果生而不老,与不生何异?如果病皆痊愈,与不病何殊?有人绝对正面含义地将我也归入那永远年轻的一类,我知道,那只是说说,图个吉利。呜呼痛哉,谁能不成不长,不大不老,胡(通 who)有驻颜妙术,永葆娇妍?胡能老那么娇滴滴、傻呵呵、怔磕磕、气呼呼,要不就情脉脉、软绵绵、装嫩卖萌、豆芽菜娃娃菜到永远?

我还知道文学并不像当初想象的那样重要与伟大。文学使人软弱使人神经兮兮,使人夸张使人难于与他人相处。一个知名度与拥戴度都很高的伟人说过:"这么多青年喜欢文学,弄不好,要亡国!"

再说,我的十九岁不仅仅是多愁善感,梦幻如霞,心愿入云,豪情似碧海雄风,大言如天际海啸涌动。我的十九岁是苦干的十九岁,是加班加点的十九岁,是从早到晚学习领会指示、落实贯彻、处理各种实务、忙忙碌碌的十九岁。

我十九岁的时候天天忙于发展先是新民主主义后来是共产主义青年团员，讲团课，取缔一贯道，发动天主教三自（自传、自养、自治）革新、中学生参加军事干部学校、抗美援朝的宣传教育直到给志愿军做炒面支前，等等。

但我仍然要与你讲台灯下十九岁时候的阅读与听赏音乐。那时候台灯是一种高雅，如果不说是一种奢侈。一间办公室：桌椅、文柜、沙发、案头的片艳纸、订书器、墨水瓶、铅笔、钢笔、笔筒、笔架，还有墙角的一盆万年青，都隐藏在黑暗里了，就连我十九岁那年昼夜相伴的充满革命锋芒、部署周到与策略出神入化的上级文件卷宗也暂时韬光养晦了。一束柔和的白光照在桌子上的一本唐人的诗歌，或者欧人的小说上，而透过半圆锥形的灯罩的花饰，橙黄色的光线，渐渐渗透四射，半明半暗地照耀着我自己购买的一台老旧留声机。世界不再打搅你吵闹你了，你的心思全部集中在文学与音乐上。

那么音乐呢？音乐的伟大在于它的无用，不中用，只中听。世界有中听而不中用的音乐，有中看而不中使的文学，这才显示了人生的另一个大层面，烦闷的层面，沉醉的层面，空茫的层面，激动到了无以复加软弱的层面或者软弱到了激昂慷慨的层面。绘画本来也是中看的，同时它中藏，它变成了收藏品，它因收藏而褪色了。文学与音乐都是望梅止渴，画饼充饥，自我弱化，自己感动自己，安慰自己，支撑自己。

那个时候我是那样地崇拜书籍，一进新华书店，你闻到的油墨香气，你看到的各式封面与装帧已经令你惊叹，而未来的未来你也要写一本书的想法令你喘不上气来。也许应该说，崇拜的是文字和语言。每种感觉和念头，每种回想和忖度，每样快乐和忧伤都有三九二十七种表达与记录方法，不同的方法，不同的字词句与结构语法修辞，有不同的效果和滋味，有不同的风采与格调，有不同的质感与手感，它们缔造着不同的世界与心境，它们引领着完全不同的人生。十九岁的时候，“你好，爸爸。”“再见吧，妈妈！”“故人别来无恙乎？”“想你。”“谁知道呢?”还有“我们都老了……”和“我走了”都能感动得我号啕大哭。不要笑我,所以我不是一个在政治生活中有多少希望多少出息的人。

十九岁的我志在阅读,志在文学,志在聆听,志在艺术,最后最后是,志在书写。因为我志在人生、生命、人间,唯一能够在迅猛的时间长河里稍稍停留一下、凝神一下、回味一下与咀嚼一下的,那时寻到的只有书或者画或者乐谱。如果说我喜欢革命,也有一个原因是革命的非同凡响的饱满的文学性与艺术性、非时间、超时间、抗时间性。所以后来当我得知墨索里尼提倡审美化的政治的时候,我大吃一惊,我如闻惊雷,我困惑不已。

十九岁的阅读经验强于做爱,不,当然不仅仅是眼睛在看,不仅仅是嘴唇合合闭闭、磨磨叽叽,默诵无声或有点小声。阅读的时候我的皮肤感到的是拥抱抚摸、割刺鞭挞、冷冻火炙、痛痒与快感钻心。我的鼻子闻到的是花香酒臭、烟熏火烤、男人与女人尤其是女人的体香。更正确地说,那时我没有敢想起女人,我想到的最多是女孩儿、少女,固然也说不定。我的耳朵里听到的是鸟鸣虫叫、风雨雷电、琴管鼓筝、滔滔雄辩。我的头发也随着书中人物的命运时而坚硬,时而疲软,时而刺痒,时而烧灼。读书的时候我可以从而咀嚼,从而饥饿,从而肠胃抽搐绞痛,从而垂涎三尺。不用说,读书也改变着我的血压血象。读唐诗的时候我常常闻到松竹和兰花的气味。读李商隐的时候我听到的是细雨纤纤。读宋词的时候我听到了潺潺的流水与嗒嗒的马蹄,当然听到过苏轼的惊涛拍岸。读巴尔扎克的时候我触到了法式大餐、法式美酒、法式马车,虽然我十九岁的时候并没有接触过看见过这一切,尤其是法兰西的健妇。读契诃夫看到了斑驳的大胡须后面其实多情善感的俄罗斯人的泪痕模糊。我也看到了安娜·卡列尼娜的黑衣服,被聂赫留道夫毁了的喀秋莎的白衣服。是吗?还有马匹的饲料堆,新鲜的与干燥的还有发了酵的苜蓿草料。是我记错了吗?对,“是我记错了吗”也是我最喜爱的小说话语之一,亲爱的朋友，是我记错了吗？是我吗？是我？我？这些对白我都喜爱得要死。

如果这一天晚上没有别的公务，如果这一天晚上我已经准备好了狄更斯或者雨果，将要阅读的感觉使我心跳，使我微笑，使我含泪，就像与情人约了会面，就像这约会已经进入了倒计时，就像这次会面将开始我的生命的新的阶段。

而音乐呢，想到我有可能连续听几个唱片的正面与反面，我快乐得有点东倒西歪。我快乐得摇头摆尾。我快乐得低下头来。音乐常常会作用于我的内耳迷路中的三个前庭器官。音乐给我以跷跷板、荡秋千、坐航船、骑马、滑冰，有时候是躺在草地上滚过来滚过去的感觉。音乐给我驾云的感觉。音乐给我灵魂完全被攫住了的感觉，给我的是真正的灵魂出窍的感觉。

38

这本书你在阅读，这本书现在完全听你的支配，你想翻到第几页就是第几页，你想卷到什么程度就卷到什么程度——在十九岁的时候大部分书还是竖排，正适合中华式的卷书而读。

读书的时候我常常会听到作家的声音，契诃夫的声音温良而且忧郁，平静而且沉重。我甚至看到了他说话时候眉毛的挑动。我无法设想他为什么心性是那样柔软，而环境是那样粗暴；语言是那样清纯，而周围是那么混乱；头脑是那样清明，而其他的男男女女的生活是那样皱巴与污秽。“多么野蛮的生活啊”，他的人物的叹息摧残了也激活了我的少年的心。他的话语里有太多的遗憾、痛惜与无奈。

巴尔扎克的声音稍稍有一点严厉，同时悲伤，他的眼睛像 X 射线一样照穿了所有的人的脏腑。他的耐心也令我叫绝，他解剖了你的正面再解析你的侧面与反面，他的冷冷的外科手术报告，呈现了血痕，却隐藏了泪水。他的历史感与社会感使他同时像一个神父，他听到了全世界男女的忏悔告解，他无法表态是不是上帝会宽恕他们。即使上帝原谅了，他的手仍然因了卑鄙的人众而痛心疾首地发抖。你怎么看得这么透这么深这么血泪交加，我问道。因为我是作家，我是人生的见证者与记录者，我是痛苦的分析师、化验师，我是一切假面的揭开者，我是掘墓与送葬的人，我是惩罚者、行刑者，没有谁比我更知晓丧者的苦处，也知晓违章者的卑劣。

这又是为了什么呢？人活得已经够苦的了，你为什么还要往他们的伤口上撒盐？人生的丑态已经够我们丢脸的了，你为什么还要刻画与放大我们的贪婪与永远达不到的欲望，尤其是，在冠冕堂皇与锣鼓喧天后面，你隐藏着太多的虚伪与卑鄙。

而且我相信巴尔扎克说话的速度很快，声音又小，他自己极度地专注，像外科医生在手术台上一样专注，他要求你也同样专心致志。

后来我几乎忘光了巴尔扎克小说的故事，但是我记得那些令人敬畏的刻画，那叙述的严谨与清晰犀利，尤其是他对于人、男人与女人，尤其是女人的同情与理解，越是理解越是无情地揭开了脉脉含情的面纱，你相信他是为人类而痛苦，为人类的爱怨、贫富、通蹇、胜败、善恶、悲欢作画做书记官作证词。

读巴尔扎克的书如参加一次盛宴，酒色财气、关系交易、美酒佳肴、官商匪警、儒师巫祝、神道优倡、男女老少、高低贵贱……以及要妙服务、时尚设备、金碧辉煌、香鲜腥臭……要啥有啥，干啥像啥，你痛苦，你腹胀，你作呕，你避之不及，同时你张开了大嘴，你好奇，你开眼，你流口水，你舒服，你如痴如醉，你欲哭无泪。

你想去拥抱，你想去炫技斗智，你想去狠狠爱上一把，做上一回，去冲击，去奋斗，去搏杀，去高潮，去疯狂，去射击，人生能无几次癫？去纪念，去默哀，去写作，留下丰碑，留下遗爱，留下财产事业，留下感动的热泪。

托尔斯泰是一个巨大的存在与悲哀，由于自己的与社会的他人的罪恶，他不仅是解析与记录罪恶，他更为罪恶而焦灼、而燃烧、而忏悔、而呼号。而他的描绘又是那样精细，跟随着他，你参加了一个又一个旧俄罗斯上层社会的聚会，你听到他们她们对话中的法语，你看到她们穿的长裙、听到长裙擦地的窸窣。外表上他们她们是那样地华贵，而内里头，是那样地痛苦与丑陋，歪曲与变态，折磨与撕扯。

还有陀思妥耶夫斯基呢，他是怎么折磨人怎么写，怎么让你难受他怎么写，怎么让你发疯他怎么写，怎么让你抓起自己的与旁人的头发满地打滚他怎么写，怎么让你吐血他怎么写。雨果的悲悯与愤怒的强烈堪与俄国的作家们比美，也许有过之而无不及。

《红楼梦》是另外的感觉，你的阅读使你的生活进入了贾府，你听到的是他们那个时候的话语，什么等会子，吃口子，原来那时候人们不怎么说“儿”，而把现在人们说“儿”的地方都说成“子”。你听到了各种原生态的喊喊喳喳，你还解不开那种府第里的钩心斗角，但是你完全理解大观园里的青年男女的烦闷与重压下的激情。尤其是春天，春天的林黛玉的悲苦，春天的贾宝玉的动辄得咎，春天的撩拨与压抑，压抑压抑再压抑，以压抑为核心价值的精美又足够愚蠢的封建文化啊，我为你一恸！

我不能不心悦诚服，旧时代，作家是这样痛苦，文学是这样痛苦，书籍传达出的一切是这样难以忍受！

幸亏还有苏联的文学，他们可能有时候误把向往写成了现实，有时候误把愿望写成了颂歌，有时候误把参差写成了凶险的敌情，误把想象的简易逻辑写成了时代的威严与科学的命令，他们太热衷于以文学做“命令”法典的背书。但是它毕竟给了一个十九岁的中国男孩以温柔的按摩，刚强的敲击，缤纷的花瓣，明亮的灯火，精神的豪饮与思想的自足自爆大力丸直到后来的伟哥。尤其是法捷耶夫的《青年近卫军》与奥斯特洛夫斯基的《钢铁是怎样炼成的》，还有巴甫洛夫的《幸福》与美女作家潘诺娃的《旅伴》……我不怕提那些没有烧开的呜呜呻吟的壶水，我不怕你告诉我巴甫洛夫是一个告密者，而长期担任苏联作家协会主席的我以为是英俊无比的亚历山德罗维奇·

法捷耶夫曾经批准过对于“大肃反”中某些作家同行的处死。以至法捷耶夫自杀于一九五六年五月十三日。此前仅仅三个月，召开了苏共二十大，揭露了斯大林的许多问题。法捷耶夫射向自家头颅的一颗子弹，成为他的数量不够多的文学巨著的最后一个句号。

我只是要说，苏联包括社会主义的东欧文学曾经怎样地说服了我感动了我，包括《金色的布拉格》《绞索套着脖子时候的报告》，还有东德伟大女作家安娜·西格斯的《死者青春常在》，它们都曾经感动着十九岁的我。这当然不是偶然，有那样优秀的作家，作品，还有我这样的十九岁的诚挚的读者。他们她们使我相信人间有正义，有英雄，有爱，有友谊，有伟大也有文学：高尚的文学，美好的文学，尊严的文学与温暖的文学，不是丑态毕露，不是恶相丛生，不是虎狼蛇蝎，不是百无聊赖与腐臭糜烂。

怎么回事？莫非苏联的文学事业远比经济建设事业成就巨大？莫非他们的伟大、同情心、才华、烦闷与激情太多地用在文学上了，他们成了一个文学的国家，文学的民族，文学的人群，天！所以他们的经济老是搞不好，“从前是这样，现在还是这样，哥萨克你，勇敢的鹰……”这是电影《幸福的生活》又名《库班的哥萨克》中女主人的插曲。

是的，我无法想象一个出现了那么多伟大悲哀忧郁烦闷与激情的文学的民族，能够做好外贸、证券、专利、置业、金融、投资、招商、消费品、奢侈品、小微企业、三来一补……

再说，莫非是只有把人类当作屎壳郎来嘲笑与鞭挞，才能被接受为伟大的作家与作品，而把人类往伟大里想象与感知的作品与作家反而变成了文学的蝇蛆与磕头虫，变成了欺骗与迎合，变成了自欺欺人与心口不一？人类是不是身患了一种自虐的变态心理疾病呢？人类的自虐狂呀，我十九岁的时候上哪里知道？

当你表达对人类的爱恋的时候，你被视为平庸更是乳臭未干。当你表达对人类的刻骨的轻蔑与牙齿咯咯作响的愤恨的时候，你可能被视为蛇蝎,但更可能被视为英雄与天才。

痛恨才是激情中的激情,仇恨才是文学中的文学,轻蔑才是风度中的风度,粗暴才是文明中的文明……我的亲爱的同行朋友,你掌握了这不二的法门了吧?它驱散着这样的与那样的烦闷与平庸,它迎合着各样各式、式样翻新的高高在上的白痴。

39

十九岁的灯下阅读,那是一种吟诵,那是一次次许愿,那是一次次倾听,那是一次次拥抱与尽情。那是参加了一次舞会,你羞怯而且不无自惭形秽,你抱着她的腰,又生怕踩了她的脚。你毕竟放置了和移动了,与她在一起,与许多他与她在一起,你知晓了人本来可以多么健康、英俊、姣美、文雅精致、风度翩翩,而实际上生活又是那样粗粝与艰难,强硬与野蛮,挣扎于啼饥号寒愚蠢拙笨。你知晓了语言本来可以那么通向美好,通向光明,通向温暖,通向爱情,通向真理。爱情首先是一种语言现象、修辞现象、灵魂现象,其次,其后,才是一种身体的接触与沉迷,才是一种赤裸裸的搏击。谁不是先说情话再搂到一起?至少是行为与语言艺术并举。你为你的主人翁们的语言的精彩与感人而匍匐而酥软。同样都是人说的话,人家说得就那么高明,精雅,深切,洁净,动人。阅读使你与你的书里的主人公产生了共鸣,产生了代换,发生了会面,谈起了你懂你会的中文,也流水潺湲地谈起了俄文、法文、日文、阿拉伯文,你的声音进入了书页,他们的回答、争吵、独白与哭诉也从书页中缓缓流溅出来。你也可能成为无耻的拉斯蒂涅,如果你不接受最最美好的思想与对于自身的人格铸造。你也可能是那个公爵,毁灭了清纯无玷的俄罗斯女儿。当然,你本来就应该是保尔,你当然知道什么叫“人最宝贵的是生命,生命对于人只有一次而已”。

而十九岁的聆听乐曲,那是男子汉的祈祷,那是匍匐在地的跪拜与赞美，那是大礼，那是迎接与告别，那是降生与沐浴，那是祭典，那是与天地日月山海鸟兽风雨花草树木虫鱼的共鸣，那才叫生而有知，死而无憾。

时间在飞速前进，面容与体形也不断往大里往傻里粗糙里变化，面容和形体无可抵抗地在散耗，在消退，在衰老，在走形，直至千古安息。这从无到有、从有到无的神秘与悲哀你无可解释无可依托。然而语言变成了美好的文字，变成了感情与生命的纪念碑，变成了千百年后仍然栩栩如生催人泪下的倾诉与细语，它们才是永恒，才证明了你降临人间得到了结结实实的验证，你的存在哪怕加上此后的不存在，已经留下了真真确确的纪念。是的，并非白走一趟。你摸到了林黛玉、薛宝钗、安娜·卡列尼娜、芳汀、包法利夫人、欧也妮·葛朗台的手，你也领略了拿破仑、斯大林、列宁、拉斯蒂涅、于连、赵太爷、阿Q、保尔·柯察金的威风。原来还有这么宽广的世界，这么长远的记忆，这么钟情的男女，这么奇异的风习，这么见不得人的隐私，这么伟大的装腔作势，这么坚强的无耻伪劣，这么惨烈的你死我活，这么多阴谋诡计与正大光明，这么多爱情与偏见，这么多误解与委屈，这么多高山与大河，这么多航船与马车、狗拉的雪橇，还有战争与和平、大炮与热吻、婚宴与鸿门宴、鸡尾酒与鸩酒、梦想与疯狂、冤仇与和解，梁鸿与孟光、陆游与唐琬、陈世美与秦香莲、唐伯虎与秋香、张生与莺莺，还有渥伦斯基与安娜、罗密欧与朱丽叶、卡门与唐·何赛、奥赛罗与苔丝狄蒙娜……

你也听到了高山流水、十面埋伏、汉宫秋月、渔舟唱晚、春江花月夜，尤其是悲怆、热情、英雄、命运、田园、森林、恺撒、唐璜、匈牙利、土耳其、意大利、沃尔塔瓦、培尔·金特……你的耳朵是直通灵魂与艺术的耳朵，你的心脏是浸泡了一千种感情、一万种思绪的心脏，你的眼睛，是看到了肉眼看不到的生命的一切奥秘的眼睛，你的头脑是无所不容、无所不思、无所不精明透彻的头脑，你的生命，是一个已经与人类，与五大洲四大洋，与天的包容、地的承重、人的智慧与仁爱相连通起来的生命!

而就在那个十九岁阅读与倾听的深夜,你来了,我完全不知道你是怎么进来的,怎么开的门,怎么走的路,怎么靠近了我,像一阵风,像一个微笑,像一声歌曲,像一次眨眼。

“你老是看书,看书,看书,我从你窗前走过了三次,我把脸贴在你的窗户上,看了你三次,你只知道看书,看书,看书……”

“哦,哦,呵,呵……”

一阵清爽的笑声。

“我奇怪你是怎么来的,我完全没有觉察到,你是风吹过来的吗?你是月光照进来的吗?你是由鸣虫的叫声托着推着领着进来的吗?”

“您瞧,这看书的人与不看书的人说话就是不一样,您说话怎么像演话剧?”

我猜,我的脸红了,幸亏有台灯的掩护。

那时候我还太幼稚,我不懂,为什么说话与话剧会有那么多差别。为什么我的说话不能够像汤显祖,像莎士比亚,像契诃夫,像《茶花女》中的阿尔弗莱德……

“您在看这么厚的书,您的书名是那样奇怪,天晚了,您完全浸泡到书里了……有时候我也觉得,书比什么都好。书里的思想比许多活人的真实思想更高尚也更纯净,书里的美貌比许多人的面貌更美好,书里的说话比你平常听到的话更好听……”

“然而书是从生活里来的,这就是说,要是咱们都看书,要是咱们都喜欢书,咱们也能美好起来的呀!”

我们谈了半天,我们认为,世界上有许多美好的书,书里有许多美好的话,话里有许多美好的愿望,这些愿望并非都能够实现,这些话语并非都经得住事实与生活,尤其是时间的考验,时间长了,青春会变成老迈,激情会变成淡漠,底线会变得模糊,慷慨激昂会变成过一天说一天、得过且过。书也会被忘记的,现在的人们早忘记了孔孟老庄、苏格拉底、林肯，直到下一次被记起来以前，直到下一次被什么风儿吹得满天飞旋以前。然而，我们仍然爱话语，爱文学，爱美好的词句，爱精彩的对白，设若不然我们的生活不是更无聊了吗？

而且更多的是我们的相信啊。我们关上门窗一起用我的旧留声机放出了苏联歌曲《我们明朝就要远航》，瓦西里·索洛维约夫·谢多依作曲，在我十九岁的时候他四十四岁，我们想象着军舰和大海。我们听了《蓝色的多瑙河》，我相信如果“多瑙”不是译作“多瑙”而译作“图涅”，或者它虽然译得与多瑙一样好，却没有约翰·施特劳斯的圆舞曲，生活就不会这样美好，奥地利与维也纳就不会这样美好，而中国的十九岁的你我，也不会得到这么多美好的感受。

是的，音乐也是书，有它的开头，有它的发展，有它的惊愕，有它的拦击，有它的破釜沉舟，有它的柳暗花明，有它的低语，有它的痛哭与狂欢，然后是戛然而止。

而音乐与文学让我们发现了多少可喜的我们的十九岁的日子。日子，是的，日子，所有的日子，我同样喜欢乃至拜倒在这两个字前。一看到“日子”两个字，我就想起了清晨喝下的稀溜溜的高粱米粥，我想起了骑着自行车去参加青年集会的昂扬与意气，我想起了上级的高屋建瓴、势如破竹、百战百胜、横扫千军如卷席的指示，我想起人民的笑脸与明辨的忠诚，我想起新建的百货店、电影院、剧场、学校和游泳池。我想起了苏联文学作品中的“你好，政委同志”与“怎么样，能够完成任务吗”的提问，何必费劲呢，紧接着是万众一心的回答：“保证完成任务！”

日子给了我们如莲的欢喜，如草的鲜活，如瓜的多汁，如泉的清爽，如风的自由，如鸟的清新，如天的开阔，如星的繁复，如春夏秋冬的变化有定，如霹雳闪电一样的威严与决绝。

但是，你聪明的，请告诉我，为什么十九岁只有一年，十二个月，三百六十五天最多是三百六十六天……然后硬是成了二十岁二十一岁二十二岁，每一岁都只有一次，每一天都只有一天，每一刻都只有一刻。除非，你把这个日子编织成花朵，编织成云霞，编织成文章，编织成歌曲，涂抹成绘画，捏巴砍削成雕塑。很简单，文学与艺术是生命的延长，是生命的滋味，是生命的反刍，是生命的纪念。

这是没有办法的事。人的创造比人更美好也更长久。人的书写比人更文明也更专业。人的抒情比人更强烈也更真诚。人的痛斥比人更宏伟也更勇敢。人的逻辑比人更周详也更严密准确。人的示爱比人更热烈更真诚也更感人肺腑。人的匠心人的想象人的创意比人回肠荡气出神入化洗涤灵魂。正像人的恶行比本人还要恶劣一百五十二倍。人的愚蠢比人更无可救药。

40

你是笑意，你是光明，你是吉祥，你是信任与交托，你是十九岁，你是新中国，你是地球，你是那颗说近就近、说远就远的星。那时候我们什么都不怀疑，就像现在的有些十几岁的小小子小丫头什么都不相信。我们相信苏联的科学正在战胜死亡，甚至可以起死回生。我们相信再有十几二十年美国会实现社会主义与共产主义。我们相信从此人们当中只有亲爱温柔，我甚至担忧此后的小说不好写，此后的生活里再没有失望、贫穷、压迫、无奈、勉强、忧郁、悲伤、分离、疾病、死亡，而只有大公无私、发愤图强、劳模典范、吃苦耐劳、日新月异、健康快乐、团结互助、比学赶帮、你爱我、我爱你、你助我、我助你、你亲我、我亲你、你拉着我手、我拉着你手。你是大写的人、我是人的大写、你是各取所需、我是把一切献给党，个个是英雄，个个献鲜花，个个戴红花，个个发勋章。那就再没有悲剧这种戏剧品种了，甚至连悬念也会从此过时。人们个个都掌握了历史的发展规律以后，自然无念可悬，无悬可念，无忧可虑，无虑可忧。

我们二十世纪五十年代的十九岁，那个时候最高的精神生活就是看书，是听音乐，是进剧场，是集体学习刘少奇的《修养》，是听广播，还听最多是每分钟七十八转的老式唱片、手动上发条的留声机。那时的苏联唱片每张只要八千块钱，就是后来改换货币后的八角钱。

那时候没有电视，没有手机，没有网络，没有录音笔，没有立体声，没有 VCD 与 DVD，更没有手机与网络，没有敲敲键触触屏就自以为什么都知道了的聪明的白痴。那时候我们翻着篇读书，边读边落泪，在贫困、愚昧、狭隘、老朽的旧中国，我们没有看到过先进的生活方式、生活环境与生活资料，也没有听到过有关先进的、与“先进”二字沾边的议论与思想。先进的思想先进的念头，对于我们就像黑云后面的星月，就像寒夜之后的朝阳，就像严冬后的春花，就像喑哑之后的呐喊，一辈子没有听到过好话的人听到了好话，一辈子没有见过颜色的人睁开了眼睛。叫我怎么不歌唱？这是那个年代的一首歌曲的题名。铁树开了花，哑巴说了话，那是那时候一个歌曲的齐声呐喊。

没有恶搞，没有搞笑，没有无厘头，没有嗷嗷地叫春，没有翠花上酸菜，没有草泥马，没有黑段子黄段子，没有 PS，没有公然的谩骂与大荤大素，没有共产党官员的贪污丑闻，没有爆料，没有摔婴贩婴，没有不雅视频，而雅的压根儿不需要视频。没有盗版的光盘唱盘，没有模模糊糊、晃晃动动的画面，没有脱光腚的女星，没有硅胶假乳，没有卖淫嫖娼，没有黄赌毒，没有假学历假身份证假信用卡假公司假护照……

那个时候根本没有隐私，刘少奇讲的是“无事不可对人言”，人人姓公，姓共，个个是公知，公知了半天一提隐私就火冒三丈。怎么可能？德国总理就说过，政治家好比是养在鱼缸里的热带鱼。他当然没有太多的隐私权。

那时候读书认认真真，恨不能用手指指着一个个字读出声来，读到坏人准备与他搏斗，读到好人恨不能为她牺牲。那时候战士看歌剧《白毛女》，掏出枪来向着黄世仁就打，这才叫充满阶级感情。读到理想的话语你似乎在飞升，读到愤怒的话语，你会烧灼，读到痛苦的话语你心如刀绞，读到庄严的话语你想膜拜跪倒。读到美丽的女子你当然沉醉，讲到英雄的少年你会高歌，你想舞剑，一舞就是风雨不透。读到奸人的时候你怒发冲冠，你击掌顿足，你拍碎了桌子。讲到真情的时候你泪如雨下，人而不知恩知情知义知礼不如豕狗。

你相信书籍、作家、作曲家、文学与音乐作品正在为你展开你的、人的、大家的又一个人生，又一个世界，又一个家园。这又一个、进一步浓缩、扩展、深化与强烈化的世界中有更精彩的男女，有更多样的亲友，有更瑰丽的篇章，有更动人的故事，有更高端的思想，有更厚重的慨叹，有更深沉的悲哀，有更阔大的喜悦，有更华美的文饰，有更张扬的威风，有更美善的幻梦，有更五光十色的体验与感觉，有更千奇百怪的现象与因果后续，有更至诚至善的用心与苦行，有更如神似佛的法力与报应，有更千年不变万年不移直到永远的生命的活力，有千里依然万里照旧以至于无穷的发生与发展。

原来读书与听音乐才是涅槃，才是重生，才是飞升，才是越出泥丸宫，超出肉身成为正果。在书籍里、乐曲里，在语言与旋律里，当然有上帝，有真理，有赞美，有圣贤，有十字架，有寺庙也有殿堂，有蜗居也有茅庐，有英雄，有志士，有善良，有仁义，有寒光闪闪的利剑，有美人，有香草，有日月，有高山……同样也有魔头，有卑劣，有小人，有臭大粪，有懦夫，有凶恶，有狡诈，有丑类，有蒺藜，有乌云，有泥淖，有伤痕与脓血。二者之间更有那么多令人眼花缭乱、无奇不有的千姿百态。

尤其是，在文学与艺术里，有的是永恒，是无穷，是终极即无终极，因为所有的终极都不可能是终极，所有的终极的后面与外面，仍然是无终极的终极。

什么叫终极？终极就是无终极，有的终极是无，无的终极是有，实有的终极是灭亡，灭亡的终极是重生。当然。

而且书里有那么多你从来没有想到过的可能，伟大的乞丐做了国王，追杀的赵氏孤儿终于报仇雪恨，灰姑娘嫁给了白马王子，丑小鸭变成了天鹅或者自以为变成了天鹅而丑态百出。当仇恨的火焰燃烧起来的时候,无恶不作的霸王被人民活活埋葬,落难的公子遇到了慧眼识英豪的闺秀,豪华的游船在大风大浪里不幸失事,沙漠里的探险九死一生,忠诚搭救了白雪公主,一次邂逅引出了那么曲折的荡气回肠的爱情故事,坚忍使沙石变成了黄金,乐观使逆境产生了光照,中华的与欧美的杨枝净水点石成活,原来有那么多男男女女早先被魔鬼变成了石头。

没有书的世界,不读书的人生,与书无缘的家园,是多么浅薄、庸俗、鄙陋、可怜!

41

岂止是读书与听乐,我也要写书,因为我有我的日子,对于一个十九岁的我来说是太多太伟大太丰富太有趣太有意义的日子,绝对难忘也不能够忘记的日子。我要编织我的日子,我相信,我完全相信"这儿青年都有远大前程,这儿老人到处受尊敬",相信"天空出彩霞,地上开红花",相信"红旗飘哗啦哗啦响,全中国人民喜洋洋",相信"我们要和时间赛跑""开动了机器轰隆隆地响,举起了铁锤响叮当",相信"在祖国和平的日子里,生活天天向上升"。日子因编织而更加美丽,如丝线因编织而成为珍品绝技。我要创造一个我们的世界,我要安排我的臣民,我的爱怨情仇,我的悲欢离合,我的意外与巧遇。我要设计我的高亢与低迷,华赡与质朴,抖颤与延伸,悲切与粗犷。我有烦闷与激情,我有语言与文字,我有旋律与节奏,我有兴致与才华,我有智慧与勇气,我有心境与向往,我有不似疯癫、更胜疯癫的狂舞。我有出其不意、攻其不备的新招术新技巧新想象,我有足够的创造力颠覆力覆盖力与爆发力。我要使这里的那里的各自的面目一新:文学、心情、人生、忧愁、内火、外感。我会以退为进,以进为退,高举轻放,浅吟深泣,有大劈叉、车轮翻与旋子连连。当快乐编成了言语与音符,那是言语的花环,那是音符的身段。当悲哀编成了句子与乐段,当句子与乐段运用了合适的修辞手段配器,当句子与乐段变成了如诗如梦如歌,那时悲哀成为动人的花朵,不平成为绝妙的反讽与谐谑,鸡零狗碎的生活因编织的绝技而成为永远的图案,委委曲曲的霉头变成黄金般的片片落叶,而随便一个笑容,而且是笑在刚刚起床,尚没有梳洗干净打扮停当的时候,也永远流露着鲜明与芬芳。当疑惑找到了自己的语言形式乐曲形式,疑惑编成了永恒的诧异,诧异编成了变奏的突兀与情节的匪夷所思,当结构引人入胜,疑惑也进入了永恒并徜徉于从大地到太空的时空。当生命击中了自身独一无二的语言与旋律的靶心,当生命用比生命还真实还强烈还生动还永久还完美的言语与音乐形式与众不同地体现了出来,歌唱了出来,演奏了出来,展示了出来,生命与你的长篇小说、史诗与交响乐同在,你的作品得到了永远的生命。

我十九岁的时候听柴可夫斯基,我确信《悲怆》就是柴可夫斯基,《D大调小提琴协奏曲》就是柴可夫斯基,《天鹅湖》就是柴可夫斯基,《如歌的行板》就是他。比他本人还动感,还天才,还生命,还真诚,还鲜活,还令人赞美落泪,还超凡脱俗,绝对没有你我他都有的那些活人无法摆脱的汗臭、腋臭、口水、尿渍、饱嗝、排气。柴可夫斯基当然无可置疑地得到了永生。那么《白痴》呢?《罪与罚》呢?《卡拉马佐夫兄弟》呢?《被侮辱与被损害的》呢?至今它们在折磨着你,痛苦着你,酷烈着你,感动着你。只"被侮辱与被损害的"这八个字就足够推动一个青少年追求共产主义,想当共产党员。而苏联共产党是那样不待见他,多半他也不待见十月革命。读他的书如进入噩梦。噩梦成为激情,成为滔滔不绝、泥沙俱下的洪水,成为痛斥痛骂痛哭,成为大雷雨大风暴,成为对灵魂的拷打与翻过来调过去的清洗与消毒,做一次手术,再连续做十三次手术。陀思妥耶夫斯基就这样获得了永生。当苏联不接受他不包容他的时候他的作品仍然像哭号一样地震动大地,他的血泪像浪涛一样地冲决了堤坝,而其后,苏联回到俄罗斯以后，费奥多尔·米哈依洛维奇·陀思妥耶夫斯基的坐像端坐在莫斯科的古老大街上。他活在他的作品里，他的作品活在我们的心里，从十九岁，到七十九岁，和以后。

我也能，你也能。快乐能悲伤也能。正常也能疯狂也能。死人也能活人也能。十九岁也能九十岁也能。诗歌能散文也能。提琴能竖琴也能。文字能五条线上的蝌蚪也能。我的心随着那蝌蚪而游潜。我的心随着那韵律而伸展。我的心随着那线段而波动。我的心随着那段落而忽闪。你赶上了重要的变化，你写下了重要的发展。你从十九岁时候开始的书写，延续着仍然延续着，不管有多少流言蜚语的蚊蚋，不管有多少不除不快的决心，不管有多少在阴影里整理出来的材料与中伤的途径，你的十九岁，你的灯下十九岁已经延续到了今天。

十九岁是一个高峰，它百感交集，百业俱兴，百科俱学，百思自得其解也难得其解。十九岁我见到了你，你使我上了天，也使我回到地面，变得踏实，变得与十九岁开始告别。告别了仍然不依不舍，仍然一想起来就回到了十九岁，就八面来风，十六面感动，我以我血荐轩辕，我以我血荐文学，我以我血荐爱情。十九岁开始了写作，我的世界，我的书，我的词儿，我的波涛与彩色，我的日子！我的台灯，我的蘸水钢笔，最常用的墨水是天津的鸵鸟牌与北京的北京牌。很快我的中指关节左侧出现了小鸟蛋式的茧子，六十年过去了，历久不衰。这灯这笔这茧子毁灭了我也造就了我，使我在十九岁结束后有那么多次从头做起。

然后有连续性的中断，有突变，有不变中的万变，万变中的不变。

不但有十九岁的激情，而且也有七十九岁的烦闷与创造的勇敢的躁动。那个晚上的与你的会晤，是开始也是告一段落。回首十九岁并不遥远，这样的回首不再伤感，对于伤感已经得到了"生猛大夫"的恶治。这样的回首越来越变成了开心的笑声，就是说遥远可能变成阔大，伤感早已变成疫苗，变成了对于大悲大恸的预应。我们不可能超越平凡，躲过平凡，脱离平凡。您的十九岁意味着你立马成为二十岁直到两倍的、三倍的、四倍的、五倍的十九岁就是九十五岁，除非中间收到松月下山岗的邀请。十九岁是我的基点，一个基本点，十七岁就是十九减二岁，三岁就是十九减十六岁，八十岁就是十九加六十一岁，而寿终正寝，就是十九加 N 岁或 X 岁。而不管多少岁，何况，不论是不是十九岁，你至今仍然感动着，写作着，想念着，烦闷着也激动地高跳高蹈着，我想起来，仍然有那么多那么多，还没有完全或者是完全没有，没有告诉你。

亲爱的，已经不少了。经历与心思，倾诉与反刍，设计与被设计，左右逢源与内外夹攻，闪转腾挪与干脆一头撞将而去，举重若轻与平白无故，呕心沥血与硬是杀不出的重围，一本书，又一本书，一切都从十九岁的那个深夜开始，在都认为不可能的时候，至今，而且，还远着呢。

第八章　奇祸·奇缘·奇葩

42

当每天都过着千篇一律的正常生活的时候,会不会想念坍塌、突然、荒谬、乌龙、莫名其妙?就像日子平平淡淡的时候更想看恐怖影片恶战影片灾难影片与令你哭湿手帕的悲剧片?

人活了,却要老和死,这是最正常不过的了,所以,这已经有点荒谬。

命运会不会突然痉挛?上帝会不会不在意间掉了一回链子?

一只狗会不会突然变成猫?一个猪猡会不会突然获得了学衔或者权位任命?一件衣服会不会穿着穿着雄鹰展翅,飞向高天?发给A的一封信会不会最后落到了B手里?下雨下成了酒浆?说话说成了大火?一张嘴探出了毒蛇的芯子?一个嘴巴扇过去,躺倒在地的美女回到了白骨精的本相?

一个人原来是豺狼,半夜敲门的外婆原来也是狼的化装。一朵花里隐藏着炸弹。献图的结果是图穷而匕首见?白素贞——还带着青儿小妹妹,其实是蟒蛇。一杯美酒轻松地不知要了谁的命。神州大地上的祖先生活得太严峻了,我们的故事让我们警惕一切美好与善举。倒是欧洲那边的故事略异其趣,例如丑小鸭变成了白天鹅,美人鱼——海的女儿援救了王子,而聪明美丽的谢赫拉萨达,用一千零一夜的故事感动了改变了软化了代治者哈里发。

阴差阳错，也许是上苍制定的源代码成了精，这是一种不由你做主的宇宙的想象力。天老爷也喜欢开开玩笑？当然也有他的手指、敲键、触摸带来误触误摸的可能性。人生诸多好戏，来自错误、误差、误读、误判、短路、死机、泄漏、重码、乱码、酒精或者咖啡因、烦闷、激情、神、人与物也会联手发疯。有时候是失之毫厘，差之千里。

我常常陷入一种胡思乱想或者准梦境：我跑得上气不接下气，追逐一个影子。两个影子拼命地追赶我。或者是他们锲而不舍地追逐我，以为我是阴影。

……如果你是康德，如果你出生在一七二四年四月，如果你住家在哥尼斯贝格，设若每天你都在确定的时间走出家门在这个当年德国的小城里散步，你会知道，邻居们习惯了，知道你的生活有严格的规律，知道你的散步与散步中的伟大的思考有严格确定的时间表，知道你几点几分必定经过某一位邻居的家门，甚至按照你经过各家门的时间来分别对钟对表，调准自家的时间显示。看来这个小城不是到处都可以看到公共场所的运行准确的挂钟，而康德那个时代也没有什么广播电视手机电脑上的时间报告。请想一想，你这个大哲学家康德，是不是从而有了一点义务，就是天天运转得像瑞士手表一样地精准呢？

哈哈，康德大师你就是钟表，你就是石英谐振器与微调电容，你就是一个波长与振幅绝对正确的钟摆与大小齿轮，你就代表格林威治或不知为什么，现一般译作格林尼治。这样的学问的阿尔卑斯峰康德令人肃然起敬。这样的德国人康德令小说写作人凛然起鸡皮疙瘩。幸运的是，你可不仅有你的规律性可靠性稳定性，不需要维就稳的稳定性，你毕竟还有一次错误。有一次背离：你读《爱弥儿》读得入了神，你的散步时间出了差错，你出来得晚了，搞得一个城的居民钟表时针分针秒针都乱了套。

康德终于变得可爱了，令人鼻酸。

这算不算你的一个失误呢？失误是不是都会给误主带来离奇的

灾祸呢？抑或这本来是你的邻居们的错误呢？误主不是康德，而是邻居。你从无失误，从无乌龙，从无遗漏，从无笑话，这样的男人还有女人嫁给他吗？

人是不可以变成钟表的，康德的散步是为了哲学家的健康与智慧头脑的伟大思考节奏，这里没有契约约定他老人家有给公众提供正确时间标示的义务。再说这一次失误恰恰证明的是伟大的德国哲学家康德是一个性情中人。是一个正常的活人。就像牛顿的认真态度表现为必须要为两只大小不同的猫修建两个大小不同的猫洞，因为显然洞小了大猫就钻不过去，而小猫走大洞是一种对于空间的浪费。还有牛顿曾经误将怀表当成鸡蛋煮到沸腾着水的小锅里，看来牛顿对于扁圆与球圆有统一的几何感。牛顿的错误是伟大的错误。错误因误主的伟大而不同一般，成为对俗人们的启示。而爱因斯坦需要拨电话问自己的女秘书，才闹得清自己家的地址。这样的愚蠢与心不在焉，这样的对于常规的背离，究竟是不是一个过失？抑或反而是一个美谈、一个趣闻、一个誉满全球的佳话？这也是《爱弥儿》的作者法兰西的卢梭的伟大的证明，当然也是康德之类所有的大科学家大智慧者有一得必有一失、有一长必有一短的绝妙故事。

还有美国射击运动员马修·埃蒙斯呢，被称为神童，他在雅典奥运会的决赛的最后一枪，竟打中了别人的靶子，和笔者此次发微信的记录一样，而且打的是十点零六环。如果跳出名次、功利、奖牌与奖金的庸人计较，他应该算作历史上世界上最伟大的射击运动员。如果不是从功利学而是从趣味性、哲学性、文学性、幽默性、审美性、新闻性、偶然性、神秘性、小说性、想象力上看呢？如果以中国魏晋士人阮籍、嵇康和刘伶的范儿来看呢，这简直无与伦比。这是上帝给雅典的，是上帝通过是时在雅典的“马修”告诉世人的最大的启示，帮助你的对手打一次十点零六环吧，除了马修，还有谁？除了二〇〇四年的雅典，还有哪里和哪一回？

对于人和事物来说，正确、成功、胜利是太一般化了。所以如果人们走着走着就平安越过了沼泽地，那实在不足挂齿。而你在走上沼泽时，扑哧一声，您掉到了泥坑里，乌拉，布拉沃！前者是俄语，后者是西班牙语的欢呼。如果我们吃着吃着美食佳肴被一粒什么石子硌掉了一半颗牙齿，如果大晴天忽然响起了一声惊雷，如果一只大雁飞着飞着蓦地自天空堕落，同时排除了受到猎人枪击的可能性，如果在高雅清洁的客厅里你突然发现从地毯下钻出一条小青蛇，如果你在从人民大会堂的高台阶上走下的时候像铁娘子撒切尔夫人那般摔了一跤，如果你热气迸发地去与一个久违了的老友打招呼却证明是你认错了人，如果一个大诗人在他最得意的诗作中用错了典，哇耶，呜呀，嘿哟！这些记录与发现，即使是令人烦恼的，即使你尝到了即时的烦恼的滋味，你会不会有一点满足了某种好奇心的开心呢？这里有一种未能预知的感叹？有一种荒谬绝伦的撩拨？有一种难知就里的神秘？有一种天有不测风云的变数？有一种谁知是怎么回事的惦念和跟进的兴趣？有一种幸灾乐祸带来的活感与灵感？

可不是吗？如果天一年到头只有晴朗与和顺的空气流通，如果地一年到头只有恒温恒湿恒速恒量恒质，如果时节永远是四季如春，如果汽车从来不需要拐弯，客机从来不遇到气流与颠簸，航海从来不遇到风浪，写作人永远上福布斯榜，如果饮食里只有一味的合乎标准的甘甜，如果空气里只有一味的芳香，如果菜肴里没有老醋、辣椒、苦瓜、江浙的带有喷香的臭味的发酵食品，还有北京王致和的臭豆腐与长沙火宫殿的臭干子与法国的起了绿黑斑点的臭奶酪，如果人生的过程里只有按部就班、天天向上、一二三四，如果康德的出行散步时间从无任何差异，如果康德的家乡不是后来——二百年后，由于二战的结果归了苏联，变成了加里宁格勒，而且近年因了美国要在捷克搞导弹基地，格尼斯贝格或哥尼斯堡——加里宁格勒几乎被变成了俄罗斯的导弹基地……我们的地球我们的生活将会变得何等烦闷乃至枯燥！

你知道失误带来了怎样的灵感？败绩是怎样地营养着人也考验

着人？冤枉与辱骂是怎样地变成了圣人们的光环？处人以极刑的十字架当然是耶稣的表征，而灾难是怎么样地感悟了人类的良知良能？罪恶是怎样地激荡着文明，刺醒了智慧与良心？心不在焉有可能展现怎样的奇景？而奇祸是怎样最后变成了奇缘，而奇缘又是怎样地怒放为奇葩的？

与古井无波相比，你宁愿意接受高潮迭起。与槁木死灰相比，你宁愿意欣赏神采变异。与如钟表一样准确相比，你宁愿意收购一只有时会发疯有时会打盹有时会成精即鬼魂附体的计时器。

你知道“错错错”“莫莫莫”带来了多少感动，你知道不可能为了政治正确把陆游的《钗头凤》的主旋律改成“对对对”“行行行”。让我们设想一下陆词从“东风恶，欢情薄。一怀愁绪，几年离索。错！错！错！”改为“东风劲，欢声动，一派豪情，战无不胜，我是一贯正确了呀，确确正！”

同样，是“终身误”“误桃花”“枉凝眉”“红衣脱尽芳心苦”“当年不肯嫁春风，无端却被秋风误”……这些著名的词牌和词句感动了世代国人；就是说，恰恰是终身都耽误而不是那位爷似的“一贯正确”，是“误桃花”而不是“我与丁香看对了眼”，而“枉凝眉”当然无法被取代作“心想事成”，“……芳心苦”也做不了“不管穿啥都上幸福指数”，那么“……秋风误”呢，怎么可能是“当年不肯嫁你哥，嫁了个瘪三考上状元，你大姐俺也做了一品命妇！”

43

你说，你已经八十大寿了。就在昨天夜间，你还做了关于错误、贻误、阴差阳错的奇梦。你骑着自行车去赶火车，这本身已经漏洞百出。你停不下你的自行车了，因为你的车子飞奔在陡峭的大下坡路上。你捏不住闸，也降不下速。这实在是奇祸。你年轻时候多次梦见在深夜关键的转车场合误掉了车。你误车已经误了六十年。误误误，夫复何言？这次的从自行车上下不来比任何一次梦境都简单也都荒谬。

做这样的梦是不是有一点浑不论（读吝）？你居然在梦里也还没有完全丧失应变与抗逆的能力，你设法掉车头，你很好地掌握了车把，你掉转了溜车的方向，你判断如果你从 A 到 B 走的是下坡，无法制动，那么相反方向，从 B 到 A 就一定是上坡，就是你不制动，位置带来的势能也会让你的车轱辘迅速停传。奇异的是梦里的上坡并不降速。你与火车越走越近的时候看到了火车的启动开行，你听到从小就听惯了的火车的铿锵作响，温暖而又孤单。你在最关键的时刻与你迫切需要登上去的车厢擦身而过，至少有三张车窗内的脸孔像是等待你的知音知己亲爱，你的精神安慰。你怒而飞，像庄子描写过的那样，丢掉了自行车。你火速地追逐着火车，问题是你终于上了车，你赶上了车次。却找不到亲爱的安慰了。当然，只是说明你的梦的耐性没有等候到你找着你要的人，梦里没有找到的，醒来不妨接着找，反正你已经上了车，就像那位文学的瘪三自称赶上了车一样。你怎么赶上的车，跑？跳跃？像道士一样地作法？你已经梦不清楚了。你到老也缺失把梦做清晰做实在的功能。

这样的梦宜于三四十岁的人做。更年轻的人不但总是赶得上车而且赶得上飞机直到枪弹或者导弹。七八十岁的人则根本没有必要赶什么车、转什么车、上什么车。这样的梦其实有一些差失，这样的梦显得仍然幼稚，而且说不定预兆着一点灾难。

差失在语词中完全不与奇祸沾边。它们不是同义词。但是生活中这二者完全可能绑在一块儿。因为生活中有人为的成见、挑剔、怒火、刚强、偏见，作威作福，作灾作祸也能作幸作兴施恩。怒火滔滔，使人伟大。仇恨滔滔，使人威严。悲愤滔滔，使人强悍。而习惯了呼幺喝六刮风打雷的伟人会沉迷于兴祸的霹雳般的宏伟。奇祸滔滔，使人终于学会了苦求自己生活中的奇缘，欣赏自己的命中奇葩。于是有了那个夏天。

毫无道理或者自有定数，那一年的春天你已经感觉到了无比的烦闷，你已经觉得事有蹊跷，你已经有满地找牙的狼狈与尴尬，你已经料到平安无事，则无天理。

因为你已经在阳光中欢实了九年，沉醉了九年，长袖善舞，多理不辱。你在不到二十三岁的年纪想着的竟是"没有功劳也有苦劳"。我们是吃苦的一代。我们有吃苦的文化与宿命。你已经忙忙活活、热热乎乎、会上会下、人前人后殷勤了三千个昼夜，你为什么在这个不平凡的夏天有一种不祥的预感，你为什么有某些不对劲的地方？

是因为《武训传》里的小桃姑娘吗？饰演者王蓓，她也演过郭沫若话剧《屈原》里的婵娟。她是作家白桦的妻子，过早地死于癌症。是因为被责难的小说《我们夫妻之间》《洼地上的战役》？那神经质的路翎与可怜巴巴的萧也牧！是因为一切许诺都实现得飞快，超快，而飞快地实现了的好梦，却因为它们的轻而易举的大功告成而退减了当年的光泽？同样轻而易举、手到擒来的是一把抓出了一大把害人虫、豺狼，一抓就抓出来就闪电降温冻僵了的毒蛇。嗷嗷叫的义愤，乒乓乒的声讨，棍帽漫天飞的二人转式混战，狗血喷头的典礼，有枣三竿子、无枣三棒子的天真烂漫。历史是不是正在变得随心所欲、要有就有、要没就没，忽东忽西、上天入地？

于是忽悠成了群众运动的法门，大话成了泰山压顶的软硬实力，人的命运可以任意摆布，白与黑也完全失去了确定的分辨。

是在弥天的大雾里吗？你只不过离开海岸游了十几米，你突然发现你已经埋在大雾当中，四面无岸，无人，无东南西北，无上岸与下岸的区别，无出发与返回，无安全与危险的选择。你好像是在一间大房子里，你突然觉得难以辨认，你忽然觉得四面陌生，你问自己：你究竟偷了谁的牙膏，还是钱包？你究竟是强奸了妇女还是出卖了自己的母亲？那是在你宴请你的友人之后，你们吃了许多，你理应缴纳费用，但是在你离开餐馆之后突然发现你没有缴钱，你竟然损害了合法经营的餐馆老板的利益。而且你怀疑，如果你回去缴钱，你很可能被当作欺诈的骗子被警察带走。你怀疑自己是不是穿好了裤子，是不是遮住了你的不雅的器官。

抓住他，抓住他，你听到了愤怒的合唱。大雾中分不清东南西北，主要是找不着岸。跪下吧，跪下啊，你听到这样的悲从中来的呼吁。你有罪，你有罪，你听到了公审的判决。人民振臂高呼：枪毙他枪毙他！你无法不相信你的耳朵。你被转弯子旋转得头晕目眩。你想躲避又不像应该躲避。晕眩不是躲避的理由。躲避恰恰是有错有过有罪的证据。有罪就提供了枪毙的必要性与可能性。枪毙就标志了罪过够呛。够呛了当然就不可以蒙混过关。

原因不明，情况不清，过失当然有，罪孽自要负受，命该如此，不可惺惺惜惺惺，不可水遁土遁风遁火遁。到了这个份儿上还有什么锦囊妙计？诸葛亮在世有什么用？马克思到了这儿，可咋办呢？戏里有此一出，运里有此一卦，诗里有此一联，小说里有此一章回，渊薮里有此一泉眼，武林里有此一招式，世界里有此一周天。一帆风顺的结果必然是祸从天降，手到擒来的结果是一大串磕磕绊绊。洋相从此开始，好戏从此连台，碰壁成为游艺，痛苦变成了趣味消闲的佐酒小菜。咦！

44

米多，米多，让我们随《杜鹃圆舞曲》而起舞，而至于其他。米骚骚米多米瑞。你的胜利轻而易举，如今要偿还这一轻而易举。多米，多米，你自以为已经站稳了真理，如今要让你想想凭什么你个乳臭未干的毛孩子能做到对于真理的垄断。哈哈哈。拉拉骚。你的自信超凡过圣，如今要偿还这一超凡过圣。米多，你的自负少年得志，颐指气使，如今要纠正这一得志与气使。米骚拉骚米，你的自恃居高临下，如今要打打你的臭威风酸得意夸张语词与大而无当的幌子帽子。咦咦咦。木秀于林，风必摧之，堆高于岸，流必湍之，行高于人，众必非之。伟大中华的智者，两千年前已经看得这么透。一棵树长得比其他的树木更秀美葱郁，这就是对其他的树，就是对整个树林的大胆冒犯，就是犯了众怒，就是与集体主义为敌与人民为敌。当然拉拉西拉稀。土堆石堆，过于崇高伟大，高过了岸，自然成为水流的阻碍，自然首先被大水冲跑冲垮。而行事的见识、质量、风度与成色超出了常人呢，那就是逞能、好强、猪鼻子插葱装象，裤腰上别死耗子，假充打猎的；也就是你丫夺人一头，刺激群众，那就是脱离了平凡，那就是向多数挑战，那就是没有站稳脚跟，那就是国民公敌，就是社会的陌生人，是为格格不入，直取灭亡。呵呵呵，发发发，有发烧的时候，就有退烧的过程，多西多！

接着该是和合了的会遭到离间，成就了的会遭遇毁弃，纯洁的尖锐与凌厉转眼就被挫伤折断，高贵、文质彬彬、得体的行止更易引起粗夯强横的人们的物议，有所建树的结果是被指责为做得远远没到位，贤明清正至多被看作谋略超人，而你做得差了呢，谁能不骑着你脖子拉屎？

不。不必去抱怨嫉妒的丑恶，还有所谓人心之险险于山川。这样的说法本身就够凶险的啦。

你应该反求诸己。你自以为聪明，你实际上在反讽旁人的拙笨。你自觉智慧，你实际上是蔑视旁人的愚朴。你追求高远，你就是想贬低他人的鼠目寸光、鼠肚鸡肠。你秀你的善良，哪怕是真实无比的善良，其实也是意在反衬，无意间反衬了那位爷的变态与凶神恶煞。

他们怎么不能因你的登高跌重、噩运立马到来而通体舒泰，如同喝了美酒，吸了名烟，睡了美女！你的噩运就是被你几乎压倒了的凡人俗物们的机遇，机不可失，时不再来，不压倒几个名人官人才人仁人高士，众人何日能出上一口鸟气，以为世界的一切人与事靠一个狗屁真本事，那才是日月不公、湖海不平、阴阳不调、四时不序，叫作世无天理！

多米骚，随它去。难以避免，自然有它的理由。米瑞多。你自己也有缺点嘛。米骚多。欢迎多提意见。叫作洗脸扫地,治病救人嘛。拉拉骚。我他娘的敢情已经跌入了泥坑,我他奶的眼看就要没顶,同志,你的斗争我原来是为了我而斗争,开炮吧,再狠一点,再加大一些火力!这样的批评与自我批评搓泥洁体,揉通经络,恰如刮痧、拔罐子、针灸。瑞法拉,啥事不是一阵风?我们有我们的绝门,中华绝活,政治运动里的落马人数,其实有定额,该玩它仨不能是俩,该多少您可别偷工减料,比多稍稍多一点,一般更好。拉拉西拉骚多,多多多多骚拉多,这也是一种生活方式。

中国的文明太老到,太辩证,太以柔克刚,以静制动,以弱胜强,以不变应万变。所以要有大动静、大折腾、大手笔、大踏步的前进后退。米米米,最小化了的批评与自我批评也会培养出老油条,那就给你来一场大补大泻、大起大落、大开大阖、大喜大悲、大轰大嗡、大杀大砍,好的,你们讲得太好了,你们在挽救我帮助我体贴我拉扯我。你们是我的亲爹亲哥亲姐亲妈,拉拉拉拉拉……

那时候你深信帮助这个词,你深信不疑的是那种批评义愤,不论是什么样的无中生有、信口开河、蒙着老瞎胡说、捕风捉影、随声附和,反正都是意在帮助,意在为善,多听听有好处。与人为善的发言迸溅着泪花。后来也确实看到过把他人帮助到地狱里的故事,但是,帮助的目的仍然是为了你升入天堂。你确实没有达到过被帮助得要死要活的地步,你确实是常常逢凶化吉,遇难成祥,你的经验恰恰相反,不能说没有人口蜜腹剑、别有用心,意在推你下火坑,但是你的善良将他的下地狱的发力硬是化解成了亲爱温馨,最多是按摩加力,从爱到爱,最多是哪位兄台帮助得过度了一点,傻帽了一点,艺术化了一点,按摩按得肌肉皮肤挫伤。

演戏需要艺术的夸张,您太艺术了太夸张了就像演戏。此话当真?当真。此说果然?果然。帮助帮成了演戏,亦无大恶。啊,我爱你,你是我的太阳,你是我的阳光,你是我的生命外加死亡,你是我的所有,你是永远不落的红大洋!注意,是大洋,即银圆、天罡、袁大头和孙中山的站人像，不是太阳。这当然无伤大雅。

那么，同样的道理，你是披着羊皮的豺狼，你是女鬼画皮，你是应该三打的白骨精，你是帝国主义与国民党反动派的代理商，还有什么罪恶滔天，罪该万死，自绝于人民，自取灭亡，化为齑粉，牛鬼蛇神，魑魅魍魉，黑云压城城欲摧，堡垒从内部攻破很平常。米瑞多米骚拉多！于是源于生活，高于生活，于是真真假假，曲曲直直，抓抓拧拧，刺刺扎扎，沉沉痛痛，嘻嘻哈哈，叽叽喳喳，哭哭搡搡，深文周纳，严丝合缝，行为艺术，欲擒故纵，既然有了艺术的真实性，自然也就有了艺术的虚构性、想象性、随意性，行云流水，云成雷电，水成洪波。但肯定也是欲纵故擒。人生得意需要尽欢。人生悖谬需要尽臭。政治运动搞得像小说评书一样稀奇，一环扣着一环，诗一样饱满，戏一样激烈，曲一样酣畅。那是真情实感，是未收割的行为艺术篇章。

抓运动，整人，可真让人上瘾！

亲爱的朋友因了你的走错了路而落下了眼泪。亲爱的同志因了你小子的政治不正确而气得眩晕倒地，四肢颤抖，血压二百五，脉搏一百八。亲爱的领导因为你的虚怀若谷从善如流而首肯了你宽大了你。亲爱的人民因了你的什么都承认什么都接受什么都低头而饶恕了你。在人房檐下，怎么不低头？而且不是他人的房檐，是你小子自个儿的房檐。是你的家，就像小兵张嘎死了奶奶后仍然有家——抗日游击队。除此房檐，并无他檐。骚骚骚米骚骚多拉骚骚骚！

你从无二心从无三意，你从一而终，一条道走到天黑。亲爱的太阳仍然照耀你再照耀你。亲爱的月亮仍然浸洗你再浸洗你。亲爱的星光仍然闪烁你再闪烁你，亲爱的春风仍然抚摸你再抚摸你。亲爱的皮鞭，仍然抽打着你再抽打着你。就像你是一只小羊，跟随着你的姑娘，姑娘拿着细细的皮鞭，不断地，轻轻地，抽打在你英勇机警的小伙儿脊梁背儿上。

如果你坚持认为她是你的姑娘，谁能说她一定成不了你的姑娘？还有亲爱的棉袄，仍然保暖着你再保暖着你。咦！咱们是亲上更亲，热上加热,打是疼骂是爱,不打不骂拿脚踹,臭豆腐越臭越香,鲜花儿越凋零越美丽得天旋地转海枯石烂风吹马尾千条线!马尾巴的功能,你上过这一课吗?

错误或者没有啥错误这并不是问题。有错庶几乱棍打死,昭雪只需一风吹,一口气儿。谁能无过?谁能免祸?俄国著名戏剧家奥斯特洛夫斯基的名剧的题目。问题在于奇祸是确实发生了,奇祸的发生不存在任何问题。说发生就发生,发生没商量。奇祸到底有没有成为货真价实的奇祸,这反而是一个值得探讨的学问话题。错误感派生了负荆请罪的身段,负荆请罪并没有能规避奇祸,但请罪是人生大学的必要的一课一个段子,它对于锻炼腹肌与形体训练的作用不下于仰卧起坐。这必修课里包含着气功、腰功、腹功、头颈功、轻功、傻子功。奇祸引发了鲤鱼打挺,鹞子翻身,猫窜狗闪,蛇行鼠钻,就地十八滚,金钟罩,铁布衫,梅花桩,蜻蜓点水,且看下回分解,端的是好身手也。

45

跳出了圣界官界,谁也不是什么特殊材料制成的,与百姓就此建立了奇缘。新鲜的环境与位置创造了新鲜经验,创造了新鲜的面色、表情、自嘲、自慰、脑内存与话语容量。掉进了阴沟后基本上无处再掉落。遁到了遥远处后已经无法再远走高飞。登高必跌重,跌重便不为高低尊卑而烦闷。重跌后的舒适自得天下第一。叫作认熊,随遇而安,自无不安,洗尽铅华始见真。中华文化的适应能力代偿能力应变能力抗逆能力无与伦比。人不堪其忧的后果当然是您老人家不改其乐。其乐也融融,能融就能乐。

水满则溢,水涸则润,水干了等着它再冒泡。月盈则亏,月亏则星空灿烂。当上康德与大官的优秀人物都欣赏星空灿烂,没有当上康德与大官的丝丝稀稀人物也都在那里做文化状,在星空灿烂的同时从事着天下第一的农村劳动,春播夏耘秋收冬藏。被清洗以后我们绝不自外,我们你们他们她们仍然在一起在一起,和工人农民在一起,这明明是抬举:当我们在一起,其快乐无比!

我们归根结底是一家人。批判斗争的与被批判斗争的,其实是一个模子里出来的,一个子宫里成形然后呱呱坠地的。叫作一个球样、一丘之貉、一江之鲫、一麓之荆、窝里斗、斗一窝,蛤蟆闹坑。乱喊乱叫的仍然是军民一家亲、阶级弟兄,兄弟阋墙是我们的特色,是我们的悲哀,也是我们的优势。本是同根生,相煎何太急?正是同根生,相煎所以急!同根煎不急,更要煎谁个?从历史上说,不是同根的,我们压根不乱煎!

所以,一旦时机成熟,来了机遇,您猜怎么着?说声泯恩仇就立刻握手言欢,说声一风吹就立马干干净净,说声搞错了,立马接出冷宫坐热板凳,查明二十年前下的崽根本不是狸猫,接着当然是龙驹凤辇进皇城,就任皇太后,甚至让包黑子打两下龙袍……就您,能不芝麻开花,能不节节高吗?

其实咱们都是一样的人,我们互相认同,我们认同归一,认祖归宗。我们是好同志,良民,劳动人民,工农弟兄姊妹,都听领导的话。批评是为了帮助,斗争是为了抢救,泰山压顶是为了教益深刻,狗血喷头也是一种中医药经络淋浴。没有看清认准标题就批个不亦乐乎,也算是表现了忠诚与紧跟,他们缺少的只是知识,只是头脑,他们不可能对你有更坏的意思。

当你以善意对待的时候你确实体会到的都是善意,求仁得仁,求善得善,求友得友,求爱得爱。另说,求敌得敌,求怨得怨,求痛得痛,求痒得痒。求大发了至多有一点幽默,有一点通俗,有一点布朗运动,有一点以其昏昏使人拈花而笑……虽然你有必要不时哭丧着脸,同时你积攒着笑意笑料,段子包袱,心知肚明,心爽肚阔,头未摇而心旌荡漾,俊未忍而笑逐颜不开,不开盛开,胜于大开,草蛇灰线,收拢于无迹。

于是你不再少年意气，自吹自擂。你不再高端哲理，救世救民。你不再做报告读苏联一腔悲壮英武。你不再分析汇报动态语扫三军。你缩脖低首，你摧眉折腰，你一脸的谦虚与麻木，但是你并不十分悲哀更谈不上气愤。

你从来没有悲观失望。你略略觉得可喜，天下诸事岂能不见识见识？十四岁就革成了命就握紧了历史的缰绳，外带朝代马鞭马刺，二十二岁已经名扬海内外，何不及时来他个底朝天，船翻人溺，游泳得好又何必要救生圈？那可是洗了个大澡，人人都是按摩小姐小伙。玫瑰玫瑰我爱你，蔷薇蔷薇处处开，小人澄清处处埃，君子固穷且开怀。

角色不过是角色罢了，角色就是人，人就是角色，然而人比角色更大更主体，人应该会角色；好角赖角，都要胜任愉快。洗澡搓澡，都要干净清爽。您到哪儿说哪儿。移步换景，无限风光在在缘。痛苦使人文学，文学使人超越，尴尬使人机警，机警使人潇洒风流。潇洒风流使奇祸变成了一种特殊的旅游服务。人生本是漫游。骑驴看唱本，走着瞧吧，您！

后来的改革开放大潮中，京郊农家乐旅游中，有一处设置了供游客享用的石头砌成的“监狱”，因为少量游客愿意体验一下被关在监狱里的滋味。

这是一个迷惑，作为旅游方式的天降风云灾祸，如果强调了体验性假设性，缺少真实感与考验的分量，游戏人生历来并不受待见；而夸张的不测，表演意味溢于言表的“有事”，加上主体的过于自信而且相信他人，又使他多少带上了被观光的意趣去迎接突变。如果主体还是个写作人呢？他是在倒霉吗？他是在寻找刺激吗？他是在且战且看时不时跳出三界不在五行，最后仍然回到了内宅。是在找乐吗？他是在为了科研或者“体验生活”而上山下乡、深入生活、调查研究，不但深入农民的生活而且深入政治事件的摸爬滚打、阴谋阳谋、超凡入化、恩威并举、翻手为云、覆手为雨吗？

是在寻找新的因缘。因缘启动了因缘,栽下了常青树。

想来想去奇祸了半天声讨了几个月口诛笔伐念念有词了半晌,它更像是从小就见惯了的家人吵架。批的被批的其实是同室操戈自家兄弟姊妹父母子女亲上加亲要求爱上加爱才可能恨上加恨。家人国人吵起来,痛心疾首,义愤填膺,一把鼻涕一把眼泪,说话唯恐不狠,伤人唯恐不毒,动刺刀唯恐没有见红。委屈不可谓不大,仇恨不可谓不深,真心实意地认为对方不忠不孝不仁不义忤逆匪类,丧尽天良,恩将仇报,吃了我的饭还要砸我的锅,应该活埋火烧。如果当时有刀子,他们不是没有可能互相捅了刀子,至少是做捅小刀舞,捅小刀二人转。如果当时有绳子,他们也不是没有可能互相捆了绳子,至少是做捆绳子的魔术杂技毯子功垫上运动。家人国人,注意情感文化、情感政治、维护我们的至亲至爱的大家庭、人们就是这样地重激情重道德重人伦重孝悌忠信礼义廉耻父慈子孝夫妻恩爱君明臣忠还有师徒如父子,朋友义为先,结草衔环,肝脑涂地,涓滴之恩也要涌泉相报,睚眦之隙也要夷其九族。一家子都这样自命也都这样要求与衡量旁人,能不动辄闹它个地覆天翻?尸横遍野,血流成河?他们互相能够恨得咬牙。而一旦这个劲头过去,一旦时过境迁,一旦谁谁做了一点暖人心的表示或共同碰到了一点灾难,也许不但是一言泯恩仇,一动成温柔,而且是你搂着我我搂着你,热泪滂沱,千恩万谢,对天鸣誓,香甜如蜜,蜜里调油,腻乎得难分难解。后来你果然听一位老夫子说道:国人家人尤其是夫妻两口子间或妯娌间,闹起纠纷来正如做爱,不达高潮而予以平息撤销,那是要多难受有多难受的事。

那么国人家人的政治斗争,算不算是认真的呢?越是情绪,越是夸张,就越是认真,也就越是作秀发泄。

莫非这也是假作真时真亦假,无为有处有还无?信则有,诚则灵。你强大,你坚决,你发狠,你具备天才的想象力。你不承认,于是有的,可能当真变成了无,无的,当真变成了有。你把天上的星星认定为钻石,你要拿竹竿不屈不挠地打下星钻来,这多么像是一个美丽的错误啊。你将美女视为毒蛇,你立志不近女色,而且拆散许仙与白素贞,你不是也成功了吗?

是的,你只能是等待高潮的渐渐起来,达标,然后才能慢慢结束。你在高潮中获得的不仅仅是快感,你获得的是生命的回旋加速,你释放的是几十兆的电子伏特。只不过有时候等得有点辛苦而已。

高潮的你与高潮的她,还有高潮的他与它,你们应该怎样地自我定位、自我理解、自我处置、自我安慰而且自我承担责任义务呢?

而如果只是被高潮,被怒火中烧,被当真得发疯,被乱箭钻身状,难道你也会随着跟着装着当真肝肠寸断起来、疯狂起来?

你笃定要完全地正视这不一定百分之百地需要正视的粗鄙的、诚恳的、激动的、发情式的大家庭内部的亲亲之斗吗?

你应该正视灾祸、挫折、失误,因为这里有哲学的必然性与命运的终极性,还有,人生的悲剧性与你本人的永远的幼稚性。你又不能过分当真地对待它们,因为这里有性欲式的生物性荷尔蒙性肾上腺激素性与喜剧性,有一犬吠形、十犬吠声的起哄乐趣,有盲目追随的弱者的凶恶性,甚至于嫉妒、自我庆幸、报仇解恨之类的内心波澜,也是在他们趁机发泄了平日被压得抬不起头来的心头郁积以后,才些微地得到觉察与缓解的。

如果没有专门修理强者的灾祸连连,你可让事事不如人处处不如人的弱者们怎么活!

就是说奇祸里是有水分的,正如伟大的胜利当中也难免有水分的调剂与缓冲。

你本人也是有水分的,胜利与体会胜利,灾祸与体验灾异,错误与承认错误,批倒批臭与被倒被臭,义愤填膺与会上的表现义愤填膺……你需要更老到更成熟些。

奇祸的生机,盎然的水分之一种,就是漫游的机缘。

46

于是你上山下乡来到大核桃树下。你坐着火车穿过了二十九个山洞,你告别新婚的妻子,你含着眼泪吃下了出发前的鸡蛋挂面。你在伏天背着行李卷走了六个小时,翻越过两座大山。原来在山区出汗是这样爽。臭汗过后,你遍体生香,善良之香,才华之香,超越之香,抖擞精神迎接考验的健康正派之香,混合了山风山景山石山林树叶杂草溪涧瀑布的天地日月之芳香。你岂能不天高地阔、心旷神怡、形全心旺?你岂能不唾弃鼠目寸光、患得患失、顾影自怜、斤斤计较,像那位爷那样?你一天一毛二分钱的伙食标准。你呼吸着熟萝卜与腌蔓菁疙瘩的臭香温热之气。尽管咸菜缸里少不了几只死苍蝇。小小寰球,有四个或五个苍蝇淹死在你屋的咸菜缸里。连八百万反动军队都不怕,难道你还怕苍蝇吗?连死苍蝇都不怕,难道怕什么狗血喷头戴帽摘帽上纲上线夸大其词吗?

我们有广阔的原野。我们有巍峨的群山。我们有轰鸣的河川。我们有淳朴的农民。我们有花样翻新曲折逶迤的前景。你的一切根本不算开始,你的政治小儿团的生涯童话刚刚开始落幕。美丽的娃娃童话仍然留存着正面的记忆与谈资,能量。终于你不再留恋不再没结没完地爱恋。戴罪之身何牛皮之有?戴罪之身的攫获就是自己的“罪”,罪可有可无,可大可小,说有就有,说没就没,全看上意英明,恩威全都感动,赶上什么您就算什么。有罪之身免得轻佻,有罪之身一步一个脚印。你背起了荆条编织的背篓。背篓编得有模有样,有平面也有凹凸,有角有棱也有过渡的圆弧。背篓就是山区,就是山区的壮实的农民的腿和腰,就是憨直与刻苦,也有劳动的艺术形象与全新感觉。何必那么敏感那么神经,明明有减轻硌压的棉垫,有手搓的绳带。你走在蜿蜒的梯田山路上。云如飞絮,路如飘带,田如扇面雕刻,树如亲友护持,列队欢迎。乐莫乐兮新相知,并心相知。视野从新开拓。

视觉从头明亮。心身再造，一干活手指粗上加粗，一爬山小腿劲上加劲。你越爬越高，你放眼此山彼山，山上山下，白云蓝天；你听到鸟鸣，听到群鸟飞起的扑扑啦啦的声音，你看到山雀云雀山鹰山雉。你辨识着大叶的核桃，齿叶的山楂，长叶的板栗，多叶的橡树老百姓叫玻璃树，峥嵘的大枣，巨叶的槲栎树，黑皱的杏子，黑褐的山梨，褐里透红的山桃，遍野的荆棘，满天的蒲公英。你用左手与右手的大拇指与食指围成一个圆圈，你调动起真气，把内气元气集中到手圈里，背起一百二十斤的粪土从山下往山顶走，背起同样重的粮食和白薯土豆的收获再从上往下走。你走上两步汗水唰的一下子浇灌了下来，你已经汗流浃背，汗水淹痛了眼角，汗水冲湿了屁股……你知道山里农民世世代代都是这样爬上爬下的，你相信已经迷住了眼睛、杀疼了脸颊和脖子的汗水，定能够洗涤污浊、健康身心、排毒祛邪、添福添寿。春天的春天花是多么地香，秋天的秋天月是多么地亮，少年的少年我的娘是多么地快乐，我渴望着洗净遍体的肮脏！

你当然相信劳动的汗水的必要，共产党的理论的迷人之处恰恰在于它对劳动的赞美与推崇，而劳动者是人类的大多数。劳工神圣，谁敢向劳动人民叫板？建立一个工农国家，一个唯劳动主义的社会，一个以工人阶级为领导、以工农联盟为基础的新中国，而推翻、颠覆、扫除，哪怕是彻底连根拔掉那些不劳而获的寄生虫、吸血鬼，消灭那些养尊处优的地主老财资产阶级，消灭那些又肥又蠢又懒惰又丑陋的吸血鬼老爷太太少爷小姐。

我们还不够，你们还不够，我们要偿还几千年的阶级社会的孽债，我们理应为几千年的剥削阶级退赔担当。铁锹才可亲，锄头才可爱，背篓才贴身，镐头才顶用，骡马驴牛，土石山水，虫鸟花叶，哪一样也比小资产阶级们的酸溜溜嘁喳喳更健康更诚恳更动人更纯洁更晶莹剔透。

你需要的不是繁华的大街，是山里的岩石。不是生产与收入的提高，是艰难疾苦的亲历。不是对于机械化自动化的幻想，而是脸朝黄土背朝天的土中求食。你需要的不是自以为是,而是自以为非,过去种种比如昨日死,今后种种,比如今日生。言而总之,哀兵必胜,置之死地而后生。未知生,安知死?未真死,只可生。你就不能将就将就?

这是理论,这是激情,这是生活,这是手舞足蹈,这是醉拳,这是奇缘,这是中国发明的街舞,这也是文学的夸张与浪漫。这是口吐莲花,这更是口吐惊雷,霹雳轰顶,分难解难。历史的威严劈砍抡砸,谁能躲开?这是呼风唤雨,也是撒豆成兵。这是祖祖辈辈爱听大戏的潜移默化,一张口就是大放悲声。却又是官方提倡着大喊大叫,也是彻骨痛切的真实。这是别开生面,风云变色,出乎意料,言之成理,云霞遍天,新意盎然,敢说敢干,出口就是侃大山、填大河、抡大锤、翻大天,大人虎变,难测愚顽。这也是历史规律,不依人的意志为转移,是历史的命令,历史的客观必然,顺之则昌,逆之则亡,一昌一亡,善莫大焉,戏莫大焉,破闷解愁,趣味悬念,生正逢时,您赶上了点儿,您赶上了天翻地覆,风雷滚滚,把颠倒了的世界再颠倒它老家伙一个底儿朝天。

壮志豪情撑破天,一天等于二十几年,超英赶美就在眼前!更用不着怵苏联!你爹赶上了吗?你爷赶上了吗?你儿孙又能上哪儿去赶?剩给他们的也许是没有出息的"小时代",小兔崽子白吃干饭!小子何德何能,赶上了大戏连台,大雨轰隆,大话撞宇寰,大路上九天,咸与荣的焉!说来归其你仍然享受欣赏,如诵名篇,如涌醴泉,"同干一杯吧,我的不幸的青春时代的好友"(普希金),乐在其中,苦在其间,屁颠屁颠!过了这个村,您找不到这个店,红店黑店花店黄店,过了这个高潮,你上哪儿找这样的丰乳肥山!

47

何况还有鲲鹏展翅,即使不够九万里,也仍然是八千里路好江山!砰砰砰砰,梆梆梆梆,铁轮砸到了铁桥边,日月轮值在戈壁滩,我欲乘风西去，何愁那里有什么尴尬艰难，边塞遥远？只喜欢苟日新、又日新、日日新，雪山冠玉，黄沙如金，红柳胡杨，沙枣骆驼刺旋，大漠无垠，绿洲如锦，甜瓜如醉，季节河波涛滚滚湍湍。我们的生活比蜜甜，随你窝囊废才说什么苦比黄连。我们是革命的老黄牛，千里马，老愚公，白求恩，刘胡兰！小车不倒你就往前蹿蹿蹿。我们的壮烈大无边。我们的豪迈包着天。我们的聪明赛神仙。我们的烦闷不值一文钱。我们的激情倒海翻山。

只是形势发展得太快了，有时候你有点晕。有时候你有点喘，有时候你口中发干。有时候你找不到真正的自己，是那个不通世事的小孩子吗？是那个蓦然警醒，一心献身的少年志士吗？是那个胜利在握，真理在手，理论冲天，豪情翻番的少年得志者吗？是那个才高八斗，气壮如虹，爱哭爱笑，爱显摆爱烦恼爱激动的如鲁迅所说的瘦诗人吗？全乱了套喽。

其实解放后的诗人都越来越胖，所以说是受苦的人个个把身翻。是那个转瞬间变成了异己的阶级敌人的罪该万死、罪不容诛、罪有应得、登高跌重的倒霉蛋儿吗？你是哪一个？哪一个是你的寒碜？哪一个不是你、不全是你、全然不是你、干脆是你丢了你自己？

有时候你找不着北和南，日本占领军，美蒋政权，香的臭的是苏联，又革命又错误的是小子，三下五除二的是祖国，胜利接着胜利紧接着受挫的是伟大的事业声声喧，黑猫铡草，祖母西去，梨园只有梨树可绝不唱戏，终于唱了一出《除三害》的是哪一位？接头暗号照旧，稀里哗啦，秧歌舞凯歌连连。然后你如醉如痴、如歌如玩、如书如戏、如起哄、如苦笑、如弄假成真、如网开一面、如难得的盛举、如千古奇冤、如河东河西，也不过是三十来年。一风吹过白茫茫无际无边。如人生的奇颜奇遇奇书奇谈，奇祸不妨变成奇葩，谁又能不鼓掌惊艳：歌唱俺们的奇志奇思奇缘奇迹奇举照亮了东南西北好几方大好河山！

48

然而暂时不必扯得那么远。让我们寻找庄子的“道枢”:大道的枢纽,一个个同心圆的圆心、核心、轴心。让我们寻找那个从失误通向奇祸,从奇祸变成奇缘,再变成奇葩的成功之路正端端!

它就是那棵应该上吉尼斯大全的山村的大枣树。

尽情地去想象那枣树的树围与树冠,枝杈与密密麻麻。枣树的力量在于它的峥嵘,直到狰狞、粗糙、多刺、龟裂,像久经沧桑的从愤青长成的愤佬老师。身为一个并不美观、花儿也远称不上明艳、树干又绝不光洁的北方的枝枝棱棱的枣树,动不动被相信那样做可以提高枣子产量的农民砍上几斧几刀,而收获时节又受到那么多野蛮与粗暴的攻打,这不能说是幸运的吧。同时它又是那样雅俗共赏、老幼咸宜、干鲜俱胜,遍体伤痕,正是被孔子、中医、厨师、政治领袖与士农工商孩娃儿交口称誉。它从俗、随和、亲切、拙而大的树干树枝上悬挂着小巧、高产、低廉的大路货。而你这个戴眼镜的书生,你这个被认为是神经兮兮、想入非非的小资,你居然敢于爬到了大枣树的高枝!能不向你致敬?局以上干部中,谁爬过这样的树?出过文集的写手里,谁吃过这么多枣?你摇动树条,枣儿大雨一样地落到地上,哗啦哗啦。然后你抄起了竹竿,你挥竿痛打,像痛打阶级敌人,像痛打美帝国主义,像痛打你自己的自私自利自得自负。满树的枣落下来砸痛了你的脑壳。你顺手抓了一个红得出彩、鲜得出水放光的枣子,你咬了一口,又酥又脆又生又醉又甜又嫩又肥又香又媚的枣儿,奇香满口,口生浆汁。

你相信聊斋上的仙人一天就吃这样的三两个枣,他们身轻如燕长生不老。你相信深山里的狐狸吃了这样的枣儿才变成了美女。你相信多吃枣子能够安神补血益寿延年,至少,在一个缺乏营养的村落,在一个供应匮乏的年代,枣子成熟的时候使人民公社的社员即光荣的你不够格儿的人民大快朵颐。你又打又吃，又摇又挑。你玩得如同回到了少年时代。可惜的是你的她没有在身边。我也是无产阶级！不是无产阶级敢于上那么高的树？小学生时期你只上过桑树，够桑叶与桑葚。桑树与枣树岂能相提并论？

你居然敢于爬满身扎刺的枣树，就因为你已经遇到了奇祸，你已经掉价贬值，你不那么在乎你自己了，你已经早在那时候就预感到了彻底贬值的结果对于有些人是崩溃是成为无赖下三烂，而对于你来说，你在成为奇葩一大朵。你甚至还想逞能，想再往树的高端去走，使得众农民努力劝阻。你要欣赏山村的辽阔，你要呼吸山区的清新，你要显摆你的貌似弱小实则矫健的身手，你也为新熟的枣子而垂涎欲滴。让我们享受秋天，让我们享受山峦，让我们享受乡土，让我们享受自然，让我们享受枣子的无比的清新与自然、无比的润泽光鲜与椭圆，让我们享受自我贬值后的神奇的草根感解放感开放感与大地人民融合为一感。

当然，它也与你与康德牛顿等等一样，有它的失误与弱点，它易于诱发消化不良，排泄的时候带着碎片与泡沫与未有太大变化的红色容颜，正像我们的历史与时代，无比鲜活热烈的同时也具有诱发消化不良的危险，消化不良则引起高烧发炎，囫囵吞咽，腹痛肠绞，我们太匆忙，我们太心急火燎，我们太急于求成啦。即使如此，枣树是我的骄傲，我们终将消化掉那个夏天与秋天。

毕竟，我们还是痛快淋漓吃过大枣鲜枣。痛快地吃进去，又痛快地拉出去了。朝食红颜晚排血。种枣子的人万岁！吃枣子的人喜欢！我们的消化能力将经受得住培养锻炼。我们将消化所有的尴尬艰难急躁危险枣皮枣肉枣核。消化力万岁！吃枣子的人永远！快乐的人万年！奇祸原来是奇缘！奇缘原来是奇葩，奇葩原来最鲜艳！花不我开谁来开，花不我艳为谁艳！何德何能，你小子全都赶上了点儿！抗日救亡、革命造反、悲情宣誓、胜利凯歌、开天辟地、红旗飘扬、歌声嘹亮、呼风唤雨、全新篇章、历史在握、美景在望、口号连天、战斗打响、怒火熊熊、豪言强壮、一言讲错、可以丧邦！人民奋起、舞千钧棒、痛打尻门、岂可原谅？三面红旗、直冲云浪，上山下乡，举世无双，脱胎换骨、另有文章，屡败屡胜、仍然雄强，挺胸昂首、绝不窝囊，照样前进、照样光芒，馁也是胜、饥也要欢庆欢笑放炮仗！碰钉子碰成了金铠甲、挨揍挨成了铁衫裳！活一天学一天，于无声处听惊雷，于艰难处想处方，在跌倒的地方原地蹿起照样棒，在混乱的地方整顿妥当！捉完了麻雀再保护麻雀，砍完了树干再绿化千里成行。左一行，右一行，前一行，后一行！我们自有办法，我们自有主张，我们奇葩连连，我们奇缘处处，我们奇祸不在话下，我们奇遇天天带来热闹气象！太阳每天都是新的，我们的鄙公司不过是刚刚开张。什么都有可能，什么都有机会，什么都不在乎，没有什么人敢与我们比顽强：什么都美不胜收，什么都火了去啦，加油啊，您哪！

第九章　你就是回忆中的那首情歌

49

什么是回忆？为什么要回忆？回忆些什么与不想回忆些什么？回忆是悲哀的？快乐的？呆木的？茫然的？凄凉的？趣味的？回忆会令人感到虚无？骄傲？依恋？珍重？烦闷？点头还是摇头？

回忆令人沉静，令人一下子与自己拉开了距离。好像飞到了天空，好像冲淡了焦虑，好像模糊了切近，好像温柔了层层厚茧的心。

好像梦到了自己，梦中的自己正在做梦，梦的仍然是又一个自己，下一个，无数个越来越小越模糊的自己。

是“白头宫女在，闲坐说玄宗”？“记得当时年纪小，我爱唱歌你爱笑”？是“是离愁，别是一番滋味在心头”？“此情可待成追忆，只是当时已惘然”？“风景依然人半逝，小窗飞雪立多时”？“悟已往之不谏，知来者之可追”？是“逝者如斯夫，不舍昼夜”？“俱往矣”？

回忆难免温存，大丈夫所不取。回忆难免模糊，不足为史证。你证我证，心证意证。回忆意义有限，过去的事，泼出去的水。回忆当然悲哀，你的生命就那样地、有点明白、更多是糊涂地，有点成绩、更多是徒然地，有点珍重、更多是不知就里地挥霍了，失落了，抛洒了。

或许，回忆是人生资源的新纪元，再发现，再品尝，再消化，是铺陈与重组，是体贴与哄慰，是掂量与思恋，是爱抚与痛惜，是人生的重新挖掘，再加工与再蒙受，回忆是人生经验的最大化与最优化。

第一次轻吻，不可能超过三秒钟。然而那回忆是永生，是直到悲欣交集地合上自己的双眼，仍然温暖着与感动着你的不虚此行的证明。

你快乐吗？我不像是因回忆而快乐，世上有几个人回首往事而哈哈大笑，扬扬自得呢？

你不快乐吗？也不那么像因回忆而悲伤。凭什么我还要悲伤？早已无伤可悲无愧可惭无哀痛可呻吟无怒火可中烧。往事已经成为“故”事，成为昨日，成为写作的材料，成为慨叹与趣谈，成为段子与佐茶的徽州豆腐干，成为画片与室内乐小品，成为床头柜上的摆设，成为逗弄、召唤、开掘语言资源，生产文学片段的启动软件。

更成为往事——纪念。例如你儿时的照片。当然没有你此后的成长、智慧、风姿，却更引起了你的感动。

毕竟又有一些似有似无的沉重。人因了无奈而略感沉重，沉重则因了无可讨论争执辩驳而深化为苦笑。世上没有比苦笑更容易变成大笑，变成一笑了之，变成了一笑解千愁，变成了低头不语中的暗笑、解嘲与黯然的了。

曾经认为自己执握着新世界的钥匙，相信你参加的才是最后的斗争，相信人人皆可为尧舜，人人皆应成为圣贤，如今就说人人都是英雄模范。相信放下屠刀，立地成佛，因此叫作我不入地狱谁入地狱，地狱不空誓不为佛。同样地相信神爱世人，甚至将他的独生儿子赐给我们，叫一切信他的，不致灭亡，反得永生……但是想到背十字架，又会因羞惭与怯懦而不好意思。相信人应该清洁，应该相信光明与真理，应该毕恭毕敬地做好每天的功课。相信世界的未来属于工人阶级，工人阶级的特点是大公无私，相信你应该接受工人阶级革命的伟大洗礼，因为你还不够工人不够清洁，你当然有瑕疵。全民洗澡搓澡泡碱汤的形势还真闹热繁华红火，所以你愿意接受一切指责，接受一切批评直到惩罚。有谁能像你这样勇敢地断然改变自己？改变生活，改变环境，改变经度与纬度，改变语言与习惯，改变寒暑与节令，改变饮食与起居，改变身份与身段。谁敢冒这样大的险，拼这样的命，赌这样大的本钱，走这样长的路，啊，我的路！

……问题是除了很小一段时间的你自己，高潮一过，几乎没有什么人对于你的更衣沐浴消毒搓泥美容美发清洁清爽再感兴趣。高潮以后再没完没了地腻磨，何况是意在咋呼的人为高潮，腻磨多了是你不识相。

你年轻，但也还老练。你不会过于执着，你不会见着棒槌就当针（真），正如不敢掉以轻心。高潮就是高潮，它过了你还找谁去？高潮中我要掐死你，我要嚼了你，我要咬你打你拧你撞头撕脸白着进红着出活活日死你，这其实也是情义文化情绪文化直观文化的变种。高潮不过是高潮罢了。高潮不是逻辑，不是法律，不是化学与物理公式，不是明细账目，不是行动路线图。高潮是极度的烦闷所引发的极度激动，高潮是荷尔蒙，高潮是休克疗法，高潮牵扯到生物的本能，高潮中的一大部分是情欲。

早在家乡就见识过这种高潮，例如亲属之间骂起战来：你忘恩负义、不是玩意儿、不得好死，你无父无君、恩将仇报、欺宗灭祖、断子绝孙，你臭流氓、滚刀肉、坑害一方、伤天害理，你天地不容、神鬼不依，你纯粹的匪类、满口的胡吣，你出门撞车、天打雷劈、乱箭钻身、大卸八块、五马分尸、死无葬身之地、遗臭万年。而骂的对象如果是女人就更加上色彩浓艳的：养汉老婆、卖逼窑姐、贱骨头贱货、又骚又浪、骑木驴游四街……童年时候领略的最大的激情就是骂战。花样翻新，痛快淋漓，天花乱坠，绘声绘色，打是疼骂是爱，不打不骂脚踹。如果不是亲上加亲情上加情，难道能够骂得这样魂里套着鬼魂、肉里套着鲜肉吗？

……呵，伟大古老义正词严的中华怒文化啊，没有你，哪里能让这样一个至今热捧着《三字经》《弟子规》、常常胆小怕事左顾右盼的人民长命百岁，历经劫难而永葆青春！

骂的高潮以后往往又是情谊的高潮，上次的死敌成了利益共同体成了或原本就是一家一户一伙。君臣、父子、师生、夫妻、兄弟、朋友、同伙，不愿同年同月同日生，但愿同年同月同日死。恩恩爱爱，慈慈孝孝，忠忠恕恕，情情义义，骨骨肉肉，拉拉扯扯，黏黏糊糊，谁不生发肝脑涂地的激情？见了“肝脑涂地”四个字谁眼前不出现红的肝血白的脑浆满地的视频多媒体画面与音响？还有涓滴之恩也当涌泉相报，做牛做马结草衔环也报答不完老爷的恩情……你伟大古老庄严的情文化礼文化高潮文化忠孝文化啊。

比高潮更重要更丰富更靠谱的是生活。高潮也是生活，两个高潮之间当然更是生活。疯子才一味等待高潮的到来。后的以后是生活。有贴玉米饼子就咸菜。有棒子糁粥与红薯。咸菜腌在老缸里，老缸老汤，咸水前后历史已经百年或者更多，就像名清真餐饮“东来顺”的共和火锅，那锅里的汤还是乾隆年间续上的，此后边吃边续，直到中华人民共和国完成了社会主义改造。咸菜是中华民族的一宝，它代表了半饥饿的祖先和后人的顽强与聪慧，使我们世世代代有的就、有的吃，没有活活饿死。

有核桃和大枣，营养丰富，排泄便当。但我更喜欢的是酸枣，是荆棘里头的那个棘。棘鸡唧叽姬嫉忌肌饥，一个 JI 已经使生活八面来风。你们有丝毫不亚于左派积极分子所拥有的春夏秋冬、阴晴寒暑，立春了你还会活泼到立夏，蛤蟆叫了你还会看到山洪。有大嗓的合唱齐唱，不论唱什么革命战斗的猛歌或柔软性感的春歌，都有利于消食化气，通便安宫，壮阳滋阴。不论唱什么都面带笑容，瞪眼挥拳，老泪纵横。有整齐的集体宿舍，热心于劳动的原城市人吃着不算特别少的干粮，宿舍里充满了健康的汗臭与屁臭，像当年方志敏烈士描写的那样。有许多公正的蚊虫与苍蝇，它们的活动与骚扰不考虑你的“问题”属不属于人民内部矛盾。同样持天公地道态度的还有野兔野狼狐狸黄羊与獾，以及百灵鸟乌鸦螟蚣蝎子蛇即谪仙。仙谪成蛇，人谪则成赤脚大仙，文妙真人贾宝玉，疯疯癫癫的济公原名李修缘。还有食欲性欲，多少次在梦中大餐，那个时候吃饱是全民族的与多少世代的中国梦。梦里曾经吃到炸糕，大黄米面，微微发酵，带有酵母的酸味与香臭结合的吸引力，只是在刚刚嚼动尚未咽下之时就屡屡醒来，口中无味无物无感觉除了失落。也有性欲，梦里腾腾神游神女，与一个胖大的苏联女子铁饼冠军有染，曾经在杂志上看到照片介绍，该女子冠军体重一百七十四公斤，上唇上有一点小胡子。

生活就一定是快乐的？至少，那不是多么不快乐的吧。

强强强！棒棒棒！杀杀杀！挺住！挺住！挺住！

50

更多的时候是在梦里迷了路，你进入了一座公园，你不止一次看到了你非常熟悉的湖水、亭榭、古建筑、石桥、甬路、展室、走廊、草地、花坛与碑铭楹联，但是你穿过了这个花园却没有找到你应该去的地方。你本来进门的时候还清清楚楚，转了一圈良辰美景，走了一次柳暗花明，赞了一次古色古香，玩了一次山清水秀，你迷路了。你想打电话，没有电话。你想找代步车马，没有车马。你想找老乡打问，没有老乡。你觉得燥躁得慌，你想吃牛黄上清丸，哪儿来的牛黄，又上哪儿上清下清左清右清去？

七八十年了，人生不满百，常怀千岁忧。你执着于一个梦境，你惦记着一个空境，是一个湖边，是一个花园，是一个树荫，是一间房舍，是一张床，你曾经在那里生活居住徜徉，后来你走了，那里变得空荡荡，而花园树荫湖边房舍床板仍然空守。

仍然沉醉于革命的文章，《共产党宣言》与《卓娅与舒拉的故事》，仍然喜爱贝多芬、苏东坡、马克思、法捷耶夫；你同时也听着与你同罹此祸同结奇缘的“难友”介绍几位京剧名伶的私生活。一位爱收集钟表的名旦，会欣赏着自己的收藏挂钟，突然拿起一根木棍，将挂钟打烂。鲁迅写过，盲诗人爱罗先珂在北京时爱说的一句话是

“寂寞啊,寂寞啊……”还有日伪时期的上海影星的生活花絮。仍然舍弃不了那些颂歌颂诗颂词,哪怕已经有人认定是马屁轰轰,哪怕“慷慨歌燕市,从容作楚囚”的作者后来当了汉奸。

手一挥像挥掉一个蛛网,也罢。

也罢也罢也罢,不罢,又当如何?又能如何?谁能无过?谁能免祸?天若有情天亦老,人间正道是曲曲弯弯、稀里糊涂!

同时什么是快乐呢?什么事都怕问一个“什么”。什么叫人,你说得清楚吗?什么叫食品,什么叫把馒头蒸熟了,而什么叫作没有熟,你说得清楚吗?什么叫好什么叫孬呢?什么叫爱什么叫憎?快乐也许是一种感觉,是一种愿望需求的满足,是一种矜持与自信,是凑合将就知足常乐,是一种清醒与耐心,一种智慧与坚强,是一种自负更是自得,更是一种勇气哟!

主要的是一种舒展,是解开了一个死扣,去掉了一个疙瘩,是产生了大量泡沫、气体与糖分的发酵,是疏通了一截下水道,“砰”的一声,通喽您哪!

是敢于想象、敢于尝试、写下全新的篇章!

快乐可能是一支唢呐吹歌,快乐可能是一曲长笛演奏,快乐不是二胡也不会是小提琴。快乐也会是木琴的飞速敲打与琵琶的嘈嘈切切。快乐有时候有点神经质。快乐可能引发快乐,再快乐,正像不快会引起不快,忧郁本身常常是忧郁的起因。快乐可能是一种口技,学火车汽车轮船飞机,癞蛤蟆田鸡地牛各种虫鸟,各种呻吟,各个明星高官大人物,如美国总统、中国书记、苏联部长、会议主席的口音。快乐也可能是一种疲倦中的自我保护,一种钝感力,一种你祸祸你的我乐乐我的精神预应力弹力。快乐是在能够打哈欠的时候干脆打一个哈欠。快乐是一入睡就睡它一个口眼歪斜。快乐还可能是一种骄傲一种高入云天的对于愚蠢与蛮横、对于以稀里糊涂地给旁人制造痛苦为唯一干得成的事业的人的极度蔑视。快乐就是我不鹏你我比你强一百倍而全然不顾你的牛毕里奇。

许多时候,快乐是一种变化。缺少变化是烦闷的由来,而烦闷是快乐的死敌。你要当好学生,你当上了,你仍然愤愤不平。你要造反,你造了。你要理想,你想得入云天冲九天气冲霄汉。你要悲情,你也当真地悲了。然后你要胜利,天天胜利,夜夜胜利,在淮海战役,在朝鲜战场,在一个又一个的政治运动尤其是镇反与土改中,都是胜利,接着还是胜利,战无不胜,加强纪律性,革命无不胜,军队向前进,生产长一寸,向前向前向前,正确正确正确。然后你要文学,你他娘的二十出头就又文学起来了,呸,呀呀呀呸,这是中华独有的感叹修辞。然后你烦闷了,你感到了一种重复,重复使人疑惑,你需要醍醐灌顶,你需要振聋发聩,你需要当头棒喝,你需要五雷轰顶,你需要革面洗心,你需要做得成强悍,强悍得成钢铁,你要敢下手,出手辣,练就铁砂掌。你不能对别人出手,你还不敢对自身出手吗?你要敢尝试敢变化敢刀山火海敢就地十八滚降龙十八掌练就十八般武艺扫堂腿横扫千军,远走高飞千里万里与往事干杯,与青年时代彻底别别已别别与君生别离。

你敢于展翅远飞。你敢于瀚海千里沙漠万顷,风雪千里冰山万仞。你敢于云杉雪莲,高山湖泊。你敢于羊群马队,母骆驼种公牛。你敢于野狼毒蛇,雄鹰秃鹫。鹰有鹰路,蛇有蛇道。你敢于伐木采矿炼金烧窑。你敢于驱骡赶马放羊烹狗。你敢于告别旧事,去你妈的。你敢于熟而始生,从头迈步。你敢于雄关漫道真如铁,而今迈步从头越。其含义是不要说码头如铁,照样得迈步越过。漫道就是莫道,漫道可不是漫长的道路。亲亲,咱们不能一错再错了,我的伟大兄弟姐妹娘老子们噢!

你敢于挑战自己,哀兵乞胜,背水一战,绝地逢生。你敢于三十功名尘与土,八千里路云和月。你敢于动真格的,别人只是口头上,你却在行动上天高地阔、风雨世面、铁锤铁砧、雪山雪地、脱胎换骨、破旧立新,同吃同住同劳动,好比种子,走到哪里就与哪里的人民结合起来。几十年以后,又是一条好汉。潜力还大着呢,空间还大着呢,未知数还大着呢。

世界仍然属于你,人生仍然属于你,路程仍然属于你。

你的生存你做主。

奇异的是多愁善感的你小子,在真正碰到世人认为是奇祸霉头以后,你从来没有认真地悲伤过一次,抱怨过一次。你没有掉下过一滴眼泪,男儿有泪不轻弹,只因未觉值当泣。你能为一次高潮的错乱而哭泣吗?

也许你曾经愿意大哭一场?

所有能哭出来的事情都是小事,小事里的小事例,如自己有失误、有马虎、有不妥、有糊涂、有颠倒黑白、有上了小人的当,那算什么呢? 这么小的小事当真值得一哭?

所有的大事都不是你个人的事,天有不测风云,人有旦夕祸福,生老病死,国难国耻,历史局限,历史癫狂,天心难测,吉凶通蹇,革命造反,政治运动,唱红打黑,万寿无疆,地狱天堂,你配为这些大进退而哭泣吗? 你级别够吗? 你吃地沟油的配操这样的心吗?

你一心想说服自己,要认真感动,热泪盈眶,热泪横流,诚恳接受,闻过则悲,沉痛更沉重,却硬是做不到。你硬是做到了从善如流,虚怀若谷,唯唯诺诺,好好先生。比如拉屎,没有排泄痛快,那就不妨换一个坑儿。比如吃饭,你的三鲜水饺硬是难于下咽,或者不允许再吃了,那就干脆暂别圆桌,蹲到墙角下吃窝头就葱丝臭豆腐。比如踢毽子,你把最好的毽子踢进了粪坑,你身上也沾了屎,好吧,你换一个玩法吧。去玩扇三角(烟盒)与角力摔跤。有些人知道你闯了祸,不跟你玩了,你先一个人玩。你发现很多人被驱逐到圈外,那就更加不寂寞。不寂寞你还烦闷些什么呢? 国人同胞,怕的从来不是噩运,是寂寞烦闷与孤独。群居终日,言不及义,勤有功,嬉无益。谁都不愿意变成向隅而泣的可怜虫。

你小小年纪已经具备了耐怒细胞的功能机制,即不为怒文化所撼动的“定子”。换一个角度,念念有词的口诛笔伐也可能是另一种符号系统的歌颂表扬。你看惯了热热闹闹、咋咋呼呼、深揭猛批、上纲上线、马拉松检讨、真诚惭愧、生猛表态、强烈拥戴。这是生活的一种方式,一个路子。例如喝酒,饭可以十五分钟吃完,酒却要喝个西瓜皮擦屁股,鸡巴毛炒韭菜,没结没完。喝起酒来你要没话找话,你要滔滔不绝,你要东拉西扯,你要哼哼哟哟,一面豪迈一面气喘吁吁。你要抒显慷慨,你要玩弄温情,你要披肝沥胆,你可以掬诚相告,你要涕泪交加,你要捶胸顿足。太好了太对了太刺激了太有好处了！你完全相信良药苦口,治病救人,与人为善,洗脸更衣,苟日新,日日新,又日新,批评是温暖是友谊是帮助是雪里送炭是从深渊边上拉了你一把,是家贫出孝子,国乱显忠臣,诤友真君子,吹捧是小人,苦口方能婆心。确实绝对地相信这些美好的说法,更相信自己的相信必能够逢凶化吉,遇难成祥,大有利焉,大有益焉。你的态度要多好就多好！相信者无悲无怨无恨无苦水可吐。好了好了好了,是呀是呀是呀,马上马上马上,达达达,达是俄语的首肯,如英语的耶斯,那时节还不会说也不兴说欧开。

真是成长啊,真是恶治呀,真是手术台手术刀运作精巧、止痛消炎、妙手回春。多愁善感了半天,常含泪水了半天,自作多情了半天,难舍难分了半天,不安困惑迟疑恐惧了半天,最后小小的一条奇祸,一把挫折,去了病根,治了顽症,你的神经硬是茁壮强悍起来了。

奇祸就是此生的奇缘,更是明日的奇葩,而且是阴虚阳痿内热外寒腹胀目眩的奇药神医！更不要说长了力气,增了饭量,粗了手脚,壮了体魄了。还说什么呢？大了视野,新了见闻,深了体会,健了心气。你还哭什么呢？泪什么呢？酸什么呢？装什么毕里奇呢？

51

你饶有兴趣地观察着礼拜着体味着学习着玩耍着另一套生活。亲近树木花草畜禽虫鱼。亲近水土庄稼日月雷电。注意衣食住行,德智体群美，阴阳金木水火土，尤其是糊口。吃饱了不想家，神州大地上的各族人民做如是说，真格得发人深省。注意春夏秋冬寒暑晴阴雨雪雷电尤其是下雹子。你更加痛切地明白了挨饿的滋味是多么难受，每顿饭有的吃能吃饱有多么幸福，为糊口而奋斗是多么正当与充实。

你认识到，什么叫劳动人民？就是整天想着怎样才能活得下去的人民。什么叫知识分子？就是活着却硬是不知道干什么好，更痛苦于不知道人为什么要活的人。一种人不知道怎样才能维持存活下来，一种人不知道为什么硬是要活下来。你还发现，大千世界，五大洲四大洋，问题千奇百怪，麻烦顾此失彼，说有多么复杂就有多么复杂，然而想简单化一下也十分容易，一类问题是吃不饱的问题，无食可饱，食而不饱，这是多么恼火，这是多么悲愤，这是多么激烈，你能不为之撞头拼活吗？起来，饥寒交迫的奴隶，头一个问题就是饥。饥的问题牵到生死存亡，很激烈，但是解决起来简单得很，窝头就行。另一种问题是吃多了撑得难受：就贪婪，就绝望，就空虚，就侵略与霸权，就是社会的与个人的无限痛苦的精神病！

所以换了一首歌，不是伟大之歌、改变之歌、决战之歌、就义之歌、冲锋之歌、哲学之歌、历史之歌、流芳百世之歌，而是生活之歌、日复一日年复一年之歌、思念之歌、爱情之歌、陶醉之歌、乡间小路之歌、小夜之曲、晨昏朝夕之曲、校园之曲。

跟着马走步的节奏，驴撒欢的节奏，高轮大车吱吱扭扭的节奏，随着杨树的摇摆，雪花的飘飞，渠水的旋涡，白鹅的探头，黄牛的摆尾，大风的忽起，漫天的扬沙，无边的道路，遥远的吆喝，你听到了一声呼唤。

呼什么？唤什么？是叫孩子的名字吗？是在唤自己的心上人？是送葬？是婚庆？是歌舞升平？是春秋佳日？

那是远方的呼唤，生活的可能就在远方。远方比这里阔大得多，实在得多，沉稳得多，真刀真枪得多。远方还有比远方更加远方的地方正在召唤你。走走走。够够够,这边没有够得着,到了远方也许你能一把搂到怀里!

那呼唤中有一种力量,有一种威严粗犷,有一种神圣决绝,它让你破釜沉舟,让你改天换地,让你不成功便成仁,不取胜便取义。挑战一把,应战一连串!

那呼唤中有一种沉重,令人想到这里的天太大太高,头晕目眩。这里的云太疾驰,匆忙不安。这里的地太无边,辛苦遥远。这里的沙石太干枯,原来干枯是一种如此伟大的容颜。

这里的植被太稀少,零零落落,它未能获得天地的娇宠。这里的太阳太毒猛,它有时要烧尽最后一角清凉,它要蒸发掉最后一滴水珠。这里的人烟太稀少,你会感到常常需要你独自行路,黑夜与白天。这儿的距离太漫长,为了空间,需要你两倍、三倍、十倍、百倍的时间。而这里的冰雪冬天,太冷,太长,到了春天又是泥泞得难以自拔。这是一个烦闷的地方,你需要狂吼,你需要高歌,你需要耐心,你也需要疯狂。一旦疯狂,立刻变成了游戏与调笑了。你需要低下头蹲到墙角,你也需要在盛夏穿起绒衣裤,阻挡直射的阳光,而在零下四十摄氏度的寒冷中绝对不可以打战。这里有太多的文盲,太少的学校,你用尽吃奶的力气,说不明白什么叫中国、什么叫世界、什么叫美国或者苏联,你也说不明白什么叫历史、什么叫人民公社。

这里的庭园里又有太多的花花草草。由于沙石与天地的大背景,这里的花草尤其鲜艳夺目。初夏季节,连满脸络腮胡须的大男人也手拈一朵玫瑰。这里有太多的点点缀缀,无地不花,无物不色,毡毯、檩椽、箱包、被褥、衣衫、壶碗、杯盅、瓶罐、馕饼、照片、小画、弹拨乐器、打击乐器,连包水果糖的纸也舍不得抛弃。这里有太多的俊男美女,鲜明的轮廓,突显的眉眼,高耸的鼻梁与修长的腿子。这里有太强烈的对比,戈壁滩与绿洲,走廊与小土屋,歌舞升平与错综复杂的明争暗斗,虔诚庄严的宗教功课与流里流气的黄赌毒余风古韵,清洁、清真、纯真得无以复加的理念与价值追求以及显而易见的肮脏与混乱，无涯的幽默游戏，轻松取笑与头头是道的礼数程序清规戒律，驯顺与刁顽，垂手而立、毕恭毕敬与花言巧语、肚子里骂娘……又贫穷又富足，又边远又亲密，又强大又胆怯，又艳丽又寒碜，又俭朴又享受，又自由又管束。

又痛苦又痴情的是你的情歌。像哭，像叫，像深切的思念，像梦里的神游，像赔着小心，像面对神灵，像跳入了火海，像迎击着大浪，像遍体鲜血，像热烈的拥抱，像难分难解的创纪录长吻。永远忠诚，永远挚爱，永远信心十足，爱你爱你永远地爱你。像面对宠爱，像面对死亡，像面对哀乐和遍山遍野的鲜花与芳草。爱这么一次唱这么一次，虽死无憾，虽去犹喜，虽终仍然完满，虽灭虽寂寞仍然留下了耀眼的大火熊熊。像一朵玫瑰结成了骨朵，缓缓地张开，快乐地开放，开始有一点零落或者蔫巴，终于凋谢，它化作了春泥，它留下了永远的玫瑰。

你的歌声里有雪山的光芒，有枞树的长荫，有山石的悬疑，有荒草的怨懑，有枯树的挺拔，有河流的泛滥，有沙渚的无保护无拘束无形状，有水鸟的自由，有龙卷风的决绝，有原野的空旷，有骏马的奔腾，有野鹿的亲昵，有独狼的悲苦，有葡萄架的舒展，有苜蓿地的迷茫泛漫，有野火的热烈蓬勃，有紫罗兰的美妙随和，有波斯菊的童稚滑嫩，有饥饿的呻吟忍受，有干渴的煎熬疯狂。也有温柔，有婉转的满足，有轻快的调侃，有细草般的抚弄与纤软，有水珠般的圆润与晶莹，有瓷器一样的光泽与花饰，有被称作躺在四十层褥子上的舒适与享受，有永远快乐的自励与安慰，有无微不至的服务与讨好，有土炉的热力与芬芳，更有酒水带来的激越多情。

永远难忘的是饮酒中的高歌。过去只知道酒精对喉咙的干扰，却忘记了酒精对于歌兴的提升，对于歌情的渲染，对于歌者的燃烧。带着酒兴唱歌，就像带着爱怜示好，带着仇恨的癫狂拼刺刀，带着自我陶醉写一行一行的诗，带着必死的决心拉响身上的手榴弹。于是唱出了歌里的忧伤，正如这里的大诗人所说，忧伤是歌曲的灵魂，忧郁是歌曲的由来。

为什么忧郁？因为艰难，因为炙热，因为干枯，因为孤独，因为知道的太少太少，不知道的太多太多。当你走在戈壁滩上的时候你常常会感到孤独。当你守在麦场边，你也不免有孤独的苍凉。当你伫立在亲人的坟前，你突然因为孤独而头昏眼花，心慌意乱。孤独还来自对于爱的无望的期待。并不是你的每一首爱情歌曲都能够获得回声，并不是你的每一行热情泪水都能够获得怜惜。并不是所有的回复都出自最恰当的时候。有时候只是晚了一个小时，便造成了永生的遗憾。孤独的忧郁只能靠自问自答来疏解。于是有了应和，有了起伏，有了摇曳，有了重叠，有了呼喊与回响，有了满屋子的齐唱，有了天花乱坠的敲击，有了日月星辰的光影……

于是你知道，喝酒是对于烦闷的驱赶，唱歌是对于孤独的排遣，笑话连篇是对于人间的逗弄，是对于自己的忧郁劳苦的解构，荤荤素素是对于寂寞与孤独的全然颠覆。我们有许多郁闷，但是我们毕竟还可以与一二知己、三五狐朋狗友、几个同样有所烦闷有所寂寞的友人一聚，同样可以体会那快乐的晕眩，那心跳多多少少的加速，那酒水的香甜臭辣刺嗓子。那说话时从心窝子里往外掏往外捧往外倾倒的感觉。我们还有许多得不到回应的情感，但是我们可以倾听自己的呼叫，自己的乞求：行行好！自己的真诚与自己的献身：冲啊！我们还会碰到许多难以理解的霉运，但是我们毕竟还有说话的响动，我们知道一些语词与语法，我们知道即使是一个彻底的倒霉蛋儿也仍然可以说一些真实的、温暖的、光明而且勇敢的言语，唱一些深情的、感天动地的、能够成为人生的证明和永远的纪念的歌曲。

呵，唱歌，歌唱，歌曲是我们的心，我们的魂，我们的苦，我们的爱，我们的愚傻，我们的痴情，我们的豪迈，我们的粗暴，我们的沸腾，除了这里你很难再看到这样的人人唱，独自唱，聚众唱，吃酒唱，深夜唱，微明唱，饭前唱，饭后唱，唱唱唱唱唱，用歌声证明着宣告着自身的存在与痛苦、自身的祝祷与梦境、自身的追求与牺牲、自身的热烈与无奈。

你就是一首歌。所以我就是一首歌。生活就是歌。命运就是歌。爱情就是歌。失去爱情更是一首歌，当然。噩运就是歌。越悲惨就越有好歌。那么失去了歌声的沉默呢？那也是一首远方的歌，无言的歌，无声的歌，无边的歌。歌才是永恒，歌才是生命，歌是我的一切，歌战胜了也获得了一切。

真正民间的（而不是高价歌星所演唱的）歌曲是快乐的渊源。如果说金钱或制造贪婪与肉欲，权力或制造压迫与腐败，才华或制造薄幸与得色（巧言令色），运气或制造平庸与怯懦，那么，我强调的是歌曲，歌唱制造的是痛哭流涕后的快乐。

了不起。在那个政治得热火朝天的年代，在那个忽悠得天旋地转的年代，在那个斗争得三魂出窍、二佛涅槃的年代，你走近了歌，你进入了歌，你洗浴了歌，你成活于歌，你保鲜于歌。你如果曾经死过或者半死过一次，你就是复活于歌，你防护于歌，你变成了，终于成为了一首歌曲。

你是歌曲，歌曲也是你。你歌唱了你心爱的女子。你们倾心于夏夜，倾心于大河之滨，交会于树林，交会于开满马兰花的草原之上，交会于青纱帐中。一个调皮的小问题：蚊子？蚊子咬怎么办？在蚊虫成堆的地方你如何唱歌，如何相爱？呵呵，你们这些智商有缺陷的可怜人呀，难道歌曲里有蚊子的飞动与吸血吗？人间的吸血鬼越多，就越加需要一个歌的世界，那里面有黑夜，有河流，有美丽的眼睛，有焦渴的心灵，有思念也有甜蜜至极的痛心疾首，有骏马，有长靴，有草原也有雷雨，只是，当然，你当然明白，歌中的相会相爱当中没有蚊子的插足。

然而，最终你没有能够得到那美丽的长着黑眼睛的姑娘，因为穷困，因为阶级，你是长工，你是贫农，你是流浪汉，你上无片瓦，下不立锥。因为地主巴依别克色狼们看中了你心上的姑娘，他们垄断了资源也垄断了幸福与美好，他们永远什么也不会留给你。姑娘成了巴依的第四个小老婆，你每天以泪洗面，她每天泣血连连。她试图逃出魔掌，她当真找你来了，你当真与她出逃。你们头顶星星月亮，陪伴沙丘红柳。这是影片《阿娜尔汗》。这是永远的经典。这是情歌的永恒的主题，这是意识形态的主打旋律。这就是歌。这就是男人，这就是革命造反，这就是情歌中反复吟唱的我愿为你献出生命，我的心已经变成了串烤羊肉羊肝。这就是连续的号啕大喊大哭大闹，这就是天塌地陷河水倒流山崩土裂海枯石烂。

52

当然还有许多的不测。这里是地震多发区域。这里龟裂的干旱一样吓死你。小伙儿在大渠龙口改道堵水的时候失足跌入了激流，乃至是由于姓名带有停止、站住、止下的含义在，而与沙石、柴木、秫秸等一起被推入急流闸水，有过这样的事。小丫头患了瘟疫，这里有过鼠疫也发生过霍乱、天花、麻风和性病。有车祸、牲畜惊了伤人、骑在马上却掉落到山涧里。野猪野狗野狼都咬过人。有争水的群殴械斗，好人和无辜，坏人和有辜都可能死于非命。有各种高高在上的裁判与酷刑。这里并不是安乐温柔小资小康之乡。这里有太多的挑战、风云、艰难险阻。爱情也远远谈不上自由与舒畅，父兄、族长、老爷、百户长，各种自我压抑的习俗与礼法都比青春更强横。人人都可以干涉下一代人的婚配，人人都可以扼杀青年人的渴望。

寂寞要求爱情，秩序要求管控直到处决或者暗杀爱情。烦闷要求激越，激越的爱情不能会见，不能通信，不能拥抱，不能云雨，最后的最后，在被压榨殆尽之后，后的以后是歌曲，只有歌曲，歌曲是绝望的哀鸣，是希望的弥留，是梦中的天堂，是最后的求生求爱求友求同情求怜悯，歌曲是最后的活过也爱了的证明、苦的证明、焦的证明、烦闷与激情的证明，歌唱要求拼死拼活搭上性命。

呦呦鹿鸣，食野之苹。呦呦，那就是鹿也要唱。鹿唱的是呦呦，人唱的是噢噢，哟哟，呜呼，啊哈，于戏，杭唷赫，衣嘚儿呀嘚儿哟！

拼死拼活地歌唱，唱得汗流浃背，唱得泪流满面，唱得心头淌血，唱得天抖地颤，唱得如醉如痴，唱得进了天堂又下了多灾海，唱得披肝沥胆死去活来——这才是痛苦最大化了的最大的快乐。

除了爱情，歌儿的沉重的忧郁来自死亡。亲人死去，情人死去，好友死去，自己将死，这是多么穿心入肺的歌曲！面对死神，我们能说什么？说什么不是多此一举？说什么不是自讨苦吃？面对死神就是面对造物，你可以膜拜，你可以畏惧，你可以平安，却没有什么要说能说想说。还是轻轻哼出一首歌曲吧，默默地温习一首你最动情的歌曲吧，你哭着来了，你唱着走了，你哭着唱着经过了许多喜怒哀乐、酸甜苦辣。不来，你嘛也没有。你唱不出，听不到，不知道什么叫歌曲，不知道歌曲的力量、生命的力量、呐喊与抒发的力量、活着的力量。你为你一生唱过的歌儿而骄傲，你为倾听过你的歌儿的姑娘而骄傲而甜蜜忧伤，你为你的歌曲而满足，你的歌儿就是你的墓碑。越忧伤越甜蜜，越甜蜜越忧伤，你平静地微笑着，随着歌曲自身的而不需要你唱出声来的旋律，纪念了你的从襁褓到老去的一生。

什么又是老去了呢？每一天都是对于昨天的告别与追思，每一天都是对于当日的辛苦与焦虑，每一天都是对于明天的期待与祝福，每一天都是对于美丽与幸福的靠近、把握与失之交臂。那对于机会的幻想与捕捉、对于生命的珍惜与作践、对于死亡的预见与视而不见，更是对于生命的短促的百思不得其解，对于生的意义的永远的追问、永远的困惑、永远的遗憾、永远的烦闷、永远的撕心裂肺的纠缠。终于悟到了，这烦闷与痛苦的无奈才正是豁达、高蹈与痛快淋漓的理由，活的理由，爱的理由。

这是一条很漫长的路，又是后来觉得太短的路。这是一条美不胜收的路，又是太不讲道理、太粗心大意、太憨声粗气、太戛然而止的路。路啊，我的路，这是当年的一首歌曲，原题是雾啊，我的雾，路啊雾啊，路上皆雾，雾下条条路，无路之处也可以走出路。雾重的时候，红灯只剩下了惨白光辉，道路无可选择，道路就是没有道路，危险反而变成了笑料，恐惧反而变成了生活的趣味佐料，跟随就是唯一的路，踯躅也变成了一种舞步。

更伟大的行路则是在冰雪中。那个荒芜的年代仍然有音乐，有歌舞，有快板与对口词，有语录歌曲。语录歌曲也可以唱得泪眼蒙眬，至少是自以为感动莫名、诚挚莫名、伟大莫名、高耸莫名。对口词也可以说得铿铿锵锵，叮当五四，移山填海，热闹红火。如说石油工人一声吼，地球也要抖三抖。何况你有你的旧瓶新酒，你的新酒里仍然流露着你的经久不衰的诉说与无法诉说。你的伟大里仍然有你的微小的悲喜，你的雄强中难免不泄露出你的苦恼，你的从众中也会显现出你的各色、格涩、个啬。所有的演奏家都长着不同的面孔，有白发苍苍，有一脸坏笑，有得意扬扬，有小胡子翘翘。而一个女性演奏家的脸像大理石的雕塑，她的长裙古典淑静。歌唱家与舞蹈家更不要说，他们都是人中龙凤，俊俏风流，美艳动人，他们的上场像春风拂面，他们的演唱像摘星揽月，他们的起舞像鱼儿游水，麋鹿追逐，落叶飘飘，花开朵朵。

是的，不论发生了什么兴奋炽热与不管不顾，发生了什么头晕眼花与上气不接下气，歌声仍然曼妙，舞姿仍然华美，乐器纷纷扬扬，鼓点急急缓缓，没有谁能摧毁生活的迷人，没有谁能摧毁青春的欢愉，没有谁能摧毁文艺的感动，没有谁能摧毁男女的相引，没有谁能摧毁舞台的光辉。哪怕只唱一个字最最最最，只唱另一个字好好好好好，也仍然有生活的千姿百态、艺术的出神入化、歌曲的低低昂昂、舞蹈的楚楚亭亭，我们大家都活着，都哭着笑着爱着恨着，除了假情感还有真情感，除了仪态还有天然，除了被还有自身，除了太极还有少林，除了冰雪还有冰雪中的热气腾腾的大踏步行走。

那伟大的冰雪，那一层层的城市冰雪夹层地毯，那看完美妙的歌舞的兴奋与快乐，那共同步行五十五分钟的情感与力量。严寒中，二人吐着白气，行路中吸满了纯净的冰冷，步履匆匆中显示了踏遍边城人未老的豪情,传达了执子之手、与子偕游的快乐。暴走驱赶了严寒,强健了筋骨,兵荒马乱中被倒霉的一对充满了金刚不坏、人莫予毒的信心,深信零下四十三摄氏度才使太君炉火有熊熊之温。我们就这样走过了一个冬天又一个冬天,走过了刺骨的严寒,那严寒的风格不像冷冻却像火焰,像辣椒,像芥末,像剑锋与针尖,像击打,像中箭,像炸伤。寒风吹在脸上与其说是冰冷,不如说是热辣辣的刺痛与瞬间转成的麻木,我爱你,伟大纯正坚定的磐石般的边疆冬夜!

心里装着的仍然是华丽的歌舞,是盛装的演员,是强健得迷人的男男女女,是无法扼杀的生活,是无法歪曲的艺术的丰饶与流动,是永远新鲜的经验的又一页篇章,也许是神秘离奇无解的碰撞遭遇。是休假也不是休假,却又是天假时日,浮生偏得千日闲。是工作也不是工作,做与不做两可。是敌人也不是敌人,是革命者也根本不是革命者。是混日子者也绝对不是混日子,是作家也绝对不能写作,是知识分子也绝对与知识绝缘,是机关工作人员也绝对被机关除名,是农业劳动者也绝对不是农民,是市民又绝对不是这里的市民,是公民又不是完整的公民,但绝对不是被剥夺了公民权利。是 A 也绝对不是 A 更不是从 B 到 Z。是倒霉蛋也绝对不倒霉。恰恰是乐乐呵呵嘿嘿嘻嘻,大步流星,趣味盎然,活力四射,非驴非马,不尴不尬,逍逍遥遥,逛逛荡荡。走过黑暗,走过灯光,走过沙沙沙的积雪,走过滑与不滑的路面,走过永不磨灭的希望,走过永不灰心的等待,走过永不停歇的学习学习再学习,生活生活再生活。走过焦急了又闲适了、煎熬了又从容了的心绪,走过永无止境的好奇、打问、尝试、接受新事物的其乐无穷。走过安宁、风暴中的闲适,闲适中的危机感,危机感中的随遇而安,寒冷中的温馨,重压下的互信,沧桑中的单纯与洁净,走过茫然的漫无目的,无任务无日程无成败无得失无进退,你仍然心中有不熄的火种,有一个广阔的世界,有一种信任信心信念。

遍观古往今来,遍观东西南北,不可能长此以往,不是说人间正道是沧桑吗?沧了个不亦乐乎啦,沧了个不亦悦乎啦,您老,还能不桑一下两下的吗？人无千日好，花无百日红。“无事需寻欢，有生莫断肠，遣怀书共酒，何问寿与殇？”这是十二世纪波斯诗人莪默·伽亚谟的“柔巴依”（鲁拜），你以冰雪一样的聪明将它从手抄本翻译成了中国的五言绝句。你们知道在冰雪中疾走的快乐了吗？

你可以活五十岁哪怕是十五岁。你可以活五百岁或二百五十岁。你可以走遍天下，看遍高山平原，江湖海洋。你可以历尽富贵尊荣，风清月淡，天外横祸，千古奇冤，江南锦绣，塞北风雪，东土情景，西洋风物，声色犬马，成败利钝，摸爬滚打，荣宠耻辱，知音误解，头破血流，机不可失，时不再来……你仍然觉得有趣，觉得无解，清楚的地方都并不完全清楚，迷糊的地方也不见得就真迷糊，有趣的地方也许不过尔尔，无奈的地方其实完全精彩，坚决的地方也许可以做得更好，犹豫的地方也许因了犹豫而给自己留下了空间。每次都可以有更多的不同，每回都可以有更好的化境。生疏提供了机缘，冒险激发着勇气。智慧永远改善处置，信念恰恰走向佳胜。危险创造了全新的可能。忍耐告别了窝囊的背运。骄傲在于历经险阻，满足在于我用了十倍于他人的力气与时间。我的生活从来都不廉价，我的快乐从来都不轻飘，我的危难从来都没有把我吓住，我的绊脚石从来都没有将我摔趴下。那是三十年前的一个新年，我在深夜，喝多了特曲的自行车撞向了一个垃圾冰山，我从车上摔了出去，冲向污水冻成的冰块，我飞出去了，我撞得满口是血，我估计我将要至少缝上七针，我哈哈大笑几近于哭泣……最后什么也没有发生。

第十章　豁达通畅也关情

53

你的特点是大而化之？是没心没肺？是老顽童？是一躺下就睡着，一醒过来就哈哈哈笑个不住？怎么听起来更像是白痴弱智？你永远是上好的心态？你永远是满嘴的游戏调侃？你是人精，你是妖怪，你永远是老谋深算、四两拨千斤、举重若轻、庖丁解牛、游刃有余？你是汉族的阿凡提？济公活佛？如今的东方朔、淳于髡、优孟、优旃？

这是梦话吧。这是活活的梦话吗？

瞎子摸象，各有所得。以虫论虎，以井论海，以小本经营议吞吐寰宇，以唧唧咕咕论浩浩汤汤，倒也有趣。

另一种说法却是潜伏般地昼夜周旋，二十四小时警戒与作秀。能不活活累死？就算大获全胜。如何还能玩得那样舒服，尤其是自然，道发自然，行云流水，无为而无不利！

有深度的人没有你的广度。有你的幽默的人没有你的悲悯。有你的苍凉的人没有你的超越与遗忘。有你的放下的人没有你的执着。有你的广度深度悲悯幽默超越的人没有你的天真与好奇，有时候甚至是挑战与冒险。有你的率真好学真诚坦荡的人没有你的周到、深思、隐忍着牙关咬紧。怎么办呢？你永远闹不清，永远无法理解，永远瞠乎其后，永远吃不上土，这最后一句是边疆对骑手的一种说法，你追不上前面的骑马人，不但追不上，甚至闻不到前骑后蹄扬起的尘土。

于是以抓捕为己任,宣布已经捕获了蝴蝶的翅,用间谍的术语讨论艺术的宽泛性与变易性,讨论智慧与格局。笑掉的岂止是大牙!

其实你是一个忧郁的人,从小就溢散着淡淡的哀愁。骑自行车顶着北京的西北风,寒冷刺骨,会想到一句话:“多么野蛮的生活啊”,对了,出自契诃夫,在强横的俄罗斯,恰恰有这样多情的面条粉条柳条一样的契诃夫。看到新绿的柳芽,来一句:“燕子去了,有再来的时候,杨柳枯了,有再青的时候……聪明的,你告诉我,我们的时光,为什么一去不复返呢?”出自朱自清。而黛玉的“三月香巢新垒成,梁间燕子太无情”同样让你伤春不已。更不要说鲁迅了:

“……在无边的旷野上,在凛冽的天宇下,闪闪地旋转升腾着的是雨的精魂……”

“……那是孤独的雪,是死掉的雨……”

照相的时候从来不笑,他嘴角的线条永远是两端向下的弧,他始终给人一个不合时宜的、不无晦气的,常常力不从心的、常常无法让别人了解自身的嘬嘴者的形象。

年轻时候他不是一个愉快的小伙儿。毋宁说他一脑门子官司,他被预言将会随时夭折。他常含泪水,爱怜成为他与生俱来的负担,他太爱别人,所以他太不轻松。悲情使他自以为深刻,至少比傻笑深刻一点点。他自命不凡而又无病呻吟,他干脆看不起那些个一见镜头就得意扬扬、一知半解、廉价堆笑、龇牙露齿,专门照春风马蹄疾的照片的浅薄小子。那时照完相了还时兴在黑白相片上涂一点拙笨低劣的彩色。

还是在很小的时候突然明白了人生的匆匆,快乐的转瞬即逝,落花流水的一去不返,黄叶枯枝的肃杀,挂在树梢上的破烂风筝气数已尽,仍然发出奇怪的哭声。被关在笼子里的小鸟歌唱着的绝对不是欢乐,深秋的大雁向南方飞去(虽然长大以后他怀疑自己是否能辨别天上飞翔着的鸟儿是大雁抑或非大雁),初冬起风刮得电线颤抖着发出冤魂似的鬼哭狼嚎，它唱出来的是贫穷、不义、委屈、惧怕。春天的生了病的燕雏被父母老一代燕子叼出来摔在地上，如果谁从地上拾起尚未断气的燕雏，放回巢里，就再被摔出来。而初生婴儿的啼哭令听到的人肝肠寸断。不仅婴儿，连刚破壳的鸡雏的叫声也令他心碎，那么多幼小的生命等待着他的救助。世上最悲是怜悯，怜悯能伤男儿肝。最晚是九岁，他已经为“人生长恨水长东”而变颜变色，摇头不语。十一岁，“我以我血荐轩辕”的诗句使他一下子定在了那里，如受电击，如临天界。最晚是十二岁，他已经读“三十功名尘与土，八千里路云和月”而顿足长叹。

这里有些有道理更有些没有道理。与婴儿的啼哭一样撼动心扉的是山西民歌《交城的山，交城的水》，在歌剧第二版《刘胡兰》中唱了这首歌，在歌颂华国锋的时候又唱了歌词不一样的另一种升级版。“交城的山来，交城的水，不浇那个交城，浇文水”，浇到了胡兰子的家乡。“交城的山里没有好茶饭，只有莜面窝窝还有那山药蛋”“灰毛驴驴儿上，灰毛驴驴儿下，一辈子没有见过好车马”，这也让人想起了婴儿的啼哭，古老的中国遍野哀鸿。他想起了国人的贫苦，想起了伟大辉煌的中华民族，后来混到了什么份儿上！

还有瞎子阿炳的《二泉映月》呢，那乐声就像西北风吹透了窗户纸，像弓弦拉在了风中的电话线上，像寒风中的踽踽独行，像受尽人生痛苦的回味的茫然无措。随便议论与糟蹋这伟大的音乐天才吧，说他的乞丐生涯带来的恶习与恶迹，说他的失明是由于自身的荒唐。送出去，收回来，哭出去，哭回来，死过去，活过来，闭过气，按摩回来，我的悲哀的阿炳的二胡曲啊，《二泉映月》是弥留时刻靠人工维持呼吸时的感受！

至于社会，社会的黑暗令人窒息，你完全体会郭沫若的话剧《屈原》里的台词：“我要爆炸，我要爆炸！”男儿莫多情，多情多迟疑。男儿当爆炸，轰然坍旧墟。男儿当自强，龙吟复虎啸。鸡鸣白天下，舞剑斩风雨！

尤其是可恶的文学。当然文学首先是女人的事业,那就是绘画绣花,那就是卿卿我我,那就是哭哭啼啼,那就是被嘲笑不断的神经末梢,被指责不已的纤细、敏感、温情、爱怜、柔软、多感,被定性为浅薄可笑的小资产阶级。

为什么是小资产阶级呢？他们是一群小本经营的资本家小老板吗？他们是小业主、小掌柜、小财主、小经理、小董事长或者什么襄理副理吗？什么时候看到过一个小老板风花雪月,迎风洒泪,诗词歌赋,常怀殷忧？打着小算盘,数着零售盘存的人才没有空闲咬文嚼字哭天抹泪呢。然而他是小资产阶级,因为他拉黑了灯听柴可夫斯基,因为他童年时候喜欢周璇甚至李丽华、李香兰,因为他爱看星星月亮而不是满身满口一张嘴就说火红的太阳,因为他从来没有夸张地说自己听了几句口号就是捧起了一轮炽热的火红太阳。因为他竟然学会了哼哼苏联卫国战争影片上作为反面人物出现的德国军官吹奏的口琴曲的旋律,因为他看一部旧影片竟然为了故事中一个贵族家世的少女的死亡而落泪,本来他的眼泪应该只属于喜儿与杨白劳。他为此受过正式的批评的啊。

他自视过高,他太容易看出庸俗与愚蠢、贪婪与奸诈,为什么那么多的人鼠目寸光、蝇营狗苟？太多的斤斤计较与抠搜盘算,能与伟大的主义相匹配吗？他从小就极端厌恶谈天说地中的黄段子,他从小就极端厌恶对于女人的丑恶言说。他相信从一个男人对女人的态度上可以看出一个人是否肮脏,是否卑下,是否恶劣。他从小就不能容忍标榜着共产主义的小小弼马温们唯独追求一个东西——级别待遇。那时他认为谈论级别待遇,就是无耻之尤地背叛了共产主义。共产主义者追求级别待遇,这不是滑天下之大稽的伪君子、伪志士、伪革命家吗？是可忍,孰不可忍？

他以为提拔、官场、仕途、升官发财这些话都是国民党特务散播的腐朽透顶的细菌,而议论一个共产党员的仕途如何,这是对于被议论的那个人,也是对于共产党对于共产主义理念的最大侮辱。他绝对不相信一个利欲熏心、争权夺势、贪婪卑劣的王八蛋能为建立共产主义做出贡献。他不能容忍以无知为荣耀，以冷酷为坚强，以胡乱学舌为本钱，以东拉西扯为口才，以牵强附会为雄辩，以阿谀奉承为忠诚，以公关为背景，以报喜不报忧为取悦上层的潜规则。

还有以麻木不仁为老练，以见风使舵为明哲，以见什么人说什么话为成熟，以绝对不说自己的话、活人的话为政治正确，以随声附和为法门，以到处占小便宜为精明与得计，以大言欺世为勇气，以牛皮烘烘壮行色，以装腔作势掩盖自己的空虚，以与人为恶为出彩，以凶狠掩饰贫乏，以点头哈腰表演孔夫子教导的谦卑。

他尤其最最不能容忍的是背后没完没了地说他人的坏话，一面是口头上的冠冕堂皇，原则路线，公理人情，天公地道，高入云端，又酸又臭，一面是叽叽嘀嘀，嘁嘁喳喳，嘟嘟嗫嗫，从舌头上永不停息地泄漏毒汁酸水，这是怎样地下作、卑劣、低俗、狭隘、小气、令人作呕！

多么野蛮的生活，多么卑下的人众，多么伟大的使命，多么寒碜的阵容，多么不能让自己满意的，干脆说是没有出息的自己！你有私心，你不希望同班同学的功课超过你。你馋嘴，吃多了打嗝放屁。你怕冷怕热，怕流氓小偷恶棍和各式的诽谤者。你发育远远没有达到应该的与可能的标准。多么强烈的对比，心比天高，命薄如纸，情比海深，涵养不如一个浅薄的小碟子，志存高远，身为庸常，甚至不妨说是身为下贱！你背诵得下唐诗宋词元曲与《联共（布）党史简明教程》第四章第二节（斯大林撰写的《辩证唯物主义与历史唯物主义》），你讲得出普希金、雪莱、莎士比亚、高尔基与鲁迅，又能如何？你希望的要求旁人的正是你自己也远远没有达到的。

54

就这样一个人，能不能不承认会自找倒霉，碰撞南墙，甚至是多少有那么点咎由自取！哪怕自取的成分大于万分之七，撞上了、赶上点儿了的成分占百分之七十九，还有百分之十四呢，您老！

然后是狗血喷头，乱箭钻身，铁拳挥动，一抓就灵，众口铄金，三人成虎，曾参杀人，靠唾沫星子也能滚滚洪流，靠念念有词也能天塌地陷，于是满地滚粪球，满身泼脏水，满肚子的幽默与酸苦，化为齑粉。不能不想起一位老大领导的话：人民最伟大！人民最可爱！人民最可怜！

最没办法！人民跟着！

领导人也是幽默的哟。

所以没有完全当真。因为那彻骨的幽默、反差、夸张、变形、荒诞、生硬，强人所难，强汉语所难，译成外语就更难……更像是现代艺术，行为艺术也是语言艺术，更多的是表演艺术。你演我演他演她演大家演一起演，斗争需要表演，底层群众需要表演，拥戴也要表演，新生活新社会也需要渐渐蹚出路子。

当然，又不能全不当真。因为你有懈可击。谁敢说自己无懈可击？丫站出来！

你空想多于践行，情感多于头脑，文学多于社会，幻梦多于地气，浪漫多于务实，敏锐多于稳健，一句话，你是何等地不老练啊。

吾日三省吾身。做到日而三省的人将会健康长寿，他少了太多的委屈感与愤愤不平的毒火攻心。

倒不是生性乐观、豁达、幽默、顽皮、佯狂、飘逸、超然、大松心、大超脱、大解放、大圆融、大游戏、大光明、大欢喜、大智慧、大滑润、大胸襟、大笑话、大不在意。

根本不是。

一株小草研究一棵榕树，它为什么长得那么巨大宽广。说是由于榕树不够专心，拉的战线太长，所以开不出勿忘我那样的小蓝花。

一只可爱的小鸟，研究一只苍鹰，它为什么要飞那么高，说是主要因了它不知节能与适可而止，飞高了影响销路，许多小鸟都上了福布斯榜，而苍鹰只能抱怨葡萄有点酸。

一群蚊子讨论一匹骏马，为什么我们已经咬了它二十九个大包了，我们已经给它点了二十五克蚁酸眼药，它仍然健步如飞，日行千里，夜走八百？结论是骏马太狡猾，它可能服过违规的麻醉剂，它只顾飞奔，硬是掩饰得住自己的奇痒，硬是对蚊虫连正眼也不看一下。

从小就学会了“入乎其内，出乎其外”八个字，语出王国维。但他恐怕不认为学会这八字与王国维有太大关联，是生活，仍然是生活教会了你既要入乎其内又要出乎其外。要主观也要客观。要主体也要适应。要认真也要超脱。要拼搏也要忍耐。要前进也要适时而退。要勇敢也要勇于不敢。要自信也要自问。要英勇也要随和。该热泪盈眶的时候您热泪盈眶，而另一种时候你微微一笑，您一笑了之，您随它去吧。这里有古老的基因。用鲁迅批评林语堂的话来说：“有根了。”

你是你自己，你吃喝拉撒睡，喜怒哀乐，衣食住行，爱欲嗔怨，智愚贤不肖，有时心花怒放，有时痛心疾首……你又是你的操控手与被管理的对象，你要倾听自己，平衡自己，激活自己，把握自己，调整、反省、自审、自慰、屈伸、适应、反抗、坚持，更要保持清醒与超越，而不是活在我我我的令人作呕的自恋自辩自怜自说自话里。就是说，你对于自己，一定要做到入乎其内，同时要出乎其外。

你生活在一个语言的网子里，你感到了暴力语言的割体之痛，你又必须懂得暴力语言的滑稽虚弱与到时候屁随风散。风一吹，根本不算数。你感到了宏大语言的伟哥之壮，壮哉豪言壮语！你又必须懂得吹牛不上税的真谛。好的，吹牛确不上税，但吹牛最终是搞笑。你感到了温馨语言的酸痛与搔痒之舒适，你当然知道温馨的软弱正像温馨的永远不可或缺。你知道了某些时候真话真理带来的危险，知道被虚假的、只不过是逢场作戏表演一下的、被善意好人泰山压顶般压下来的重力有多么无法抵挡。

你知道我们有着多么伟大的理念、组织、经验、实践所形成的体制，你又知道时刻都有人企图颠覆这样的体制，体制会给以百倍的还击。你还知道体制也是活跃的智慧与从未停止过的权衡的产物，你对它同样要保持理解保持评估保持智性保持客观与全面，它是与时俱进俱化的，它绝非僵硬的生铁钢板，那么如果你比它还僵硬，你老哥会落到个什么地步呢？

而且因为没辙。

因为事出有因，查无实据。噼里啪啦，丁零咣当，怎么显得恰逢其时，非常及时非常必要非常准确正赶上了点儿？你去迎接挑战，一头撞去，正中靶心。你挨了一枪，一流弹，也是正中红心，十环。迎风接雨，顶头撞脸，打鼻子，抱上了黑绣球，不是被王宝钏招了女婿，而是被一个平庸的好人送了法场：舍我其谁？我不下地狱谁下地狱？我不接乱箭谁接药弩？你不上这个课谁来就学？我不交这笔学费谁来还钱？历史的车轮辗轧过去，有的侥幸有的哭泣，有的垂头有的断气，都有道理，也都掰扯不清晰。

你知道“绷、扒、吊、拷”是什么吗？这是成语，这是刑罚，这是生动红火，这是铿锵有力！

天之降大任于斯人也，必先饿其体肤，挫其锋，钝其锐，和其光，同其尘。恃众唬人也罢，狗血喷头也罢，幸灾乐祸的也有，起哄架秧子的当然，庆幸祸水冲倒的是旁人的宅基地。

总之调动了人性的恶的一面，阴天打孩子——闲着也是闲着。管丈母娘叫大嫂子，没话找话。剃头使锥子，一个师傅一个传授。杀猪捅屁股，各有各的门道。闲着也罢，摸索经验也罢，高瞻远瞩也行，幼稚病天真烂漫……都好说好说好说，至少都能解闷，都是小儿科的锻炼锻炼。谁没打过烂仗，谁没放过空炮，谁没有吹过牛皮，谁没有过三昏六迷十二糊涂，谁没有过随声附和，明哲保身，事不关己，是非难辨，闹就都闹，错就都错，何况错中有对，对中有错，谁对谁错，哪个负责？智者千虑，必有一失，再一失，再一失，一共几百个失又算什么稀奇？换成你就不失啦？鬼才相信。换成你这种黄口小儿，大言欺天，神经兮兮，犹豫不决，软弱无力，胆小怕事，酸文假醋，装腔作势，忽冷忽热，愁眉不展……难道不是更没辙矣？祖国更惨，国际共产主义运动更可笑可悲可叹！

烂仗的乐趣在于谁都当不得真，在于各显其能，各出其洋相，各有其忠厚善良，随机处理，生动活泼，天花乱坠，风是风火是火，赶上什么算什么。上哪儿找这热闹看，您？上哪儿找这样的人性的证明，比日本推理小说故事片《人证》还证，你证我证，天证地证，敌证友证，斯为心证，所有的经验都宝贵无比，所有的见闻都是打着灯笼没处找，所有的臭大粪都变成生活沃土花坛泥根与非泥非土，充填花盆，都培育着文学的鲜花异果，打造着从诺贝尔奖到茅盾奖，从一百万欧元到五十万人民币，得个小奖也有千八百万八千。然后培育着坚强、乐观、沉稳、从容、淡定、忍耐、谦恭、豁达、通畅、平常心，食归大肠，水归膀胱，虚火尽退，风寒遁形，消食化气，消肿化瘀，手掌紧贴肚皮旋转三千六百次。站稳了不摔，挺直了不折，绊上坎不跌，滑上泥不倒，干脆是突然齐了活！

尤其是所有的小灾小恙：耳鸣心悸、失眠盗汗、漾酸水、打饱嗝、说梦话、打呼噜、流鼻涕、打喷嚏、咬牙切齿、迎风流泪、烦闷郁结、干稠稀泻、伤风感冒、结巴口吃、脸红耳热、焦虑躁急、心慌意乱、精神恍惚、患得患失、嘀咕怯懦、偏食歪脖、洁癖怪癖、摇头摆尾、话痨、失语、显摆、挑剔、闹心、劳神、舌苔太厚、脸皮太薄……顿时一扫，眼前一亮，也叫一片白茫茫大地真干净。

于是实心实意、诚恳合作，破罐破摔，假戏真唱，此亦一是非，彼亦一是非，无喜无悲，前后相随，高下相倾，黑白相映，有无相生，好就是娇骄，坏就是皮实，禁蹬又禁踹，禁拉又禁拽，禁铺又禁盖，禁洗又禁晒，无官一身轻，无名一身爽，无钱不畏盗，无地位也就无不忿无侮辱，更加不怕哪位爷的嫉妒酸溜溜，而且，有了“嘛也没有”，就在在俱能，方方俱通，面面俱不妨一试，时时是新开始。

这才是考试，这才见真功夫真本事真火候真志气，真正的想象力意志力软硬实力，逢凶化吉遇难成祥不温不火不躺倒也不铤而走险，无往而不胜,立于不败之地,咸鱼翻身,鲤鱼打挺,十年生聚,十年教训,卧薪尝胆,苦尽甘来,获得了真正的生活的资源,文学的根底,思想的依托,经验的宝中之宝,教训的痛中之快,真理的实质,困难的无攻不克,对手的小小不言,主义的科学性务实性坚强性灵活性适应性,活力定力钻劲干劲热劲冲劲猛劲韧劲牛劲虎劲爆发力预应力支撑力反弹力。

而且,经历了这一切了,看明白这一切了,学会了这一切了,被恩将仇报咬了好几次了,他仍然喜欢唱歌,喜欢读诗,喜欢繁星明月,喜欢英语俄语波斯语维吾尔语,喜欢玫瑰马兰丁香,观赏凤梨滴水观音。尤其是他仍然立志做好人,做农夫,宁做被中山狼啮咬的东郭先生也罢,不做毒蛇,不做恶狼。

55

无产阶级对资产阶级右派的斗争是一次全民的针刺艾灸烟熏火燎推拿点穴刮痧拔罐子击打命门涌泉,外科手术、放射线、化疗、催吐、核磁共振、灌肠……一面是屁滚尿流,一面是神清气爽,一面是批倒批臭,一面是另起炉灶,一面是山穷水尽,一面是柳暗花明,一面是祸从天降,一面是机缘自然来,一面是铁拳砸豆腐,一面是好戏在后头,一面是面色如受到了瓦斯屁熏,一面是二十年后又是一条好汉,一面是没有谁相信你是帝国主义蒋介石反动派的代理人,一面是没有人不知道你享受了阶级敌人的优渥待遇,对你们越辣就越有机会青云直上。请看这没有人信也没有人不信的世纪猛剧!

于是八方庆祝四面欢呼,民气振奋民风浩荡,歌声嘹亮舞姿招展,敢想敢干敢打敢拼,红旗飘扬捷报频传,你也傻了,你也乐了,你也信了,你也热了,你也哭哭笑笑、喊喊叫叫起来了。

这就叫疾风暴雨,这就叫洪流效应,这就叫创造历史,这就叫你追我赶。这就叫走一条谁也没走过的捷径。我们走在大路上,意气风发，斗志昂扬！

叫我怎能不歌唱？叫我怎能不欢愉？叫我怎能不鼓掌？叫我怎能不唯唯？

有点发怔，有点揪心，有点目瞪，也有点口呆。又颇为理解，干脆一不做二不休，干脆搞进攻是最好的防守，干脆与阵地共存亡，干脆坚持一下就是胜利，败极必胜，困极必解，拼极了自然能够突围，创业艰难百战多，旌旗十万斩阎罗，能拼出一个新中国来也就能拼出一个富强中国钢铁中国来！

我们打了多少败仗，最后仍然是我们胜利，我们被包围被围歼了多少次，最后仍然是我们翻身庆功，我们付出了多少代价，老虎凳，点天灯，铡活人，钉竹扦，坐牢酷刑，砍头枪决，炮打轰炸，血流成河，尸横遍野，最后仍然是呛呛其呛其，秧歌队扭遍神州大地！

与闻其盛，与闻其挫折，与闻其曲曲弯弯，与闻其鲲鹏之志，狮虎之雄，万众之威，精神之倔强雄健数千年未有。秦皇汉武，唐宗宋祖，张飞李逵，江山如此多娇，历史如此斑斓，何朝何代何时何处您见过这样的盛大，这样的万众一心，这样的说一不二，这样的盛装、豪言壮语、雄心壮志，指向哪里，打向哪里，招之即来，来之能战，战之必胜，挥之则去，不服行吗？不哭行吗？古老的中华，衰弱的中华，受欺凌宰割蹂躏侮辱轻蔑丢尽了脸的中华，祖祖辈辈吃不饱的中华，个儿没人家高，块头没人家大，男人没有人家的阳具硬，女人没有人家的乳丰臀肥的中华呀，你终于有了今天！

疑心也得干，不信也得跟着喊，命就是这么革的，利就是这样胜的。不是绘画绣花，不是论证清了考察完了设计妥了再干，而是抡起来再说杀起来再说打响了再说胜了或者干脆败了再说，你早已参加，早已敬佩，早已接受，早已宣誓，早已服膺，早已以命相随以命相托以血相荐以死相报。经验经验经验，经验不经验要什么紧？我们的事业我们的计划前无古人后也少来者。而你呢，小小年纪，没有经验却又趾高气扬、意得志满、牛皮烘烘，大话连篇，指点江山，打抱不平，你读书读到了全然无法救药的大傻帽儿！

有时候你必须分清是非曲直，有时候你只能分辨个大其概，还够不上大概其。事出有因，查无实据。苍蝇不叮没有缝的鸡蛋，蚊子专叮小嫩肉，吃一堑，长一智，与其以卵击石，宁可将错就错，以退为进，避其锋芒，徐图转机。谁能长保平安，谁能不遇艰险，你以为革命是过家家，朗诵散文，唱个自以为红得不得了的歌，喊几声口号，表个态举个手鼓个掌挥个旗扭扭秧歌忆一回苦就行啦？爱人者人爱之。恨人者人恨之，毁谤人者人必谤之，冷人者人必凉之，热人者人必温暖之，革人之命者人必革之，兴风作浪者必被风浪冲个不亦乐乎，没顶者有之，呛水者有之，沉底喂王八者有之，不知所终者有之，想不通要活要死，想得通不过如斯，大丈夫何患小霉头，何患有枣三竿子没枣三竿子，也罢，也罢，也罢！之后是别有洞天，是柳暗花明又一村一乡一市一省一国一世界一宇宙！

不信吗？您试试。

不要以为自己羸弱，二百三十斤的麻袋照样扛起来跑，一百五十斤的沙子灰照样往山上挑，大眼窝头一个又一个，白班夜班还不是照样上？打击能增加骨骼的密度，批判加压能够增加内里的矜持与绷紧，谎言反衬了清醒者的清明，起哄提醒了被哄者的定力，霹雳照亮了男儿的脸颊，暴雨洗净了小伙儿的身躯，听蝲蝲蛄叫就不种庄稼喽？用几个怪词儿呦呦叫两声就能摧毁一个天才的坚韧？不，不可能，挑断了一副扁担再换一副，用钝了一把镰刀再重新打磨刀刃或另打磨一把。小腿挺细照样坚挺，立木可顶千斤，好汉不怕重担。大腿从不酸疼，因为青春。你少年革命少年有成少年有才少年有志何惧少年有误有过有罪有失有华盖运有不服有嫉妒有不平有趁机满足自身的小心眼。

你也有表演，你的表演其实十分诚实，你表演的是你认为应该做到的自己。你要表演谦虚谨慎，你要表演一意一心，你要表演革面洗心，你要表演普罗大众，你要表演吃苦耐劳，你要表演从一个阶级跳跃到了另一个高唱《国际歌》的阶级。表演是因为还不十分透彻，还不十分熟练，还有疑惑，还有陌生感，表演的过程就是实践的过程改造的过程加火的过程升华的过程。任何历史上第一次本地区第一次你自己第一次的行为，谁能不带有表演的笨拙与汗流浃背？许多事情就是表演表成功、直到弄假成真了的。

哈哈，大丈夫有泪不轻弹，只因未到伤心处。你全须全尾，你有吃有穿，你有头脑有记忆，你有明白有不明白，你有功有过，有得有失，有幼稚有老练成熟，有进有退，有实有虚，有体力有脑力，有喜爱有迁就，有骤得大名，有忽然乱棍、按摩、揉搓、韩式松骨、中式点穴、日式相扑、美式拳击、苏式清党、禅式当头棒喝，清酒浊酒，都来上一壶，红茶绿茶，都来上一盅，甜的苦的，都来上一卷，香的臭的，全给我咽下去。

都算得上有益宝贵的熏陶，冷的热的，都要好好洗浴冲澡，算数的不算数的、几何的不几何的、答对的答错的，全都是人生试卷，更都是智力心力尤其是品格的较量增益，而较量是生死存亡却又是游戏。好男儿自当经风雨，好女儿何惧高潮或骚扰，好男儿欢迎考验，你急得骂娘急得跺脚急得满地抽羊角风急得挥刀动棒急得恨不得扔原子弹，我仍然千篇一律生生不息微微一笑，没有弄明晰以前你最好一回回妥为因应，其实换个角度都是外甥打灯笼照舅（照旧）。

因为还有灵与精神的世界。因为还有语言、诗、祝祷与信念。还有不仅是台灯下面而且是一间有吊灯的餐室里放送着莫扎特的小夜曲。有李白为你的题写：“天生我材必有用，千金散尽还复来”“仰天大笑出门去，我辈岂是蓬蒿人”。而这一代更明白哪个不是蓬蒿人？能庙堂，能蓬蒿，能匍匐前进，能就地十八滚，有不中使的大厅，没有不中使的蓬蒿。洁白的窗帘轻轻飘拂。俄国的普希金说，要是生活给你以欺骗，你就趁早与他握手和解。你听着爱情，品尝着精致，思索着还行，还行，也罢。你仍然解开纽扣照一张迎风前进的肖像。额头当然有聪明，嘴角仍然有小小的自负。目光中仍然不无不屑。你仍然默念李白的诗,乱我心者今日之日多烦忧。当烦忧化作了李白的名句,同一瞬间,烦忧是优雅的诗。苦笑成诗文,无理与无礼成为幽默,焦虑成为自赎的起点。去掉焦虑就是大自在大解脱,泪尽自然得到如莲的喜悦。有了千姿百态千奇百怪千难万险千愁百闷的经验,何愁不文气冲天、文思喷泉、文风龙卷、文势昆仑山!

56

于是你成为一个新的人,不事夸张,不贪个人,不求显达,不在乎污水劈头盖脸,走到哪儿说到哪儿,随遇而安,随缘而办。外派就是游学,会议就是耐心,讨论是思想的体操,批评是人情世故的补课,劳动是最好的锻炼,"苦役"使肌肉壮实硬朗,无知的哄闹也增加了对国情的一个侧面的体察,轻侮使男儿坚强,无奈不是由于怯懦而是由于澄明,逆来顺受只是由于善良与超拔,以眼还眼以牙还牙难免走近妇姑勃谿,至少是睚眦必报的小农心理。忍受使男儿深邃虚静上善若水。所有这一切都变成两个字:长进,而长进是快乐,欢喜,喜悦的源泉。

喜悦如徐霞客的漫走。新奇如鲁滨逊的航海。开眼如格里佛的见闻。颠簸如比诺乔小木偶的悖谬。快乐如山花的遍野。欢喜如得道的满足。幸运如刘宝瑞的单口《黄蛤蟆》。充满信心的人怎能不歌唱?时时长进的人怎么能不饱满?从胡同的小院子里与公寓楼的单元房子里走出去的竖子怎么能不心花怒放?被投掷到,其实也是跳跃到江海里去的鱼儿怎么能不冲浪跃龙门弄潮?换一种活法的诱惑怎能不欢呼?全新的经验怎么能不拥抱?悲剧开山,奇祸开路,瞎猫碰上了活大虫,小资打开了新视野,小蝌蚪赶上了大海啸,小猢狲巧遇大恐龙,关公战秦琼的戏码带来的不仅是闹剧段子,乱点鸳鸯谱的结局并不决定于乔太守,而是取决于对对的靓仔美女,历史与人开玩笑,让你走错了房间,历史也与自己开玩笑,玩笑也是一种创造,一种机会，一个前所未有的舞台。

憋在一个城市里二十多年了，一旦尝到了海阔凭鱼跃，天高任鸟飞的滋味又岂能计较那么多小小的鸡毛蒜皮？光说一个作诗吧，你得到了多少诗材诗趣诗意诗题，前无古人，后无来者。如果由于心情上的脾气上的原因偏偏停止它几个月不写什么诗不诗的了，那又有多么潇洒和自由！

涅克拉索夫诗曰：《在俄罗斯，谁能快乐而自由？》不能快乐而自由吗，必须自己救自己。不能写了吗？不能不写吗？不写就不写啦，这不结啦？这不齐活了吗您老？你以为我一定要写要发表要赚稿费要当作家，我不写不登不进账不吟咏，我还不照样欣欣然栩栩然陶陶然洋洋然拥抱大千世界，迎迓千山万水，欣赏口头上神圣实际上不无距离的大众人民，热爱发汗祛毒的体力劳动，追求身心的健康再健康。谁能摧毁我精神上的自由，谁能驱逐我内心深处的快乐？想摧毁我？想用世纪末的氛围难为我？没门！英语说，没路！什么是平头百姓？什么是人民公社的社员？什么是向阳花？什么是大声喊着的拥戴口号？什么是万众整齐的步伐前进再前进？战士的责任重，妇女的冤仇深！什么是不饿就算吃饱，抗饥就是美食，蔽体就是时装，遮风挡雨就是豪宅？百姓最幸福，百姓最平安，多伟大的人都用得着百姓，多艰难的岁月百姓都过来了，过去了，过来了！铁打的营盘流水的兵，现在过来了将来也照样是这样过，交租纳税，服役出工，忙时吃干，闲时吃稀，吹吹打打娶媳妇，叽叽嘎嘎闹洞房，凑凑合合讨生活，凄凄哀哀送终老，忽忽悠悠吹大话，畏畏缩缩赔小心。有龙有虎有狮有豹，有蚯蚓有孑孓有蝼蚁有扑火飞蛾。没有粮食有红苕，没有红苕瓜菜代，没有瓜菜还有柳树叶，多用凉水泡几次去掉不少苦味。有享不了的福，没有受不了的罪！你可以忽悠人民，你可以名不副实，你可以巧言令色，你可以朝三暮四或者朝令夕改，你可能有这样那样的失误，然而你永远不可能完全抹杀人民摧毁生活或者按照你和图样自行另行设计人民设计生活，人民万岁，生活万岁，豁达万岁，快乐万岁！

车到山前必有路，山重水复疑无路。心中无有亏心事，不怕与难同行，与惑同行，与误解同行，与鬼魅同行，与妒同行，与蛇蝎同行，与谎言与诬告同行。一正胜八邪，一通扫十谬，一笑解千愁。慢慢走慢慢行，光明在前，大路在前，豁然贯通在前，生生不息在前，无限的可能在前！

立秋时节山村户户门前插一枝核桃树叶。立春时节从鸡窝里捡两个鸡蛋去供销合作社换一点盐。小满时节边疆家家盛开起簇簇鲜红的玫瑰花。严冬时节大兴水利建设，挖土方变成了国人的大进军大联欢大愿景大派对。拖拉机曾经是十亿中国人之梦，苏联歌曲名为“康拜因机能割又能打”。我们热衷于改天换地，我们热衷于改革工具，我们提出过绳索牵引将使共产主义社会的到来提前，我们热衷于亿万人民铁锨土方兴水利。我们是移山愚公，理水龙王，大闹天宫的孙悟空，触翻不周山的共工。俺们从来没有闲着，我们从来是一热未平一热又起、一风未歇一风又吹、一火未透便又点起了更宏伟的熊熊大火。

57

我在苏联小说里看到过的一些名词，例如马合烟，例如苜蓿饲草，如今，与之亲密接触。他也用报纸卷起过颗粒金黄、夹杂一点鲜绿的烟质，用唾液将它粘成圆筒或者喇叭形状，用划一下赶紧躲避其硫磺气息的火柴点燃，吸一口草香、土香、大渠里的水与遍野无遮挡的阳光的香味。也曾在阵雨中迷失在无边无垠的苜蓿地里，那气味活像白薯嫩秧，那颜色紫里透绿，绿里黑黄，你享受着静谧，纷乱着雨点，惶惑着方向与路径，赞叹着辽阔，服膺着命运。命运就是是也是，不是也是。事已至此，自有道理，自有理论。老旧年代，道理与理论的意思不是预见与分析，而是因应与对策；不是大河滔滔，山雨欲来风满楼，隆中纵论，未出祁山门清天下大事。不明不白也罢，且战且退，没有感觉也是找到了一点难得的感觉。

原来生活就是一曲宏大的交响，由人民与领导集体作曲指挥并倾情奉献演奏。你不知道为什么天外传来了试探，你不知道什么调性什么旋律什么和声什么节奏什么配器。有那么一点声音。你希望它悠扬雅致，你相信它悠扬雅致，有应有答，有起伏有委婉。浪潮于是滚滚，光影于是参差，悲喜于是莫名，心情于是紧张。声音只不过是声音，你听见了，你悲喜了，你注意了，你失望了，因失望而不无焦虑了。你承认了这一切，对于一个乐队，你又有什么不承认的呢？

你不承认袅袅寻踪的小提琴手？你不承认嗡嗡震地的大贝？你不承认摇摇摆摆的志得意满的巴松？你不承认咣咣当当不无急躁的大鼓？你不承认直入云端的法国号还是不承认指挥或作曲？不必去议论指挥的手指运动是不是像揉面团，还是酷似搓花生米，还是像老式炮兵在炮口点炮。不必操心作曲家的曲子是不是圆润匀称，是不是有拙笨的模仿乃至抄袭，是不是有天才的疯狂或者灵感的偏执。更不必去审度哪一件乐器的演奏差了一点点音准。乐队已经演奏，气势已经磅礴，神经与耳膜已经抖颤，主题不可逆转，情感已经郁结，而接着就会泛滥，方向分明，却又不无变数，有曲谱却也可能随时改变曲谱。

超级大型的乐队面前，任何个人的嘶唤或者敲击，任何乐器的突然冒泡儿或者发烧打摆子……都已经毫无意义了。

你有时候会不知晓一切都是怎么造成的。你也不知道你自己是怎么造成的。你不知道你的造就有多少建设抑或损坏，端正抑或弯曲。你怀疑能不予承认的只有你自己的感觉，它是否无误，它是否专心，它有多大的理解与想象能力，它是否进入一己的魔障，它是否正在钻牛角、较死劲、挂一漏万、杯弓蛇影、风声鹤唳、刻舟求剑、胶柱鼓瑟，或者麻木不仁、稀里马虎、自欺欺人、白日做梦。

而且，这样的欣赏交响乐的体验百年不遇，千年不能。听着听着你也上了台，你以为你也抄起了指挥棒，你以为你也气势雄浑，当机立断，你以为你也奏起了弦乐器、管乐器、簧乐器、打击乐器。你拧紧了螺丝钉，你是乐手，你是歌唱家，你是声带，你也是古今中外大大小小的锣鼓管弦。你在打雷，你在闪电，你在刮风，你在翻天覆地。于是各种乐器变成了短兵相接的武器，劈砍抡刺捅豁顶，点射、扫射、狙击、拉响，鹞子翻身，弹无虚发，当头砸下你晕眩如醉酒，拦腰一击你酸痛如断裂，连蹦带跳如千人的士高。也许那时就有响在蚁民车队与摊档旁的炸弹。胡琴与提琴爬高比赛，它们在追逐云雀，也追逐蚊虫猫头鹰。黑管与双簧管结合着土风，它们拼酒，它们结盟，它们渴望时时做爱。锣鼓喧天，木鱼猛敲，大镲宣布，送向法场，就地问斩问绞。独唱风骚，重唱互描，合唱遥遥，轮唱滔滔，童声亮亮，女声呦呦，男高铿铿，男低飘飘，男中嘹嘹，女中骚骚，女低妖妖。这是快乐吗？这是历史吗？这是赞美诗却偏偏有人编出了咒语谩骂……然后，你如何能否认，前进了，又前进了，这可不仅是乱了套！

有什么办法，时间的后浪推前浪，海洋的东涛掀西涛，一百种一千套一万起风雨沙尘云雾潮浪一起涌动，一千个一万名一亿具大脑飞速运转、碰撞激发、溅火星燃烈焰烧烧烧。有时候是山洪拥水，有时候是小溪潺湲，有时候是极地探险，有时候是和风细雨，日暖风清。有时候是泥石流压顶，有时候是炉边闲话，有时候是觥筹交错。有时候是力挽狂澜，有时候是拘谨平淡，有时候是出幺蛾子，有时候事出意外，有时候是运筹帷幄，有时候是瞎猫死鼠，有时候是黑灯瞎火，有时候是艳阳高照。有时候差错连连，仍然朝阳明亮彩霞妩媚。有时候终上轨道，百事俱兴，同时一片笑骂……历史如期、历史如斯、伟大渺小、崇高卑微、前进停滞、匆忙从容、英雄群氓、威严游戏、智慧糊涂、诚恳玩耍。有意种花花不活，无心插柳柳成荫，歪打正着，举重若轻。踏破铁鞋无觅处，得来全不费工夫。众里寻他千百度，蓦然回首，那人却在灯火阑珊处。泪尽则喜，智尽则静，心净则明，苦尽甘来，豁然开朗。

你发现，原来关键在于乐手们的精神面貌，错就错了，断就断了，高就高了，低就低了，你错我对，你对我错，你高我低，你低我高，人人都激情澎湃，聚精会神，服从指挥，气贯长虹，这样的乐队，错了也对，对了更对，掌声如雷，欢呼如海，趴下吧，孙子们！

而且还有明天，希望、期待、耐心，平平淡淡、日日常常、和和气气；老僧入定，小尼扯闲，只要有机遇，就不会错过，只要全然封死，也就随它去，大器晚成免成，何患之有？或有波澜合朔望，绝无血气逐沉浮。揽上了这等瓷器活儿，不怕没有金刚钻。另外的情况下，也就无可奉告。对于一个充满阳光的人，一个二十多岁的人，一个自信而又学习着变得老练的人来说，明天是多么宽阔，多么自由，多么可能又多么辉煌！

无路可以变为阳关大道，憋闷可以变为海阔天空，惊悚恐惧可以变为驾轻就熟，委曲求全可以变为所向披靡，屈辱可以变为昭雪明洁，窝囊可以变为扬眉吐气，宵小可以变为过街老鼠，嫉妒可以变为人们眼中的笑柄丑态，专门班子的栽陷可以变为滑稽笑料，逆风坎坷可以变为乘风破浪。所有的背兴，所有的污水，所有的误读，所有的愚顽与对清明的不习惯，所有的知觉引起的不知觉的咬牙切齿，都化为小说的千金难求的底本，化为幽默也化为深沉，化为荒唐也化为代价，化为大悲也化为惊雷，化为抒情也化为哲学，化为故事最差也化为佐酒的谈资段子，化为发行榜也化为粉团。明天因为并无确切把握而更加吸引，更加魅力，更加悬念，更加浪漫文学诗性审美！

焦首朝朝还暮暮，煎心日日复年年，焦、煎得长了，也就稳如泰山，也就淡如静水，也就拈花一笑，也就却道天凉好个秋。

好啊，好！艰难才有精神。曲折才有鲜艳。生硬才见自如。宵小的存在反衬出咱们的度量。难受考验坚贞。沉郁召唤明智。磨难丰富色调。拐弯更见耿直。复杂中呈现出纯真爽朗。哈哈哈哈哈哈，豁达通畅也关情！

第十一章　我又梦见了你

58

那是第一次，你到达了一个奇异的原点，一个巅峰。你开始了高山滑雪的那关键一跃，你准备了求婚、击剑，接着是左轮手枪的决斗，像莱蒙托夫、普希金、拜伦，还有十米悬崖的跳水。你飞翔在天空，像是从容微笑的就义。知道，你喜欢面对与回应挑战，即使心跳如击鼓。

那是二十年前，那是一种缥缈的也是终极的困惑：你无法再分清是你还是不是你自己，你到底是谁，你究竟咋了，你何时能够成为本来的本有的自身。你忽然想起，要去发现和实现你的更好，你的比好还好。你说得写得比你自身更好？当然情书表达了你的最最美好的那一面。爱情的美好在于它使人变得要爱、要被爱、要值得爱。你分不清现实与追求、回忆与遐思、小说与诗、短篇与长篇、散文与戏剧、理论与抒情、绝对的真实与尽兴的幻象、结构的严谨与分崩离析的自由、浑然的一体与一步一个的脚印，尤其是本我与不无表演设计的今我。干脆说，如面对着你的另一个存在的雕像，你无法确定有还没有，说了还是没有说，出生了还是死过了。是雄辩还是无言，有声？无声？无声胜有声？回眸一笑百媚生，曲终人何处，烦闷与激情。

你屡屡做梦，你给自己的家打一个电话，接电话的不是别人，正是你的另一个心身，即另一个你自己。第二个你对第一个你说："是的，我就是我，我就是你，你是不是不在？你在外边。我是不是不在你身边？我在你的早先的家里。”

就是说如佛的无差、无等伦、无量寿、无有异、无弹窗、无上、无二佛出世、无数亿佛、无九界十界众生差别。一生万象，万法归一。

那时文思澎湃像蒸汽机的高压顶开了活塞、限压阀，情绪汹涌像潮汐发出了电力百万千瓦，想象如云，词语如海，情绪如星火燎原。力量的传送带动了大小齿轮的全面飞速旋转，高度的旋转反而又均匀了平衡了保持了确定的坐标、圆心与圆周，呈现如静止的点与圈的存在。极速则静，超速欲超。在最佳的高速公路上行驶，开车的感觉与静止时候完全一样，如果车好车新底座有好的弹簧，时间与空间都已经为你宁静致远，取多用长，古井无波，坐化入定。于是你哭了：牛顿也解释不清楚这宇宙的最初的一击一推手的开始。

上帝就是一击，道就是一击，文学就是一击，烦闷就是一击。烦闷是对于上帝的呼唤，是对于文学、革命、运动的发力。众妙之门，全在一击，存在还是虚无？烦闷还是激情？飞翔如此开端，文学由此沉醉，成为主宰与永恒，成为生与生前、卒与卒后的永远的证明与纪念。

心如涌泉，意如飘风，你发现了只有两个人，一个是庄子，他这样描写吃活人内脏的盗跖。另一个人是谁？你们都知道。因为谁也找不到第二个。

至于陀斯妥耶夫斯基，他是心如反应堆，意如霹雳核爆炸。李白，心如明月，意如春潮秋泛。曹雪芹，心如泣血，意如织锦。雨果，心如绞肉，意如移山。契诃夫，心如滴泪，意如抚弦。李商隐，心如芜园，意如秋雨……每到无奈的悲哀，我就会发现你，梦到你，只有你，如我的你。

从哪里来的？我从哪里发现了你？那个秋天的铜管乐怎么会那样钻心？秋天是铜管的奏鸣，冬天是二胡的呻吟，春天是弦乐的协奏齐奏，而夏天是铙钹锣鼓琴瑟笙箫的悉数呐喊。铜号的光洁闪耀着凋落了树叶的杨树林上方的夕阳，夕阳在颤动，树林在呜咽，声音在铜壁上滑来滑去，悲伤，如同折射出七彩光色的露珠。天打开了自己的窗子，地打开了自己的门户，小精灵像一枚射上射下、射正射偏的子弹，一颗小小的子弹占据了也贯穿了全部秋天，全部世界，画出了细密的折线，从蝉翼的热狂到白菜绿叶上的冰霜，到我们的许多骄傲，还有并非没有的屈辱。

原来人生的主导元素正像是爬上落下的音符，音符就像到处巡视的探头。气长气短、高挺低回的号声，突然的和谐与不和谐的挥手。人生是一个鼠标箭头，你疑心自己并不是那个握着鼠标的手。即使你紧握鼠标，你仍然为将出现的画面而好奇、期待而又不安。你烦躁、疲沓、顿足、莞尔，而后沉默。还有白浪滔滔，彩霞飘飘，山石峭峭，碧海渺渺，往事杳杳。又有些更长远更耐久的时刻，眼观鼻，口问心，意守丹田。失眠升华为催眠、长眠以及无眠，天翻地覆抑或是槁木死灰，随它去吧。呐喊号叫终究会变成哼哼唧唧的邓丽君歌曲，月亮代表我的心？呸！狼奔豕突，非觉非知，何日君再来，果然再来了否？

就是这样，合久必分，盛极则衰，否极泰来。秋以后虽然是冬，冬以后却是万紫千红的花丛花枝。一年四季叠加到了一起，成败利钝连续为一个无始无终的圆环，感觉与被感觉浑然一体，赤橙黄绿混为白光或者析为众色相。最美仍然是秋天。秋包容，所以含蓄。

我发现的是你的笑容，你的天然带笑与我的天然晦气憋气受气一样明显。这都是命。你的脸上的纹络，即使在你盛怒与哀痛的时候，仍然勾勒着笑靥，我以为是你具有了太多的和善。有人一脸的压人一头，有人一脸苦药强咽，有人一脸鬼头鬼脑，有人一脸便秘难产。而你坚持着和善的快活，这当然影响了你的时运。太多的人宁愿迁就恶人而不是照拂和善。你的笑容就是天堂里的玫瑰，就是观音大士的杨枝净水。你说，宁可谦让，也不作恶。此生绝不为恶，这当然是一种幸福。

所以你一定饱尝磨难。在一个咬牙切齿的艰难时刻，在或许有过阴损伪劣的云雾角落，在不无大吵大闹的嘎嘎乱叫的鸡窝里，你纯洁而且高尚，你尊严而且不计得失，你敏锐而且分明，尤其是，你终生拒绝鄙陋与下流的毒与辣，你怎么可能不成为愚蠢、粗野直到平庸的公敌不共戴天？

为什么活？为了看到。为什么爱，为了得到，使自身也更加善良与纯洁。为什么哭泣？因为你终于笑了，甚至在弥留的时候。

世上最最煞风景的是唠叨解述。命运的全部魅力在于不能预知。命运比如法国网球大满贯赛，你当然不会看到早早发下来的全部大奖名次结果之后再去观看比赛。不确定性才是人生魅力的核心。命运如同写小说，小说的魅力不仅在于读者的好奇，而且作者一定比读者还焦灼，他或她不写完全书，不反复修订，作者也不知道一个又一个人物到底最后是什么样子。

命运这只鸟不宜于总是装到笼子里，更不能动辄放置到手心上，攥在手心中。你用餐饮的时候有人给讲每一个碟碗里的菜品的原料、成分、脂肪蛋白质碳水化合物，钙镁磷钾锌铁铜钠碘钼硒锰，维生素 ABCDE。你大便的时候有人给你展示十二指肠结肠直肠肛门括约肌的图纸。你听交响乐的时候有人不厌其烦地给你解释每一件乐器每一个音符每一声意蕴的大小快慢，多么煞风景！

如果诸事是这样简单明了，干脆写个说明书每人发一份就可以代替一个又一个人的艰难困苦的一辈子。

不，你搞不清声音、情感、耳朵与心灵的密码，你搞不清每一个你喜爱的不喜爱的人是从哪里出世，你搞不清你会碰到谁，你会错过谁。你不知道上苍的鼠标的一击所为何来。你知道贝多芬是从哪里到来的吗？你知道《英雄》《命运》《田园》是怎么出现的吗？还有柴可夫斯基的《悲怆》与舒伯特的《未完成交响乐》……《自新大陆》线条是最分明的，德沃夏克就像布拉格城一样童心如花朵；你仍然永远搞不清那么多乐器那么多演奏员是在相互争拗还是相互配合。你甚至也弄不明白，那个大模大样的指挥究竟是在说什么做什么，他要的是什么？是才华盖世还是装神弄鬼？

那么，何况是生命呢，人生呢，历练呢，命运呢，祸福呢，机遇呢，悲欢离合呢，喜怒哀乐呢，荣辱浮沉呢，成败胜负呢！而后者的指挥，上帝，上苍，菩萨，主，他是怎样地指挥着过去与今朝、古代与当代、地球与宇宙，还有你渺小的个体！

也许指挥就是不指挥，天何言哉？

你不知道。混乱中是不是仍然有一种和谐，摇摆中是不是仍然有一种平稳，偶然中是不是仍然有一种呼应，无奈中仍然有一种定数。你必须对自己负责，责任自负，费用自理，心怀自安。越是模糊你就越需要清楚，越是悲怆越需要通达的慰藉。

而你就从那晃眼的铜壁上溜下来了，那时硝烟还没有散尽，戴着钢盔的战士蹲在地上，用双手掬起车辙里的积水。小小的一掬水里闪动着天空与白云的映象。你轻轻巧巧，从从容容，沉默得像一个天使的影子，朴素得像一只草绿色的书包，你握了我的手，微笑了，飘走了，像一个气球一样地被风吹去了。彼美人兮，逝无迹兮，入我梦兮，我又梦见了你。夕阳染红了树林。树叶飘飘落落。你有两条小小的后来慢慢长大了的辫子。

原来我们的此生经历了那么多战争。我们一代又一代了，活得不太平。父亲总是说，你们应该记住，你们的童年是在战争中度过的。早就分辨得清什么……是防空警报，什么……是空袭警报，什么……是解除防空通报。战争、占领军、防空壕、贫困与愚昧掠夺了我们的童年。炮声隆隆，枪声阵阵，以外婆面目午夜敲门的肯定是那只大灰狼，后来他当了采花作家。后来他病了。这就是童年，这就是中国的童话。没有美人鱼海的女儿，也没有划一根火柴就升入天堂的卖火柴的小女孩。

所以你从学写大字起就写下了一个又一个“天下太平”。你从铜壁上溜了下来，我从石缝里钻了出去。你从黑猫身边找到了自己的第一个梦，找到了一个梦里的明明的自己。我从香烟缭绕中送别了自己的第一个血亲——奶奶。然后开始了逃难的难民生活。你像天使的影子,我像星星的闪耀。你经历了战争,伟乎壮哉。我迎接了红旗,万岁万岁万万岁。也曾经血流成河,也曾经枪声大作,也曾经杀声震天,也曾经风平浪静,也曾经大张旗鼓,也曾经悄无声息,也曾经大呼小叫,也曾经拉出去就毙,仍然是幸运。我看见了你?我没有看见你?为什么厮杀中仍然看见了温柔,炮击中仍然感到了和平,宣誓的时候仍然想念着生活与爱情的果汁,真实的与假想的例如言语上的风流妩媚。一瞬间,风流妩媚的言语又会变成见血封喉的利器。

因为有了你。在九级风浪中我不无安逸。

从中我想到了你的目光,你的温存,你的善良,你的祝福。在你离去以后,我仍然时时与你说知心的话语。

59

……后来我与一个人在摆荡着的秋千上会面,那秋千架竖立在远方一个贸易集市上,四周弥漫着浓郁的茴香气味。如果是兹后书写,我也许更多地写祖娜尔大枣的气息。这种贡枣出道于新疆的叶尔羌河即刀郎地区。从前根本没有见过这样的枣,像甜的酒糟,像香的糟肉,像在巴黎获奖的浙江糟蛋。这种枣也是一种境界。我们的身下是骡马的交易与羽毛的洗染,插着羽毛的帽子像海浪一样地涌起。欧洲也让我看到了人潮如蚁。北美也有骡马大集,有骑野牛与野马的竞赛,有拉丁裔的劲歌软曲与身体的千姿百态,千娇百媚。秋千跟随着笑语和喘气声摆来摆去,越摆越快,越摆越高,集市和集市旁流淌着浑水的大渠都被卷过来卷过去,卷成了一块大蛋糕。蛋糕上铺满了核桃仁和葡萄干。应该加上巧克力。巧克力放射出威士忌的酒气。秋千上上来的人愈来愈多。我说上来的人太多了,我怕秋千支持不住,你什么也没说。你那天很美,你那天想入非非,只是嘴显得大了些。我坚决停止了一切应该停止的心绪。我说我害怕我们的秋千碰上飞翔的鸽子,我说完了漫天果然出现了红嘴巴鸽子,鸽哨响作一片,你什么也没说。这有点像一段绯闻,隐藏在仓底。

我说我不喜欢有这么多人看着我们,我们已经不是孩子,我们已经超过了荡秋千的年龄,不,这里不应该有八卦与娱记。你说,在你们那里,某种微妙的时刻,女孩子会向你挤一下眼睛。对了,我知道,那就是目光一闪。我们已经知道了什么是目光一闪,什么不是。你什么也没说。我说无论如何要让秋千停一停,我要下来,要下地,我感到了太长的眩晕,我想下地喝一杯酸酸的红果汁,你什么也没说。秋千不但摆荡,而且剧烈地旋转,四面都是太阳。我有点发热。

我不喜欢阴霾,我也受不了太厉害的照耀。我不要那么热。请不要照耀我,我不配。我删掉了狂妄大胆的可能性。

旋转的秋千,这是我四十岁以后写的第一首诗。一次又一次飞越,一次又一次下落。破碎了大地的沉重。唤起了风,呜呜的梦。荡斜了地平线,花木奔涌,灯光滚滚,像是五色泪河。三十年前忍住了泪水,最后流出来在你的草地上。这个草地应该是茵梦湖。在吕贝克的教堂里,在巨大的管风琴旁想起了十九世纪的史托姆。不喜欢凄风苦雨,也不安于许多太阳的烧烤。当然,时时有两难,有无能,有眷恋,也有恐惧。不,我永远不会做对不起人的事、不负责任的事。我痛恨的是无耻、厚颜、下作、卑贱,尤其是公鸡式的轻薄与嘚瑟。如果你曾经拉稀跑肚,好的,你去服用黄连素直到诺氟沙星,请不要让公众闻到你的不雅气息,共享你的病毒与痢疾。

这时,小说退到了帷幕后边,故事隐藏进了黑影,逻辑谦逊地低下了头,悬念因为不好意思而躲闪瑟缩,连伟大的无所不能的生活表象也暂时熄了灯,它们保持高度的沉默。作者不想全然告诉你,然而你终于会知道,你终于会喜爱。故事就像最喜爱的仪式,在阅兵广场群众集会上放飞和平的鸽子,你放飞多少就欣赏多少,你送走多少就收获多少,你隐藏多少就诱引多少,你期盼多少就牵挂多少,你挥舞多少就出现多少快乐的旗帜。像魔术师的扑克牌,你抓之即来,甚至托着玻璃鱼缸、金鱼与一只野鸭子,也到场助兴。你伸长了脖子,你看痛了眼睛,你依恋了心,你相信了口号,你迷狂了诗句,你蓦地与鸽子比翼齐飞,戴着鸽铃鸽哨,欲与长空白云比高低。

然后你嫣然一笑,所有的鱼都从太液池底跳到了水面上。怎么又是夏天了呢,不然哪里来这么多莲花、浮萍、蠓虫!你的笑是无声的,是融化的。你的笑容是神仙的,是圣洁的,是艺术更是生命,是哲学更是爱情,是舞姿更是琴韵。在你的笑声中,鸽子散去,众星散去,宇宙变得无比纯净,然后没有秋千,没有人群,没有水渠和牛马了。没有你和你的笑和你的飞扬的辫子,我不是成为多余的了吗?

唱起来,跳起来,看我们的辫子迎风摆,听我们的歌声多愉快,你老人家,听见听不见?这是那个时代的歌曲,这样的歌曲每两千年唱一次。

于是去到了到此一游的远方城市,经历了战争然后有意留下了痕迹。看到了此生从未看到过的巨型八音匣子,震响着金属簧板的老旧的民歌。林纾和弘一法师,为这些欧洲和旋律配上歌词,老渔翁,驾扁舟,长亭外,古道边……从前,这是一个两个阵营互相叫板的地方,一个交换双方被逮捕的谍报人员的地方,也交换某些情报,达成秘密交易。兼营兑换外币的黑市。谍报人员的数量与交易虽减而天地久长,外汇市场则官民并举,如火如荼。在这里你听到了穿着白色连衣裙的她坐在地上弹吉他,唱道:“丽莎,丽莎,你回来吧。”你感觉了亲切,同样亲切的是隔膜与距离。你感到了心碎,同样心碎的是家乡的炕桌与小板凳。祖国有时候也冒傻气,发脾气,心急火燎,有时候又是那样地期待与信任,毫无保留:祖国需要你!

甚至于从睁开眼睛直到黎明以后,连晕眩也不知去向。

许多事情都会过去,烘烤会过去,高潮会过去,节日会过去,耻辱也会过去。

同时有一点记得,有一张半张纸头,写下了有时会忽略有时会惊叹有时会晕眩的字迹:我、又、梦、见、了、你!

然后我急急忙忙地给你打电话。让我们回到原点，回到艰难的拼搏的爱冒傻气所以尤其美好的青春，火热而且尴尬，悲痛得近于轻率。星夜起床步行山路三十六公里，爬上高坡，来到唯一的火车站。我急急忙忙地坐了火车又坐了汽车，我下了火车又下了汽车，然而值得记忆的仍然不是火车与汽车，而是山路崎岖。我跑，我摔倒了又爬起来。我跑过炸山留下的碎石，跑过临时工棚、钢钎和雷管，跑过疾下的涧流，跑过坚硬的石山。至少应该听一听山水下泻的急忙与打击。没有到这样的山里来过的人可真可惜。

下车以后在一家香烟店里我找到了电话。电话是老式的，受话器和号盘固定在墙壁上，听筒可以取下，我可以拿着听筒走开，只要我长出长长的嘴，例如像一只白鹤。我知道你的好几个电话号，我知道你并不是固定待在某一处的。“53427”打通了，说是你不在那里，你一个小时以前刚刚离去。

刚刚离去，刚刚离去，这是一首多么好的情歌的歌词，这是一个多么好的意大利式歌剧的咏叹调题名建议。好了，我的下一个长篇小说题为《刚刚离去》。

这么说你不在喽，而那声音又像是你自己的，电话里响着那永远的温柔的大管的乐声，只是声音分外低迷。是你自己亲口告诉我你不在那里，这在生活里不合逻辑，但是在梦里它是那样动人亲切有趣，像西瓜一样多汁，像柿子一样又甜又涩，催人落泪，依依在话筒中，历历在声音里。匆匆的我根本不在乎这里面有没有分析，只有感动，只有饮泣，只有消不了磁的顽固，只有急忙地再拨拨拨。我赶紧又拨另一个电话，不再是东城的电话了，现在是北城的，“43845”，我真喜欢这五个数字，这几个数字的平仄与韵律好像出自李白古风古体。北城的电话告诉你不在北苑与圆恩寺，还有海淀、安定门、平安里。许许多多的电话我不停地打着、拨着、听着、叫着，电话变得这样沉重，号盘好像焊死在话机上了。所有的电话都告诉我找不到你。

当我拨通东城的电话的时候你到西城去了。当我拨通“4”局的电话的时候,你到“3”局去了。当我拨通南城的时候你在北地。当我叫通市中心的时候你在郊区。我看见你奔忙在市郊的麦地里,再一定睛,你不见了,我仍然没有与你通上话。无论如何我不知道你在哪里。我相信我们坐着无轨电车相向而行,失之交臂。在入夜的少灯的街上寻找,我觉得每一辆公共汽车与无轨电车的车窗后边都肯定是你。而他们居然、竟然都不是你,一个也不是你。我知道你已经不梳小辫子,你的准确性如黑金墨玉。

这时墙上的电话变成了一只猫,猫发出凄婉的喵呜声。它也需要爱情,需要情歌与情诗朗诵。电话线变成了绿色的藤蔓,藤蔓上爬着毛毛虫。货架上摆着的香烟都冒起了蓝色的烟雾,每包香烟里都响着一座小钟,钟声咚咚当当,预告耶诞与牺牲节。钟声为我们不能通话而苦恼地报警。队伍缓缓地行进。猫说:“她也正在给你打电话呢。”这时,星星在满天飞舞,却一个也抓不住。然后天亮了,我急匆匆地跑回汽车和火车,跑回我的铿锵作响的工地。他们大部队在修公路,计算公里。

60

那时候用大会战的方法修路,用拼老命小命的方法修路,和许多劳改犯人劳教人员一道修路,唱着红彤彤的战歌修路,冒着土方塌倒的危险。从城市轰来了一大批当时认为是闲人是杂人是准寄生虫的人或是有历史与思想“问题”的人子,戴着眼镜、戴着草帽、戴着护肩、戴着套袖、带着各种南北方言口音,一道修路。还一道看戏听戏,包括赵燕侠与吴素秋、梅葆玖与李世济、红娘与白娘子。红娘与白娘子似乎也参加了山腰修路的大部队。人民当时一定坚决拥护将贾宝玉、张君瑞、柳梦梅、许仙派到公路大队。那时的路艰险浪漫深重寒碜石沙二三级。那时的路是喊出来的拼出来的斗争出来的比赛出来的。

后来用承包与招标的方法修路，用进口的与国产的机械修路。现在的路人性化但是腐败，有效率效益但是黑幕重重。有此说，那时候有人因为污点而离开城市上岗下乡修路。现在有官员因主管修路而玷污落马，从而被枪决了。据说。

世界永不完成，更不完满。

这也是在梦里互相寻找：富裕与淳朴、热烈与科学、正义与事功、诗情与效益，理想与现实，失之交臂，缘悭一瞬。

修路的一个插曲是打不通电话。这就是那个时代的不朽记忆，归属于成长、前进、疯狂、往昔，真个着急。它是一个母本，一个源代码，化作无数升级版或乱码版或破碎版或蠕虫病毒加杀毒版。成为气血双亏的中草药，成为阴阳俱补东方不败金丹，成为悲伤的萨克斯管与马头琴高昂低沉轻扬婉转哀哭的合奏曲，成为我的人人夸奖的豁达与贯通的隐痛，成为我的不可拍卖也不可见光的私密。从来不怕私密，从来不怕把私密告诉你。这个打电话的故事，正确地说是打不通电话的故事成为我的永远的咏叹的渊薮，我的诗情永驻的密码，我的永久的烦闷、压抑与激越，我的被说成什么常青树的基因，我的越滚越大的雪球，也是我老年性慢阻肺的病灶。

我的美梦只不过是常常给你打通电话而已，我找得到你，当我获得了三个月或者半年一次的休假的时候能够见得着你，能够不要梦中苦苦地将你寻觅。我听到了你，我见到了你，我摸到了你的手，我搂住了你的整体。那时候每一双红色的坤鞋与灰色的风雨衣和乳白色的纱巾都让我牵绕萦回，枉想痴呆。你叫我怎么办呢？我的二十五岁，我的三十七岁，我的……七十七岁，离开了你！

后来我们在一起点燃炉灶，我砌的炉灶歪歪曲曲，这使我怪不好意思。人家往火里添煤，我们往里面填充石头，这怎么行！然而我们向石头发出了激情之力激情之功。石头也熊熊燃烧燃烧，石头不能不有热力。如果足够热，它将发出蓝色的迷人的光焰。火很美，很温暖但又不烫手，我们可以把两双手放在蓝火里烧，我们可以在火里互相握手,只觉得手柔软得快要融化。你的手指上有一个小疤。我惊呼你受伤了,你说受伤的不是你,而是“你”,就是我。我就是“你”。你就是我,我就是你。这火变成了温暖的水流,这水流变成了大洪水。洪水从天上流来,从房檐上冲下,从山谷冲来,从地底涌出汩汩地响。人群纷纷躲避,我不想躲避。

洪水流来了,却没有冲走我,和你,和油和米和蜜。或者已经冲走了却和没有冲走一样,就像坐在火车上你明明一动也没动,火车却正在飞驰。

我好像停止了呼吸,在水里人是可以不呼吸的。是不是我长出了鳃?我的周围是漂浮着的房顶、木材、锅和许许多多的月亮如漫步者。青蛙成队游过,我好像已经变成了一条水蛇,而你穿着白纱做的衣服,显示出你的非人间的笑容,只有我知道你笑容的芳香,只有我知道你笑容里的悲凄。你坐在水面上,问我吃不吃饺子,你把饺子一个又一个地扔到水里,水里游动着一条又一条白鱼。有一条水蛇在泡沫中灵活地游动,它领着我在水底打了一个电话:

喂,喂,喂……哈啰,阿路,嗯哼,嗨哎,密西密西。

是我。是你吗?是我呢。

你说,是我,我感动得在水里转起圈来,像一朵旋涡,从旋涡中生出一朵莲花,脖子上套着花环的小鹿在山坡上奔跑,松涛如海如雨。

瞧,你聪明的,你咂出点味儿来了,悲哀是美丽的花圃,烦闷是深邃的泥浆,禁锢激扬着不屈的灵魂,困乏呼唤着春天的千红万紫,幽静敏感于细小的竹叶与螟虫,粗暴诱导疑惑,疑惑产生什么样的珍稀!哄闹反击着清明与步骤,你悲苦的人、生命与头脑身躯!你的孤单是你付出的代价,你的不苟是你今后的高扬的起步踏板。当然可以低下你骄傲的头颅,当然可以和光同尘韬光养晦挫锐解纷,当然可以少言少语藏拙养朴,当然可以欲进先退再退再再退退了又退。“再退就没有路”了,武家坡上的王宝钏作如是说。然而是有路有山有田野也有天空的,且退为零,且退为负,且退为吾丧我,我已经没有了我自己，除非，除了我在流畅光润的梦里。

那么什么是梦呢？梦是水，随机延伸，随缘交汇，任意任势流淌，忽而闪光铿亮，明明灭灭。水成为酒，芳香得无理无依，火热得无根无迹，陈古得千年万载。梦是百花百草百蝶百枝的掺杂配合，电光石火，让我编织你们。我做了一辈子的编织者，并为此付出了惨重的代价，或者说取得了更大的报答。梦是火苗，似燃似熄，畏风畏湿，似影似幻，如潜如一跃而起。梦是翅膀的扇动，将要升空，正在加力，举目上下观看。梦是云霞，颜色流动，形状千变万化，遮盖着、托举着、铺陈着缓缓升起的太阳。梦是大千符号的重组，是世界万有的重新洗牌，是感情积木的重新搭建，轰然倒塌，跌打出崭新的图案。梦想是没有休息充分的旧日疲劳，是没有品尝够味儿的新鲜小吃，是用不完的热烈，是没有画完的画，是翻转身躯的轻轻响动，是并无缘由的眼角上的泪。我与我的情哥哥儿，说不完的话哟！

你生气了，你不再说话。"是你吗"，我问的时候你不再说"是我"。我有过错，我不是我自己。人总是使最爱的人失望，总是使最心疼的人伤心。我拉开了抽屉，抽屉里有许多纸许多书信还有许多钱，包括纸币和硬币。我们活了一生，有半生一直锁在抽屉里。

我拉开抽屉后它们通通飞了出来，像一群蝴蝶，像一群蜜蜂采花酿蜜。我没有找到你。我也没有在乎它们这些蝴蝶，我深知凡是离去的便不该再苦苦寻觅，踏破铁鞋无觅处。谁知道哪一天，得来全不费工夫？我们大家都无异，而凡是最后返回的压根就没有离去，爱就是克服分离。我们不再徒劳地盼望和寻觅。我们只是平常人之一与一。

我打开梦之门，房门外是一团团烟雾，好像舞台上施放干冰造成的效力，烟雾中出现了一个个长袖的舞者，她们都梳着辫子，都陌生而冷淡地笑着，没有你。我想，她们的辫子已经落伍了，现在辫子应该梳在胳肢窝里。果然，她们的腋下甩出了发辫，我吓得叫不出声来，我成了哑巴失语。我找了墙角的柳条包，那里有许多铜碗铜碟铜筷铜勺铜锤，在我寻找它们的时候它们跳跃起来，飞舞起来，碰撞起来，叮叮咚咚嗒嗒沥沥，一片混战。我才知道，这是我们之间发生了争吵。

节外生枝。我们为什么争吵？这真使我喘不过气，而且疲劳。我们的争吵使我们筋疲力尽，我知道我的食道上已经长出了什么东西，像一个石榴，红白相间的果皮，许许多多籽粒，流着血。我们终于擦干了血迹。多么冷的风啊！我知道了，我奔跑如飞，我打开了电冰箱的门，冰箱内亮得耀眼，空空如也。难道不是？

啊！这种可能性使我战栗。我打开了速冻箱的小门，果然，你蜷曲在那里，坚硬得像石头，而你仍然是微笑的。你怎么会寻这样的短见！我的眼泪落在你的脸上，你的脸在触到泪滴时冒着热气……

后来我们都好了，后来我们都哭了，哭是新天地。我们天长地久，我们永远珍重，我们庆幸感恩，我们谢天谢地。

时隔已经三十来年，这二十多岁稳重而且务实，飞快得如同一日，旋转摩擦得如同车镗刨铣，早晨灿烂得像早晨一样，晚上维持安静，安静得果然像晚上一样。然后发财的发财，发胖的发胖，发威的发威，发亮的发亮，发飙的发飙，发蔫的发蔫，发绿的发绿，吹嘘的吹嘘，标榜的标榜。大款多如野猫，新贵多如林蛙，明星多如夏鸟，歌迷多如鼠蚁，博士多如进香求升迁的领导。会议圆满成功，个人幸福康健，家庭美满，康了再康，日子顺遂，富了大富，剩菜堆积如山，说词高扬如帜，宴会冲破雅间，现钞撑破麻袋。生活已经不同，世界已经大变。英式西装，意式皮革，XO 白兰地，澳大利亚龙虾，新西兰乳品，韩流韩剧。三长两短，改变面貌，那时是好意，多少有点牛皮，现在是事实，事实令你郁积。有的是鸡毛上天，鸟枪换炮，暴发一夜，入狱无期。而另外一些人仍然是穷愁潦倒，外甥打灯笼，照舅无趣。

61

多么宽阔的花的原野！一匹黄马在草原上奔驰。都有信步的宽松，都有奔跑的机缘，早晚有撒欢儿的福气。我们在一幢散发着树木气味的木楼房里注视着你。当它停下来扬一扬头的时候，我才看见它长着一副教授的从前是尽享尊荣，后来是不免尴尬的灰溜溜面孔，它一定会讲好几种外语。我的面前是一台白色电话机。也许这只是一只白色的羊羔吧，柔软的羊毛下面埋藏着一台受话器。然而，我已经忘记了你的电话号，我甚至于忘记了你的代码。这怎么可能呢？你不是就叫某某某吗？恨死我了，我知道你正在等着我的电话，至少等了三十年加二十万公里。

我拿起了电话，我茫然地狠摇着手柄，电话通了，这是什么？呼啸的风，尖厉的哨音，叽叽喳喳的鸟，铜管乐队又奏响了，只是旋律不可捉摸，好像音乐在隐藏着自己。是你！

是你的温柔娴静的声音。我又拨一个奇怪的号码，“0123456789”，仍然是你，仍然是你的从容的倾诉。又拨一个，又拨一个0987654321……拨到天上、地上、海底、山腰、飞机上、小岛上、舰艇上、人造卫星上、大沙漠的古城堡遗址里，哪里都是你，哪里都是你，哪条电话线都通向你，哪里传出的都是你的声音，虽然有的嘶哑，有的圆润，有的悲哀，有的欢喜。你说：“是我！”像是合唱齐唱轮唱三重唱二重唱独唱胡琴拉戏。

我不敢相信，这幸福这可靠的凭依。我一次又一次地相问：是你吗？你是谁？是你吗？你说是我。你说是我。你说是我。铜管乐演奏起来，我拉动弓弦也演奏起来了，嘹亮的号声吹走了忧愁，也吹走了暗中的叽叽喳喳。地上全是水洼，亮晶晶映着正在散去的阴云。好像刚刚下过雨。你缓缓地说：“是我。”白鸽成群飞起。楼房成群飞起。我们紧紧地拥抱着，然后再见。然后我们成为矗立街头迎风受雨的一动不动的石头雕像。几个孩子走过来，在雕像上抹净他们的脏手。我背诵着奥斯卡·王尔德的故事——《快乐的王子》。

王尔德太潇洒了，他不得善遇，他失去了名誉，被时代与社会击毙。

二十年前你写过类似的标题、篇章、文句与诗语。竟然没有谁能议论一下它，无人注意，无人识趣。为什么我们的文学还走着画地为牢的方步？红尘街市迷嚣色，流水高山未可期。不好言说，只能无语……毕竟仍然有诚恳的赞美，有个别识货的人说是状态不低。此前的二十年你写过全然不同的细节、故事、人物、生活、陌生感与戏剧性，也有人说，怎么评价也不为过。再再二十年前呢，它仍然闹着、活着、热着、火着，它仍然与你们在一起。

有许多文学是梦，红楼梦、南柯一梦、黄粱梦、邯郸一梦、梦中人、梦想成真。这梦是一种醇酒，是精神的温热的酿造，是老年间葡萄的保存，虽然已经早就不是鲜葡萄的味道。它是对于记忆的洗涤，是腌制、熏制、炮制，是提炼与蒸馏过滤。然后它使人惊奇。传记叫传主惊奇，作品使作者惊艳，知音的力量在于粉碎了乐器。有伟大的记忆更有伟大的遗忘。有了遗忘记忆方才纯粹。有了记忆遗忘方才得体。有了梦才有了记忆与遗忘、暴怒与欣喜、文学与人生的浑一。

多么美好的与凄然的状态，叫作泡姿——姿势。试练的时刻会出现某种状态，平和、温婉、文质彬彬，包装着悲哀的华美，可进可退的适宜，对于失落的慷慨与眷恋，对于文字的抚摸与悦愉。有渺小的顾影自怜，有坚毅的九百公里后移，有轻松的且将新火试新茶的诗趣，有略图越超的一点一挪一闪一击。这不是讲述，这不是编排，这不是反映，这不是南拳北腿太极武当少林崆峒泰拳与跆拳道。这不是篮排足手网羽毛乒乓，也不是短跑、长跑、跨栏、铅球铁饼搏击。这只不过是状态、是感觉、是印象，更是酝酿一生的深思。如醉如痴，如诗如画，如歌如舞，如酒如花，如中如西。而后无表无里。你说是语言的狂欢，狂欢中哪有如许的深潜忍耐？你说是意识的流通，流通中哪有这样雄辩功底？你说是朦胧诗，朦胧中又有哪儿来的这样的言之有物的强大的百不失一的逻辑！

你已经走南闯北，你已经工农官民，你已经贬入冷宫，你已经直上青云，你已经胡、汉、洋、土，你当然九流三教，你已经饱经谤谗，你已经备遭羡嫉，你当然识尽安危通塞，你承担着生离死别，你喜欢诗词歌赋,你喜欢推论摹描侦缉。一切都是一切,祸也是福,福也是福。别离也是相逢,相逢就有离去。梦也是梦,生也是梦。电话打通当然是通,打了一大气没有通,也已经在冥冥中通了语,通了情,通了事情,通了学问,通了招数,通了言辞。

在宽阔的花的原野,在黄马奔驰的草原,旁边就是樱桃园。契诃夫的樱桃树因了被砍伐而忧伤,那恍如琴弦绷断的声音标志着俄罗斯贵族的前日无多,也标示了作家的即将离去。他的最后一篇小说是《新娘》,最后一个剧本是樱桃园的毁弃。

然而还有没有被开发商所收购的樱桃园。刚刚六月,樱桃已经红里透紫,晶莹如玉,个儿大奔向李子。它的浓馥的酸甜,它的沉着的香气,它的不过昨天的繁花白玉,它的与季节与气候相应的推移,它的丰满丰收丰年,它的可能的历史与沧桑与未来,尤其是它与契诃夫的亲密关联,都令你饱含回忆与想象,烦愁与慰藉。世界怎么会有这么多花样,历史怎么会有这么多起伏,变化多端,首尾莫计,让你如何能不写大不同的小说物语。一个德国老人曾经在这里生活,有一个老人曾经在这里忧愁。这里并不贫穷,环境污染得实在不算严重,没有雾霾,没有毒奶,没有带着硫黄气味的城市。这里也很少饥饿。但是人们焦灼得难以自已。到处是破碎的家庭,到处是被轻易的满足激扬了十倍的欲望,到处是装模作样,到处是刑事与民事犯罪。到处是被工业化信息化自动化控制的生命,是被传播裹挟了的百姓。还有浪费奢侈,还有对于信仰的丧失。还有记忆的淡薄。还有对于善行的轻视和对于毒品的渴望。战争、饥荒、天灾、暴政的经验是令人窒息的。而平安无事、衣食无虞、不出办公楼与公寓楼、信口开河与无愁无脑的生活同样令人疯狂,你只能拼活拼死。一切究竟是为了什么?奋斗、搏杀、挖空心思、殚精竭虑、专利登记、升迁迎合、谎话连篇、买空卖空、起哄盲从……还不如在樱桃园里,在樱桃树下重温几个回忆。

听到了你的召唤。你终于听到了我的声音,我问你在吗在吗?

距离从我的耳机里发出你的回答,时间还会远吗?

二十多年前做过一次这样的梦:细腻,婉转,幽雅,杂糅,镜花水月,皮影回声,波光浪朵,飞鸟鸣虫。

不,我不能够解释梦的来龙去脉,我不能把梦还原成时间地点环境人物其人其事,我无法把梦的故事变成专案组的案情线索踪迹。

五十年的生聚,五十年的教训,五十年的悲欢,五十年的饱满的白天,还有先是辗转的、后是简短的鼾声小作的晚夕,翻转身体时的低语。五十年的多感多思多见多记多忆多叹息多欢呼,才成就了那小小的、"姿态"不错的永远的忆。

然后百梦齐激起,百梦同始发,百梦同唱歌,百梦同染色,百梦齐哭泣。

所有的果实终于酝酿。所有的苦涩都来发酵。风吹动了屏幕,你已经无法辨识放映的新片或老片上的爱情故事。你当然分不清那年轻的时期。水摇震着船体,你已经融合了你的起舞、船的起舞、水的奔流与你正在看的画面的战栗。八十载的生命,能生产多少无法分辨无法记忆无法排列更无法综合无法条理的梦料、梦材、梦经、梦纬。成千上万的方块字,能传达出多少梦境、实境、诗境、心境。这是留恋还是了结?这是文学还是呓癔异议已矣?这是表白万语还是终生不遇?

我也许梦不见你。

想念的是终于梦见了你。

第十二章　荣获斯大林文学奖纪盛

62

当然，没有别的，一切是为了生活，源于生活，从属于生活。生活是力的唯一源，不论软硬，力是流，非源，绝不是相反。比如吃肉，然后拉动了畜牧屠宰业加工与烹调炊事炊具餐具各行各业，是因为肉香、解馋、滋养、给力，绝对不可能是为了显摆动用肉食者的阿堵实力或素食者的雅实力、肉食的阳刚实力与辟谷者的清爽神仙实力。恩格斯注意到了火的使用推进了肉食，而肉食促进了大脑发育，倒也是品质、效用与力量的统一。当然吾侪也要对素食主义致敬与推崇。肉食与素食，与温暖、避雨、防虫、性欲、情爱一样，都是生活、生活的需要与乐趣，都是生命的题跋中应有之义，都是先验的，不需要后天的培养训练天天讲月月讲年年讲的。所以都是文学的源泉与绿地。

怎么样歌颂那吃得不那么饱的日子里的萝卜炖羊肉加洋葱头？十年久旱逢甘雨，万里他乡遇故知，和尚洞房花烛夜，范进金榜题名时。那么，饿鬼见到萝卜炖羊肉时有多么激情多么勃起也就可想而知了。

馒头万岁，米饭万岁，排骨万岁，鸡蛋万岁，马铃薯与卷心菜万岁万岁万万岁。

我们的伟大民族的遗传基因里有着太多的饥饿原子。我们的民族吃饱的年头太少太少，吃而不饱直到无物可吃的年头太多太多。

洋葱在新疆的说法来自波斯语，叫作匹亚兹。它一瓣一瓣，一层一层，白里透绿，绿里透红，辣里含饴，甘甜中辛辣得你鼻酸泪流，百感交集。洋葱是生命与嗅觉味觉食欲的证明，是自己存在的证明。辣椒，青椒、红椒，光辉艳丽，如玉如脂，燃烧如火，同样是甘苦爽利，芬芳清鲜，证实了生命生活的五光十色，美不胜收，更证明了辛辣、针砭与疼痛的活力热力。边疆的西红柿呢，从八月长到十一月，不像内地的洋柿子难以挺得过雨季。本地人最爱吃的凉拌菜叫作皮辣红，内容是匹亚兹、青或红菜辣椒，再加西红柿。色艳而内朴，味强而有致，营养而亲民，随和却锋芒毕露，艳其外又厚其中。

皮辣红的发音很像维吾尔族一个男子的姓名：比尔阿洪或比尔阿訇。而在那一切食品都要限量供应的日子里，皮辣红是什么？是穷人美，是乞丐的盛宴，是光棍汉的打眼放炮，是面对强势仇敌与强梁霸道的一声操你妈。是民歌《小放牛》，是小令“小桥流水人家”，是笛子独奏“放风筝”？那么萝卜炖羊肉是什么呢？是大慈大悲大恩大德。是十四行诗？是拜伦？是柔巴衣西域格律？是疆风还是乐府？是史诗还是《苏幕遮》与《霓裳羽衣曲》？《苏幕遮》也是唐明皇的首创，太上皇也注意了汲取西域的节奏。还是贝多芬的《阿克肖那塔》——热情奏鸣曲？是君子好逑？是高粱地里的“我爷爷”抱起了“我奶奶”。是伊犁河谷之梦？是乱世的温柔旖旎之乡？是白日放歌须纵酒，青春作伴好还乡？是福禄寿喜之神？是天恩天饷天无绝人之路天降大任于斯人天成好事，吃罢一顿饭当然是阿米奶，安拉乎艾克拜尔——真主伟大，大哉我主，感恩真主！

什么时候，愿俺的文学作品也带来皮辣红与萝卜炖羊肉曾经赐给主的子民们的热泪与狂喜！

与萝卜羊肉的超凡成就有关的是你老兄一系列优良的品质与功能。你因了橡胶耐性与钢铁坚持性而买到了肉，你手执肉票排了三个半小时的队。不但排上了肉，而且与身前身后的各民族排队人用各种不同的语言，包括汉藏语系、印欧语系、阿尔泰语系的语言交谈搭讪，变成了朋友兄弟，为边疆各族人民的团结与伟大祖国的统一稳定做出了力所能及的贡献。你还有可能由于人缘良好、群众路线、本土化、接地气，好比种子，走到哪里就在哪里生根开花，而获得更多更多的不必用肉票而买到连骨肉的机会，这可是天恩祖德积善悲悯，莫问收获，但问耕耘，但行好事，莫问前程的中华优秀文化显了灵，成了功！当然这里也有两难悖论，妻子要求你把肉洗净才可下锅，但当地人民说洗肉大大影响肉汤与肉品的味道。如此这般，中庸之道，冷水暴洗，火候掌握在洗与未洗之间，便成了可取的思路，哲学哟，您！

还热爱劳动往缸里连挑了三挑清水。一根扁担颤悠悠，劳动人民的优秀品质咱也够得着，沾得上。没有能做到挑担茶叶进北京，倒是挑了好几担水灌入自家水缸。水汪汪的时候你喜欢对缸说话对缸唱歌对缸喊万岁，忠贞不贰，大大地善良驯顺。你与妻子共同卸了两吨半烟煤，把块煤码成城墙，把煤碎子用铁锨一锨锨收进墙里，堆积如假山盆景。你与妻子黑油油如来自刚果的国际友人，至少如东方歌舞团的演员河北省沧州市南皮县老乡朱明瑛小姐。

你砌好了虽不精致但完全好用的炉灶，呵，那美好的自砌炉灶自留烤箱的自在岁月，自力更生，人莫予毒，人不堪其忧，彼也不改其乐的功力，有点根基喽，您老！仍然按时拿着购货本儿买到了咸盐。你由于行好向善敬天尊老古道热肠祖祖辈辈积下了无量阴德，买下的萝卜不糠不辣不孱不酸。你洗锅涮瓢，清洁秩序，你火生得好，灶用得好，肉煮得好，味儿调节配合得好，碗净碟洁勺子筷子都得心应手，发扬炊膳民族传统爱国主义，乱局中的萝卜羊肉令你幸福得流着泪大啖！你边吃边啧啧称是，咝咝咝地舐舌头，就着大红即中国红辣椒酱与自腌醋泡糖蒜而心满意足，再无所求所忧所苦。再说那时的红辣椒酱中绝对没有万分之一的苏丹红药剂。

63

唯一的苦就是无所苦。无所苦的生活没了分量，周身轻飘飘，脚底下发软，胳臂也变成了面条，大脑平滑失去了褶子。思考、期待、忘记与记忆都没有对象。无忧、无碍、无愿、无憾。如仙、如鬼、如魂、如灵，如水泡，如一股气儿，如早就驾鹤西去的云。没有重心，没有平衡，没有注意，永远不能聚焦。没有惦念，没有挂牵，每天都是零蛋，每天都如一滴墨水泡在清水里，渐渐扩散和淡化。每天都说不清睡着了，睡醒了，失眠了，睡大发了的区别。每天都是空虚得令人发狂。人生恨恨竟然是轻松，认真的轻松竟然是没了人生。

就是说，乐完了也有发呆的时候。人生本来如此，饱了发困，饿了发呆。悲了神经，喜了倦怠。喜大发了如悲，悲大发了仰天长啸，然后如醉如痴，迷迷糊糊。迷糊大发了透彻得洞察得全无所见。呆若木鸡，乃无往而不胜。无往不胜当然就是没有了胜负，是淡出了蒙太奇。

自制酸奶。自炸油香。自钉板凳。自腾自用餐桌做球案，用铅笔盒与小木板做球网，打乒乓，声响悦耳，也是交响乐。气势如张燮林庄则栋。这不仅是体育事业的胜利、发展体育运动增强人民体质方针的胜利，也是智慧、想象力、因陋就简、蚂蚁啃骨头、鸡毛上天、小土群战胜大洋古、小米加步枪打败天下纸老虎的伟大胜利。

既然乒乓球后来尊为国球，为什么不用千万乒乓球演奏乒乓进行曲、乒乓随想曲、乒乓圆舞曲、乒乓探戈、乒乓铜管乐、乒乓奏鸣曲、乒乓钢琴协奏曲、小提琴协奏曲、大提琴协奏曲、乒乓大交响，与贝多芬的“第九”拼它一把？

自养小猫如儿女，情深意长。友人或友于人也，恐遇阶级之敌欤，友猫咪友于猫乎，幸尚未给猫咪划成分焉。养鸡捡蛋，趴窝孵鸡，雏鸡破壳，令人想起盘古开天地，宇宙发生，天地成形，耶和华创世，生命呱呱坠地。一面是死死不已,病狂不已,一面是活跃不已,生生不已。与鸡亦通消息,养鸡更关灵悟。鸡、犬、牛、羊、猫、鼬、鸟……人生得便须众欢,莫使孤家寡人空对月!

挖菜窖。盖小库房。种南瓜。喝小酒,喝酒精兑水。

有一次到一位党史教员家中做客。他说今天你要多坐一会儿,我有重要的客人来。要客来了,坐到桌前,从内兜里掏出一个玻璃瓶,显然里面装的是药用酒精。介绍说他是反修医院的内科主任。他掏出酒瓶后,主人拿过凉水来掺上要喝。我说药用酒精绝对不能喝,医生说,他已经喝了两年,效果极佳,有益无损。于是与两个维吾尔知识分子共饮酒精兑水,哥儿仨都喝得有些激动。朋友们喝得激情满怀,突然,医生拍响了桌子,他喝道,你们知道我们的朋友(指我)是什么人物吗?他不是一般的人,他是诗人是作家是学问人,人家的作品获得过斯大林文学奖金!医生的突然杀出来的盛赞令你三魂出窍六魂涅槃魂飞天外,你慌忙摆手,连说九个不不不不不不不不,否认的声音越大他声言此北京来的倒霉作家是斯大林奖金得主的声音越大,再喊下去一定能传遍整个社区,形同你在招摇撞骗。另一位朋友,党史教员,从二十世纪五十年代后期就非驴非马地"挂"在了那里,他竟然也随声附和起来,高喊当然是这么回事,不要怕,得了就是得了,斯大林奖就是约瑟夫·维萨里奥诺维奇·朱加施维里即斯大林给发的奖,怕啥?如果我们说错了,哈哈,太棒了,对不起,您得的就是列宁奖,弗拉基米尔·伊里奇·列宁奖金。他们感动得变颜变色,热泪盈眶。

而你是上天无路,入地无门。你说是丁玲得了奖,二位爷说不知道,他们不认识丁玲。你说周立波、宋庆龄、齐白石分别获得了斯大林文学奖与和平奖,二位爷头摇得像拨浪鼓,他们声明他们也都不了解没听说不认识。他们铁嘴钢牙,一口咬定,就是你本人获得了斯大林奖。然后内科主任说他保留了你受到斯大林接见时的新闻照片剪报,临来前特意找出了剪报,刚才剪报还出现在他的上衣口袋里。两个人你一句我一句,越说越火,越说越活,越说越真,越说越感天动地。这二位哥究竟是出了什么事情,是打了药针还是犯了癫狂重症,远远超出了你的智力理解力想象力判断力。你确实是太老实太听话太窝囊了,你根本想不到能拿这样的话题表激情撒酒疯套磁取乐发泄。就在此时,党史教员更加悲壮地宣布道:早已知晓,早已确认,我们的这位哥们儿好友命根子一样的弟兄,并不是仅仅得了一回苏联的文学奖,他曾经在克里姆林宫受到斯大林同志的接见!第三国际与九国共产党工人党情报局万岁!他已经热泪横流啦。你已经全无办法,如此这般,你从此陷入了魔境幻境……

你分析了五十年,苦恼了五十年,你想不到一贯奉公守法、忠孝两全而又胆小如鼠的你本人,验明正身,竟在危殆的"文革"高潮中,被冒充为斯大林文学奖获得者!你永远说不清楚!

直到五十年后,在两位朋友,在两位老哥都已作古之后,在半个世纪以后,北京的各民族友人才为你做出了分析:这就是激情,这就是药用酒精的效力,这就是畅想曲,这就是友谊,这就是愿望,这就是诗神缪斯与酒神狄俄尼索斯的联袂显灵,这就是妹妹你大胆地往前走,这就是爱就爱了,这就是中国好声音,这就是维吾尔人。这就是伊犁的好汉子,这就是新疆、西域、梦断乌孙(古代,伊犁地区曾名乌孙部落)!尤其是,这就是各民族的团结亲如兄弟!

最最重要的是,这就是塔玛霞儿,这就是找乐嬉戏。维吾尔人说得何等好啊,自打人一出世,除了末末拉了去世以外,全是找乐呀,全是塔玛霞儿呀,玩儿呀。为了表达兴奋,表达水平,表达对于社会主义共产主义主流意识形态的忠诚,表达无产阶级的爱国主义与国际主义,更是为了美丽积极如花似玉的塔玛霞儿精神,他们干脆白昼说梦,他们干脆信口放大炮点炸药包,他们二人当然有权让你获得斯大林文学奖,他们必须给你发奖,他们二人就是苏维埃社会主义共和国联盟斯大林文学奖评奖委员会的总裁与第一副总裁!他们说一不二,说啥算啥!他们至少是想让三个人痛快淋漓一把,不然何必拿来药用酒精兑水？干脆喝凉水岂不更安全卫生养体？这有什么不好理解，这有什么需要分析解释达半个世纪的？这就是假作真时真亦假，无为有处有还无，这就是文学化的生活，虚构的盛况，抒情的痛快淋漓，这就是"文革"中的鲲鹏展翅呀！堂堂一个作家不懂得文学虚构塔玛霞儿，不敢尽情地塔玛霞儿，不懂得接受兄弟民族精英的这等豪情热恋，你×养的还有什么想象力幽默感创造性乐观主义？你还写什么小说？你只配写检讨！连斯大林奖都不敢获得，你算什么革命作家？这就是那个时期的文学畅想老王畅想新疆遐想好运梦想呀。在那一刻，你明明就是获得了斯大林奖要不就是列宁奖，你明明就是获得了苏联巨头的接见，你就是三盏药用好酒下肚，在"文革"高潮之中，提前品尝了海明威大江健高行健莫言爱丽丝门罗的快乐！

何况党史教员的妻子是那样漂亮，她是乌孜别克族，皮肤白皙，身条匀称丰满，五个孩子，七口人只住着一间十五平方米的房子，整理得井井有条，清爽如镜，做出的小炒红柿子椒与奶茶都是一等。他们不但祝贺了畅想了你的获得斯大林文学奖的盛况，还不断祝祷着朋友们的健康，还津津有味品着说笑着享受着健壮甜蜜的情色。当时我们只有三十多岁，三十多的几个男人在一起，能没有那美好的话题吗？在新疆就是为了情色话题的无碍，喝酒的时候，男女生是绝对分开的。石头剪子布，老虎杠子鸡，七个巧全来到。伤心最是香疑臭，难表只因醒似癫，暑寒饮罢全无觉，忧乐转圜一瞬间。

半荤半素的笑话。越是高级的荤，越素朴无瑕，天造地设，冰雪雅洁，玉璧天然，岂能带一个脏字儿。越是高级的素，越巧做引领，随喜夤缘，浮想联翩，打滚喷饭。雅作俗时俗亦雅，俗为雅处雅才鲜。称俗道雅全俗套，自有天真睥万年！

喝多了还有激情呢，还双眼含泪呢，还高呼"怒发冲冠，凭栏处潇潇雨歇"呢，还背诵季米特洛夫的法庭演说与一八四八年面世的《共产党宣言》和"老三篇"呢！

老三篇，不仅战士要学……

64

自制麻将牌，桃木微红，锯锉刨斫，雕切钻磨，油漆染涂，手感天工开物，视见小巧玲珑，听觉似琴如磬，心知安适柔清，嗅闻仙桃醉李，触摸可感可疼。匠心独运，乃至于斯，勤劳智慧，姑妄摸之，浪费消费，惠而不费！三把不和，戴高帽子。连戴三把，也是心急火燎，闹心如煮，惭愧无地，不无教益。点儿背怨谁？打“兴”了怎么错怎么对！点儿背了怎么对怎么错！谁让你心比天高，谁让你少年得志，谁让你自以为硬是才高八斗，艺博九州岛岛！

或谓大政治形势下本有无可逃脱的高帽之灾，更有雁式喷气即被练体操规定动作，头前倾、两臂后伸如翅之八字流年，乃为砌墙之戏，更有雁翅之游，巧为疏解躲避推移，闪转腾挪，因势利导，偷天换日，奉天承运，四两千斤，借力打力，化异变为游艺，化天大的屈辱为取笑，化难以渡过之劫难为饱食终日，无所用心，浮生多闲，逍遥如孤帆野鹤，大臭椿下鼾声如雷，大葫芦里走江湖，卖野药。大门头沟的雁翅站下火车，再去参加宏伟的劳动大军，改天换地，强身健体。大悲不如大喜，大喜不如大睡，大睡不如且读且避且饮且思且息。悲喜进退，生还是死去，必硬或而恼其必硬，being or not being，存乎一念，在乎一心，幻化乎一意。有道则智，无道则愚，愚不可及，大智若愚，大难儿戏，孰堪与匹，孰堪与敌？

祸兮福之所倚，福兮祸之所伏，塞翁失马，焉知非福？哇塞，中华文化之丰腴伟力，炉火纯青，出神入化，凤凰涅槃，千载难遇。造化奇缘，奇功通异，妙遇如仙，神思创意，碧海掣鲸，鲲鹏展翼，天地翻覆，台风暴雨，举重若轻，也不过雕虫小技！

麻将后照样学习。两弹一星，两报一刊，三反五反，四个伟大，四无限三忠于，二十三条十六条，条条在理，指示五七，一打三反，队伍清理，一斗二批，三改四化，三八作风，吐纳氧气，恢复生活，消化就地，三大纪律，八项注意，四破四化，八纲八路，队伍钢铁，意志统一，红书红包，红歌红戏，壮志冲天，惩凶就地，沙奶奶李奶奶，是奶奶就革命，鸠山龟田，是侵略元凶就击毙。学言语学文化，是学问就有用，国际歌资本论，样样鼓舞，勃列日肯尼迪，个个归西。与人民血肉，不分我你，与工农结合，打成一批。维吾尔文蒙文满文、俄文英语、波斯阿拉伯乌尔都，巧舌利口。马恩列斯，毛刘周朱陈林邓，卡斯特罗胡志明，切·格瓦拉，个个风流倜傥。无疆无际无边无敌，字字句句都是真理，费正清、艾特玛托夫、《海鸥》和《爱情故事》，反面教材亦殊不恶。只要活着就照样有戏！

尤其动人的也是惊人的，与生活同行的是枪击，是扫射，是狙杀，是嘎嘎嘎，是嘚嘚嘚，是咕咕咕，是远远近近的枪声乃至于炮声，是派别小娃的战斗，是红旗的竖立、中弹、燃烧、倒下，是莫名的战事与无可理喻的枪炮，是枪弹打穿了门口的电线杆子。

难道这就是上甘岭？是淮海战役？是狼牙山五壮士？怎么像是过家家的游戏成真？是斗鸡还是斗蟋蟀？是爆竹？炒豆儿？崩玉米花儿？钢琴敲打？琵琶弹拨？小鼓频敲？冰裂雪崩？割喉滴血？醉酒发疯？究竟为了什么，浴血奋战的同时是生活的大逍遥与大空洞、假大空、不经心、大自在、大松心、大不在意……

也许是事后的记喜不记忧，也许是天生的自我安慰自我修复的本能，也许是故意忘却所有不安与苦痛的养生诀窍，也许这是新时期中的伟大的阿Q主义。泪尽则喜，泪枯则润泽滋补遮蔽。也曾经吟咏“焦首朝朝还暮暮，煎心日日复年年”，也曾经高唱“听对岸，响数枪，声震芦荡昂昂，这几天，多情况，勤瞭望，费猜详……”也曾经哀叹“何昔日之芳草兮，今直为此萧艾也，岂其有他故兮，莫好修之害也”。也曾经百思不得其解，一个伟大光荣正确钢铁坚强壮烈献身组织严密百战百胜，怎么可能这么快就显出了力不从心、捉襟见肘、天下大乱直到分崩离析？为什么一个接一个的美好，逐个撕碎，一个接一个的高潮，空留下一些高谈阔论加豪言壮语，一代又一代的努力,常常会事与愿违,白了少年头后又悲悲切切戚戚?

而当时过境迁以后,你仍然有说不出的留恋和温习,那时候我们是多么年轻!那时的脸蛋儿是多么光溜!那时候我们多么单纯!我们想用自己的体温去孵化天鹅蛋,我们要为世界增添洁白的天鹅,化作美女奥杰塔的天鹅!我们想用加班加点来提前实现英特纳雄耐尔,我们想每个县培养一个李白,每个市定向一个爱因斯坦。我们想学好了第四卷就将红旗插遍纽约洛杉矶伦敦巴黎。想不到莫斯科的红旗变色,等着我们再次去征腐恶再次插!我们想天天吃白面还吃饭不要钱币。我们想组织一千个飞毛腿跑出新的百米世界纪录,我们想用三个臭皮匠凑出一个诸葛孔明,用五十个臭皮匠凑出两个爱迪生加八个爱因斯坦。伟大的可怜的中华民族!我们想推出一个模范掏粪工人造就全世界最美好的道德标兵,我们想用不怕死不怕苦的精神创造人类历史的新世纪。那时候开会开得乒乒乓乓,检讨检得有声有色,唱歌唱得如醉如痴,读报也能读出个变颜变色,超强刺激。那伟大的超强刺激的日子,你显得是多么的雄强,令一切庸人常规欲哭无计,欲躲无地,欲下跪匍匐,也没有谁理视你!

……呜呼,说这些大事太多了,你能知道个啥?还是回过头来谈吃喝吧。自制酸奶属于有机化学工程。人与细菌病毒,哪个才是生命的奇迹与上苍的杰作?大象无形,大音希声,大方无隅,大器免成或者晚成,与时俱化,大德曰生,大美无言,道法自然,这一切都尽显现于酸奶的制作之中。只需将一点鲜奶煮沸,晾凉,找一小块已经变得很酸的酵面,洗净一块纱布,包上酵面放到牛奶里,将牛奶封好口,二十至三十个小时后,酸奶成功。只要用具清洁,封得严密,把开放通透与严防死守结合起来,把无所事事与随遇而安结合起来,把心焦头涨与老僧入定老气横秋结合起来。酸奶与神经,质量双保险,德才兼备,情义双全,成色绝无问题。也有时候奶脂过重,做出来的酸奶味道有些哈喇。有时候乳糖过多,做出来的酸奶酒味熏然,但分寸不易把握,酒精多了嫌辣,酒精少了偏甜,乳酸菌不够数,易出现其他涉嫌腐败的细菌滋生。你难以断定什么样的酸奶可以畅饮无阻,什么样的酸奶应该断然抛弃。民间另有一法,酸奶酿造不成功,干脆用来发面或发玉米面团蒸发糕,与苏打、食用碱面互补互动,常常能成就好的吃食。

馒头容易发糕难,麦粉容易棒子面难。难在芳香上,你发好了面,用不用食用碱。鼻子一闻,舌头一舐,便一清二楚。玉米面的发酵则错综复杂,玉米面发酵过程中的酒气香气常常把你搅晕。它们的味道既压倒了酸气也压倒了碱气,你可能将发糕做得碱得发黑,你也可能将发糕做得酸得倒牙。所谓生活不留空白人生不留缺憾的说法,告诉你,我不相信!

还有自制奶油炸糕。小子何德何能,竟掌握了奶油炸糕的核心机密:奶油炸糕,奶油炸糕,核心在蛋黄不在奶油,奶油炸糕这里根本没有奶与油插足的余地,正如中华民国当年绝对没有民的存在与运作而国始终不国。您用油、水、麦粉加上去蛋白的纯蛋黄和糊状的面浆,您在热油里炸糕,您用饭勺舀起面糊往油锅里放,大糕入锅以后往往还会从勺子里流出一枚乃至多枚小糕,这正是奶油炸糕糕上加糕、成为母子糕的奥秘,而炸出来的糕的金黄如牛油白脱,如不飞的蝴蝶,正是源于蛋黄之黄面粉之白油光之亮之鲜而与奶品无涉,而其黏浆的质感快感,则基于水、油与面粉的比例。天机早晚泄露,在艰难与混乱中,在远离北京东安市场东来顺店铺的地方,谁能吃上地道的东来顺式奶油炸糕?这难道不是生活的胜利人生的胜利东方文明秘籍的伟大胜利?

不要怕胜利。胜利也有哭泣,当然,天经地义,没有哭泣哪儿来的胜利?不要怕哭泣,哭泣后也许轮到你的正是胜利。这样的事例同样是不胜枚举。哭多了你会自然而然地觉察到了可笑。笑多了,玩多了牌戏酒戏,酸奶造得太成功了,造得与北京的罐装一毛五的酸奶不分轩轾了,你当然会大哭一气。在供应匮乏的年代你也有数次油炸年糕的壮举,何等地豪迈、英勇、壮烈、坚强、感天动地!在粗粝冷峻的时期你突然为忆起的一首李丽华唱的《千里送京娘》而泪洒襟袖，然后假装是风沙迷了眼。在屁熏脸绿的当口你与妻饭后一口气唱了几十首苏联革命歌曲，对不起，这些歌儿谁也抢不去。在连续数天的仲春风雪之后你听到了往年黄鹂的婉转歌喉，感觉到了暖意以至发现了这个年度的青草小芽，你立即怎样地自信，怎样地感恩，怎样地熨帖，怎样地冰融万里！

65

写到这里我想起了你。已经西去的朋友，已经到极乐世界的友人！我明白你的平安，你其实过得也还可以。你们是桃木麻将牌的制作人。小小木块的敲击声与雨点般的流弹声成为那个年代的背景音乐。可惜，我没有出席你的葬礼，如果我在场，我会关心有没有一副桃木麻将牌陪你火化。你的早先的妻子近况如何呢？在我首次见到你们的时候，我几乎怀疑你们是直接从苏联画报上剪下来的一对健康男女。你们俩的眼睛都大而明亮，这是让北方人活活羡煞的，你的嘴角上带着一种扬扬得意的表情，这在逃荒的所谓“盲目流入”某地的人众中也是很少看到的。而你妻子脸上的微笑，她的洁白的与略略显大的整齐的牙齿，都与我国的饥饿的农村不相匹配。

对不起，这里不断地说到饥饿，那是一个比较饥饿的年代，所以是一个事实上比较务实言语上比较大牛的年代。从那时开始，已经过了五十六年。柴可夫斯基只活了五十三岁，而王勃只活了二十六岁。我们分别以后的时间已经够柴可夫斯基活一辈子、王勃活两辈子以上。而这一切对于当事人只不过是昨天。昨天我们住在同一个小院子里。昨天我们好年轻噢，昨天我们一起跳跃过横杆。昨天我与你掰腕子。躲避的自由使我们相遇。你们躲避饥饿，我们躲避枪弹，枪弹打落了刚刚“坐”在蔓上的小小南瓜。扬声器号召着浴血奋战，美好的语录歌里渗发出一点冰冷，尤其是凡是反对就要拥护的坚持。这里有战斗的一切条件，武器、义愤、组织、冲动、坚定与坚决，除了理由。人们会因为毫无的只等于零的事由而开战，这太惊异。却原来盲目是最大的激情之源，毫无是最大的理由的大厦房基，煽情是最大的驱动热能，为艺术而艺术、为战斗而战斗、为英勇而英勇是最威权的逻辑格式。已经被边缘化的则是退避三舍。退避到历史圈外，退避到胜负戏外，退避到舞台至少是水银灯照明之外，退避到莫知就里的厮杀以外，退避到踊跃欲试之外。更是退避到日程之外。从小养成了习惯，预计日程，安排日程，按你的或者更高端的老板日程办事生活。这一回，你发觉了、你尝尽了关我屁事的侥幸与悲凉。你摆脱了日程的坚定性所带来的表态、紧跟、转圜、认可、求饶、下手的尴尬与艰难。

呜呼，卷入容易退出难，看到热心卷入的那些人拙劣愚笨到那般田地，你怎能不想一试身手？然而陷入了跳不出来怎么办？练两下容易自保难。按性格，你最最拒绝的是袖手旁观，是虚度时光，是无所事事，是昏天黑地，是游手好闲，是隔岸观火。但是你做到了，你必须做到，你失去了与闻其盛的可能，你没有了上刀山、下火海、跳悬崖、落陷阱、终于体无完肤的权利。你得到的是与百姓、与草民、与“盲流”、与“胡人”、与年轻美丽幸福的你们共度特殊时光的机会。机会就是机遇，用宁波话讲就是寄女。推动了大显身手与粉身碎骨的可能以后你与寄女一起安居乐业。你想相信，他们你们本来就是与你一样地优秀。本来嘛，寄女并不是妓女。

原来人生就是这样，一种剥夺的结果是一种收益，一种收益的结果是另方面的失去。失明的结果是超强的谛听。失明与失聪的结果是绝对不凡的，痛苦所以有伟大的沉思与自语。小城，死一样地安静，莫名其妙的枪声，更加鲜亮，震人心扉。一声猫叫，一声狗吠，一声鸡鸣，一声秋风。你不需要想什么，你不需要过问什么，你不需要关心什么，你奇怪世界是这样阔大又是这样到哪儿说哪儿，随遇而安，走出去八千里路，照样的云和月，照样的尘与土，照样的不清不楚,不上不下,没结没完,无法无奈。而又照样的萝卜烧牛肉,土豆熬白菜,外加上酸牛奶,不是山寨版,是小土群大败大洋古。还有青春美丽健康如苏联画报的你们。这是生活,对了,这是生活。不久前,设若在昨天,还是清清楚楚,堂堂正正,明明白白,计计划划,任务使命,主义纲领,国家人民,阶级民族,一步一个脚印,一步一个目标,一天一个会议,一周一个总结。那?那是什么?那是志士,那是政党,那是教科书,那是章程,那是机关、机构、领导方法,那是干部、工作人员,那时候生活是明确的日程,日程就是工作纲要,纲要就是一个又一个目标,目标是通向伟大的理想,理想是人生的意义与热度,人生的意义与热度表现为实践的计划,而计划就是生活的规模与塑形,规模塑形表现为明确的日程。

而人生、规模、计划、日程、目标、理想都达到最高最热最巅峰最浪漫最美丽最非凡的时候,在寻遍了日常平庸的生活的一切不义不实不公不理不想不梦不美的时候,轰轰然,不,并没有轰然,而是悄然,也许算不上悄然,只不过是茫茫然,也许未有茫茫的感觉,有所失才茫茫,无所失无所求还茫啥,没事茫茫个屁。阴差阳错,正打歪着,月盈反亏,水满自溢,这绝对不知就里地就硬是没了计划,没了目标,没了领导,没了日程,没了纲要,没了“没了”,不知道下一天或者下一个小时你会做什么与世界将会发生什么。虽然仍然有崇高的说辞,光明的记忆,光明的憧憬,你仍然摸不住抓不着,你不免眼花缭乱,过强的光照使你两眼乌黑,过伟的高论悬在高空,使你闭不上傻张大了的口。你瞠目结舌,你将信将疑,你五体投地,你昏天黑地,说法高如泰山,你则是山下的草泥蚯蚓,思想高入云端,你则是地沟里的水珠沼气。莫非,当真,你是垃圾,你是阻碍,你是画虎不成反类犬,你是革命革成了反革命,或者,准确地说,你是一个小问号“?”。

正是在那特殊的被闲暇被逍遥的亚无政府状态时光,自由的时光,无厘头所以更加难得的时光,我们共同用椅子搭起了竹竿,我们比赛跳高,虽然没有沙坑,皮鞋布鞋落在砖地上蹾得脚掌脚跟生疼。

我们恢复了学生时代。我们比赛“定车”，即在基本上不骑自行车、不让自行车的轮子转动的前提下维持自行车不倒。我们恢复了童年，我们跳绳，单人跳，双跳，高高跃起，绳儿从头上脚下过两遭脚丫子才落地一次，我可以连跳二十多次双跳。踏遍青山人未老，虽不能“用”仍能跳。能跳就有劲，有劲就有未来，有前途，天生我材必有用，试看此君高跳跃！

另一种美妙潇洒自得的跳绳方式是两个人抡起大绳子来，随意有出有进地双脚前后起跳，喊着数，唱着歌，招揽着同院子的朋友，请你跳起来，请她跳起来，请我跳起来，请大家都来跳。你也跳来我也跳，跳出青春和活跃，艰难困苦不妨事，无限活力跳跳跳，跳出希望和风采，跳出快乐和吵闹。一条绳子两只脚，一边跳着一边笑！

哪怕笑出泪水，哪怕笑多了想哭起来。

然后不分季节地开始了选毛，选铜钱，做毽，踢毽，发扬民族传统，永葆人民青春，一个毽，踢两半儿，打花鼓，绕花线儿，里踢，外拐，八仙，过海，九十九，一百！踢好了，超过了对手的时候笑出了眼泪。人生得意须尽欢，莫使鸡毛毽子向隅而无人问津！

我们交流给自行车拿龙补带的经验。我们还做了一点木器活，不但借来了手锯还找来了刨子。我们比赛猜谜，我们比赛说绕口令：“吃葡萄不吐葡萄皮儿”，我们谈各地的民间故事，你们讲了“不吃亏的丫头”，我讲了苏东坡与佛印的调笑。还讲了一些不同民族的民间传说，关于懒汉，关于贪婪，关于忠而见疑。一位国王带着自己驯养的鹰去打猎，因追逐猎物而走失，国王奇渴，终于找到了滴水的山岩，每当国王用帽子接够了水欲饮的时候，就会被鹰扑翻，国王大怒，杀死了猎鹰……然后发现了水滴是毒蛇的毒液。你们二人听得如此认真，我也因你们的感动而感动叹息不已。

……我在掰腕子的时候取了点巧，一发力，拼命用力将对方的手腕往自己方面拉，以拉力瓦解对方的掰力，以眼镜先生的形象战胜了工人阶级。

我们一起喝酒，吆五喝六，哥俩好，全来到，石头剪子布，老虎杠子鸡，兴奋得流出了眼泪。不要问那么多为什么，不要与为什么较劲，不要问我从哪里来，我的故乡在远方，然而不是流浪，是生活。生活就是生活，弄清了为什么你要生活，讨论着犹豫着为什么你……反正还要是生活。不要向历史要解答。我们一起唱样板戏，临行喝妈一碗酒，我沾染了资产阶级的坏思想，这个女人不寻常，清华，你把它喝下去。我们一起唱颂歌，你是天上的北斗，我们像群星，紧紧围绕在你的身旁，你是光辉的太阳，我们像葵花，朵朵向您开放。我们还小声唱“四旧”的歌儿，哎呀，咱们俩人一条心啊，柳叶，青又青啊。夜深沉，停了针绣。莫不是，他在外，另有一个女婵娟？

更高潮的回忆是什么？对了，是忠字舞，金色的太阳升起在东方，光芒万丈。你两手高举好像捧着太阳，东风万里，鲜花开放，红旗像大海洋，你的两手在头上左右摇摆挥舞，像游行在天安门城楼前，像是看到了一提就忍不住热泪纵横的领袖，伟大的导师人民的领袖，敬爱的毛主席，你一会儿捂住心脏，一会儿欢呼跳跃，返老还童，喜气洋洋，天真烂漫，一家伙回到了十五岁，踏遍青山人益小，风景哪儿都好。各族人民心中的太阳，心中的红太阳，你跳起来了，你转着圈儿，然后大家一起喊主席万岁万岁万万岁！

然后我们笑得蹲到了地上。我们笑得擦眼泪。我们如火如荼。我们心旷体健。我们食欲性欲旺盛之至。我们发劲忘忧，更从来没有想过老之将至。唱歌唱歌唱歌，唱歌带来光明，唱歌带来快乐，唱歌永葆青春，唱歌永远正确。唱歌永远是生活，首先是生活，不管唱的是啥，何况唱的是红旗像大海洋，这样的歌多么给力，唱这样的歌的主儿当然应该连升三级或者十三级！

66

这难道不是快乐的吗？这难道不是光明的吗？这难道不是青春

的哪怕是剩余的青春的欢乐嘉年华,健体乐生的群众欢愉?这难道不是用幸福的瓔珞与青春的金线编织起来的火红的日子?个人迷信,个人迷信,文革革文,这与我们草民有什么关系?我们爱毛主席,这难道是假的?这还没有唱那抬头望见北斗星,心中想念毛泽东呢,多少青年人唱起这个歌来咧着嘴大哭失声!毛主席有错误,这难道赖我们?谁他娘的没有错误?现在不跳忠字舞了,不跳就不跳了,但也没说过唱红歌不对呀,现在说起唱红歌儿来仍然是瞬间普遍、所向披靡呀!何况跳忠字舞的年代我们年轻,我们想得开,我们能从砖地上跃起一米二,我们能背二百三十二斤的麻袋,我们快乐,我们当然回忆不已。

你们利用被空闲的机会重读了《西游记》《家》《春》《秋》,还有《格列佛游记》。你们兴奋地给我们从头讲它们的故事,你们发现了不让读的书是多么明媚,小声讲的话语是多么亲切迷人,有阅读能力是多么幸运,找上几本被批判被封杀的"四旧"书籍阅读谈论是多么快乐。

当然人们也不断地交流着烹调的经验。匮乏增加了人们对于食品的珍视,时间提供了精益求精地做好每一粒米每一叶菜的可能,性情急切的国人终于能够像绣花一样地安排每一分钟的生命了。虽然是天南海北,仍然时不时有霉干菜,有略略发臭,估计对人有益无害,甚至是因臭而更加引人入胜的虾皮,有深夜里鬼鬼祟祟地卖高价肉的小贩,高风险,高回报,反正没有死罪。有土豆做的粉条供应,有淀粉用来勾芡。你在想我们的领导是多么辛苦,他们要为分配霉干菜、虾皮与粉条而操心受累,更不要说百年一遇的松花蛋与咸鸭蛋了。

这也是幸福。平平安安,逍逍遥遥,顺顺当当,老老实实,规规矩矩。治国安邦非吾事,自有周公孔圣人。护头护臀,全须全尾,有吃有喝,有说有笑,无病无灾,嘻嘻嘿嘿,装傻充愣,学会了活着,学会了松心,学会了取乐,学会了与世无争,学会了一沾枕头就入睡,学会了知止而后有定,定而后是能静,静而后不安,不安而后仍有所得。而不知所止您就更有定，学会了规律性习惯性正常性节奏性自足性抗逆性全天候性，这些性变成了自由性自在性自安性自适性。哈哈哈哈，过了这个村，没了这个店，这样的快活与超脱，您还上哪儿找去？

也许人是可以没有精心安排的日程而生活的。也许没有日程的人比注重日程的人更多。也许许多人是做一天和尚撞一天钟，是大概其差不多临时走着瞧，也许平常心不是明确的目标与指望，不是准知道明天与后天会怎么样。也许大多数一般人常常会随大流跟着走，到哪儿说哪儿。瓜熟蒂落，水到渠成，有多少水和多少面，也许人不过是戈壁滩上的流沙，随风飘散随水流走，好人好命，从不强求。也许人常常会茫然会愕然会困惑会等待，等待了头天到第二天还是等待。人生是自觉也是自发。生活是追求也是流淌。日程能实现或者不能实现。愿望会成真，也会不成真。你可能知道明天的安排，你永远不会当真知道明天什么会发生，或者你预见的事情发生了，却没有按照你的预见结束。

例如你怎么可能预见这样美好诚朴的一对会突然生变？你怎么可能想得到信得过这样的后续，这样的发展变化，不合逻辑的事儿硬是比合乎逻辑的更多！

他们俩调换了新工作，一个到了工会的放映队，一个做了俱乐部的票务员。当然他们胜任，这是天公地道的事。即使在混乱的年代仍然有正道存焉。他们的优秀是毫无疑问的。

……但是，他们离了婚。

只有一个解释，他们没有孩子，可以设想一方的精子或者另一方的什么什么卵子有什么问题。打麻将和跳绳的时候轻描淡写地说起过这方面的问题。转变工作以后，他们有了更好的住所，也有了更多的朋友来往。我们知道的事不那么连续和具体了。一年之后女方生了一个大胖小子，在我们准备好了祝贺礼物的同时，传来的是完全意外的这二位工人阶级离婚的消息。你能问什么你能说什么？这不可能与日程有关，与国际国内形势有关，与目标理想有关，与意识形态价值观念有关，也许约略有关，不宜过多过分过深解读。

在他们失去了幸福的家庭的同时，我们也失去了原来的工人阶级的好友，我们的那个年代的次草根生活的生动见证。我们原来的一对夫妻朋友，是两个单纯的可爱的青年。后来变成了两个单个的人。后来其中的一个又另找了一个，我们觉得不像。太老实，太劳动，太矮，太不好看，太没有精气神。而剩下的孤单的那一个甚至于提出来希望我们帮助她向前走一步。我们无能为力，我们没有机会，我们爱莫能助。我们觉得本来可以不这样。这绝对事先没有写在命运的日程上。

然后过去了几十年。几十年如一日，也有过招待所大套房里的小坐，也有过招待宴会上的团聚。我们曾经相濡以沫，我们后来也并没有相忘于江湖。虽然后来我们经历了太多的沧桑变化。也有过个别的亲热的体己的话语。也有过拜托的小事。我知道你们分手以后双方过得都不算太好。我们知道世界上本来有许多美好的幸福的天作之合的好事，但是这样的好事非常脆弱。可以由于某种原因，一对最好的组合说分手就分了手，一朵艳丽的鲜花说零落就立刻零落，一只歌喉嘹亮的夜莺说暗哑就立即暗哑。我们知道世界上有许多可能的偶然、轻率、不知从何而来的好奇与罪恶，每天都有一些事情发生。

如果你认定它就是不可挽回的罪恶它就当真不可挽回。你把它想成有多么坏就有多么坏，然后是坏上加坏，然后是痛苦上的加倍的痛苦。是永远的悲戚，永远的遗憾，然后是千古之恨，是怨怼，是煎熬，是光明刹那间变成了黑暗，是爱情变成了冤屈，是相爱变成了相疑，是舆论决定了自身的命运，是自身的命运背叛了自己的人生。

然后是你生了病，骨头方面的，是湿毒，是寒却又是热，是壅塞。你刚过五十岁就走不了路，是下岗，是提前的消失。而且你是肿瘤，是恶性，是众说纷纭，是全无希望的稀奇古怪的怪路子，是各种的花销，是永远的债务……

你们互不原谅，你们折磨自己。你们在三年以后本来已经回心转意，但你们仍然互相试探。仍然较劲掰腕子。直到你们毁了对方，更是毁了自己。

而我没有能帮助你，与你。

我想念你们，我怀念日程之外的那段生活，我怀念荣获斯大林文学奖金的日子。那时有叫春的小猫，孵蛋的母鸡，厨房的热气，炝锅的葱花，乳糖的转化，歌颂主席名下的歌舞升平，得乐且乐，扑克升级，麻将坐庄，象棋将军，跳棋占角，民歌酸楚，样板戏腔千回百转，加千锤百炼。人生苦短，人生苦苦。牢不可破的许多美好都可能转瞬破灭，至少是破损、玷污。其中一半原因是我们自己的苛刻、冲动、愚傻、挑剔，易于煽起的对他人的提防、疑心与报复。所以更应该珍惜日程内与日程外的生活。至少，我们可以等待，我们可以斟酌，我们可以得奖，大奖，我们已经同时还要继续得奖不止，可持续得奖。我们可以闭上眼睛想想一切的后果，想想不是别人而是自己的罪。是罪，但罪而不恶，有罪无恶。不是罪恶，不是别人而是自己的责任。风再大有停的时候，雨再凶有止的时候。天再冷有转暖的时候，气再郁积有渐渐消散的时候。在我们的有生之年，宽恕是宽恕了他人，更是宽恕了自己，宽容是容忍了别人，更是容忍了自己。永远不要把自己逼到死角，永远不要使自身图穷而匕首见噢！

第十三章 希望在第二次

67

有一种快乐叫作希望,有一种希望叫作解放,有一种解放来自压迫束缚恐吓专横蛮不讲理,但也可能仅仅是一种别出心裁的、不容分说的理念,理念也能变成大山。压得越重时间越长解放得越舒坦。你忍受了,你沉默了,你咬紧牙关,你摧眉折腰苦笑谄笑使大劲笑出眼泪,一天,两天,一年,两年……现在,制造愚昧与不义的蠢货恶棍也许是自以为是的强梁终于告辞,随声附和的投机小贩就此崩颓,乌云飞卷,沉冤昭雪,谁能不热泪盈眶,谁能不欢欣鼓舞?有一种幸福大锣大鼓大轰大嗡,和一九四九年一样,哐哐嘁呛嘁,呔呔噫呔呔。有一种锣鼓成就了文艺:嗷嗷叫的朗诵腔,大放悲声,融笑声与哭声入唱段,夸张的手势与身段,响亮入云的奔放之歌,扭动臀胯的秧歌舞哪怕是的士高。

轻信像小儿科。可以设想,从养生的角度看,轻信有利长寿,多疑损害健康,真诚有益气血,狡诈有伤肺肠,大而化之舒肝明目,嘀嘀咕咕五劳七伤。如果第一次没有做到,希望在于第二次。宁要希望,不要绝望,宁要轻信,不要疑心歇斯底里。如果第二次还没有做到,坚信希望在于第二次的第二次即第三次。

……伟大的历史,伟大的时代,有时候感觉起来像被躲猫猫儿、被藏闷闷儿的游戏。那年五月,实验——游戏开始了,所有的生灵,所有的生机，所有的美好和活力都遗失了，叫作批倒批臭了。所有的花朵和树叶都枯萎，连天上的日月星霞也被阻挡遮盖了个严丝合缝。希望有一个全新的章程，希望有一个全新的世界，希望宏伟的理念把人间重新缔造一次。可惜的是，有时候过好的理念产生了事与愿违的结局。

过了一年、两年、三年整整十年，一声哨子，一声铜锣，一声呐喊，一阵大笑，男的与女的，小鸟与大象，孩子与老人，唱歌与跳舞，唢呐与提琴，笑容与泪痕，芳草与小溪，波浪与旋风，诗与画，东坡肘子与烹大虾，佛跳墙与带血的牛排，别来无恙；甚至有了咖啡、可可、崂山矿泉水、苏格兰威士忌，您哪。春风吹又生的是生活，是饮食男女，是喜怒哀乐，是粉墨丹青，是载歌载舞，是情深意长，是永远消灭不完，是烧不成灰，砸不掉皮，掐不断芽，斩不绝根的生命、自然，五光十色、爱怨情仇、风花雪月、唱和应答。批倒一个出一百个，压扁十个跳出十万个，谁能与生活为敌？谁能与爱情为仇？谁能向春夏秋冬叫板？谁能对父母兄弟姐妹师友邻里宣战？

是那一年命名为第二次解放。敢情一次解放是不够的，如果几千年都没有解放，一次解放能解它个多少放？第二次才有新的希望。喜乐得像捏到了刚刚出油锅的炸油篡，喷香，哪怕吃多了，十分钟后感到不消化、积食、疙瘩、成为痞。

兴奋得像抱住了久别的情人，赤诚相见，赤条条来去悲喜无牵挂，怎么来怎么好。从此是你美我美共同完美的一帆风顺的期待与操练。走上了快车道的轻飘，如洁白羽毛飞升，如芭蕾天鹅，如冰上起舞，如冲浪，如驾驶着摩托艇，如高空跳伞，如山顶滑翔，如长出了翅膀，如放飞你的纸鸢外加才华还有愿望，如起飞的战斗机，起航的航空母舰。叫作心花怒放，一时春色满园，秋色亦佳，枫叶红了的时候，是青年艺术剧院上演的批“文革”喜剧。中国的十月。大快人心事，揪出“四人帮”，郭沫若词，常香玉演唱，声音覆盖南北，席卷阴阳，扬波蹴浪，泪飞顿作周天雨。一出《杨开慧》也足足解了恨，吃四只蟹。三公一母，涉嫌性歧视。因为抑郁，所以一不抑郁就一跃而起，至少是自以为打破了世界跳高纪录。黄种人也能跳高，亚洲人也能跑快。受气的小媳妇也要说话啦。嘟嘟囔囔，因为迷茫，却又热烈，不断升温，一旦有了说法就通畅淋漓，拍手称快，弹冠相庆，闻鸡起舞，如就着猪手煮黄豆儿痛饮了喜酒。中华语词里有忒多的寂寞、烦愁，从而更易壮烈、激昂慷慨，动辄豁出老命。此时不乐更待何时？能待何时？还有何时？因为痛苦，所以，有了不再制造痛苦的宣告，自然心满意足。白日放歌须纵酒，青春作伴好还乡。美丽是一种责任？未必未必。欢快是一种义务，惭愧惭愧。欢快是一种法门，是自救，是对自我的讨好，是对生活的媚态，至少是和解，是不无可怜的人间的自我安慰，是烦闷的蒸发，是激情的橐钥（风箱），是养生的诀窍。熊经鹤引，观想存思，猫窜狗闪，形易八卦。如果不自我安慰，难道要自我折磨，自我戕害，自我冷冻，自我抽筋剥皮去势？

于是加速所有的快乐回忆。萤火虫，活命水，磕头虫、公主王子。苏三离了洪洞县，期终考试习惯性冠军，奖牌、奖杯、银盾、奖金……还有一年复一年、一地复一地的花朵。在被囚禁了多年的春天无罪释放以后，你更加注意地面冒出来的山杏白杏红杏花与春天的对话。紧跟着的是白玉兰与紫玉兰，朵朵花像朵朵灯笼，颐和园、潭柘寺的巨大的玉兰树，经过了老佛爷，经过了孙中山与袁世凯，经过了冈村宁次，经过了蒋，经过了红旗蔽日，腰鼓喧天，经过了令世界吃惊、令历史抖颤的红卫兵运动，他们开放着宣扬着满足着美化着照旧的同样的北方的春天。咱们这儿的春天称得起是热闹非凡。梨花仍然白如浪花雪粉。与苹果花白中显绿，嫩得出水，娇嫩欲滴。桃之夭夭，心摇目迷，你太艳了，你不懂保护与深藏，你的命运不会太好。海棠袅袅，欲言又止。丁香融解着所有的块垒，丁香承载着也疏导着太多的悲伤，丁香空结雨中愁，愁多自然无愁无忧，所有的悲苦和忧愁都化作了丁香，小小的纠结的美丽，接受了代表了凝聚了此生来生往生的诸多思绪，夫复何愁？

还有如火如荼、火一样充满，又雨一样落尽的樱花。还有灿烂的女王王冠式的牡丹。还有鲜艳的新妇芍药。还有紧凑而又外露欲燃的石榴。还有精致的药性的夹竹桃。还有绣球与波斯菊。还有泡桐、蔷薇、玫瑰、月季、百合，还有玉簪花的装饰感与鸡冠花的不落窠臼。

他为什么那样与花朵为敌？与美丽为敌？莫非你继承了某种除美务尽、视美如虎的中华杰作《红楼梦》中荣国府王夫人的传统？

所有的爱情、饮食、男女、膨胀与温存、满足与洋溢的幻想。撩开了上衣的疯女子，喂奶的小母亲。电影屏幕上的弹性的身姿与笑靥。声音，那么磁，那么脆，那么娇，那么喘吁吁，那么如铃如敲击如拨动如抚按。尤其是少女少妇的哭声与笑声，她们是天地的精灵，是生命的奇幻，是心尖的颤抖，是日月的光影，是星星的窥视，是生命的挂牵与留恋。谁能灭得了她们？还有戴着红头巾的苏联女工，一团热气，两座高峰。还有卫国战争的战士，跌倒在血泊里，爬起在血泊里，胜利在血泊里，靠的是喀秋莎歌声的护佑。生活的舞台，历史的舞台上出现了一队队一排排一圈圈的妙龄少女，出现了她们的手臂她们的脖子她们的腰身和她们的旋转与抬腿，于是历史前进了，战斗胜利了，文明彰显了，科学发展了。屏幕上也散发出女孩儿的香味。

你喜欢这个世界，你离不开你周围的人们，不管他们出过什么幺蛾子，也不论你本身之于他们，是不是幺蛾子，你仍然离不开他们。谁也离不开谁。

68

有一次约会，见面以后立刻杂念全无，除了下周的共青团活动和两支发辫甩动的活泼。已经阔别整整六十年一甲子。还有一件毛背心，是她织的，虽然比我大九岁，我仍然永远记着你。还有那永远的钢琴与舞蹈，此女的高雅细嫩，如乳如脂如玉如雪如粉，令我融化。

怎能不赞美生命、爱情还有地球上的阳光，阳光下的大树与小草？还有合唱、独唱与二重唱。一条小路弯弯曲曲细又长。河边林中夜莺在歌唱。看大王，在帐中，和衣睡稳。哎呀，咱们俩是一条心。倩影和笑容永在予心。

重新学会了《喀秋莎》和《顿河的哥萨克》、冼星海与聂耳、艾青与光未然。俨然的胜利者。红旗彩旗，仍然鲜艳夺目，广场大街，仍然车水马龙。冤者冤矣，死者已矣，错就错了，让我们从头开始，让我们再来一次。回肠荡气的检阅，惊心动魄的温都尔汗，走马灯式的起起伏伏，低昂婉转的十里长街白花哀思……哭的哭了，笑的笑了，骂的骂了，赞的赞了，口号喊了，拳头挥了，文件学了，态度表了，英明的英明了，恢复的恢复了，判刑的判刑了，追悼的追悼了，追认的追认了，拨乱反正，拨了，反了，改了，端正的端正了，解放的解放了，坚持的坚持了，成真的成真了，成不了真的也就成不了真了。过去的就这样过去了，今天就果然今天起来喽！啊哈咿呀啊哈咿呀啊哈啊哈哟喔哟……

电台播放的有不止一种的音乐。街上阅报栏里的消息有不止一个人的声音。那才是中国好声音的季节！好事如潮，好话如海，好心情如风，海风山风野马龙腾。

早点铺里有了蜜麻花与油炸糕，面茶与豆浆，焦圈即套环。集市上立即出现了整整几十年没有见过的花生、芋头、菱角、马蹄与山药。西郊动物园旁莫斯科餐厅里重新出现了有中国特色的俄餐，令人想起二十世纪五十年代的中苏蜜月期，老莫的柱子上松鼠的图案依旧，屋顶的六角形雪花图案依旧，展览馆建筑的尖顶刺天斯大林风格依旧。中苏蜜月一去不再复返，生活中曾经被年轻人以为是最最美好的东西一去不再复返。后来是摩擦、对抗、死敌，像邻居两家的各自的男孩，香得快也臭得更快，团结得快也嫉恨得飞快。

《基督山恩仇记》成了抢手的稀罕货。电影院里上映了越剧片《红楼梦》，感动得一对青年男女殉情自尽。美国演员演的《安娜·

卡列尼娜》电视连续剧激起我国革命群众的愤怒，他们向领导反映，这个戏意在攻击瓦解分化老夫少妻、忙夫闲妻或丑夫美妻的老革命之家。《花儿为什么这样红》与《洪湖水，浪打浪》的淳朴歌声重新响起。“君不见黄河之水天上来”“乱石穿空，惊涛拍岸”“假如生活欺骗了你”与“何以解忧，唯有杜康”直到“青春好像一只小鸟，飞去不再飞回”重新回到了我们的生活里。甚至于也唱起了“少年郎，年轻郎，你可不要把良心变”“春天的花是多么的香，秋天的月是多么的亮”，俗俗的也就俗了，流行的也就流了，唱气声也就气了。批归批，唱归唱，批又如何？唱又何妨？自由啊！

我们都拥有了生活的权利生活的快乐和生活的悲苦！如果你把生活压缩成了零，那么你对于第二次获得的实在的而不是虚假的生活的实感、解放感与欢笑感就是无穷大。如果你把牛皮威慑吹成无穷大，那么你的正感受就只能剩下零喽。哥们儿，解过来了吗？

怎么，怎么活了那么长，怎么看了这么多变来变去，折腾完了再折腾，傻呵呵、愣生生、猛丁丁，哭啼啼，高高低低，冷冷热热，蹦蹦跳跳，死去活来，九十度，一百八十度，三百六十度，七百二十度！已经老的老了，死的死了，不知所终的终了，欢呼雀跃了，第二次欢呼雀跃了，也许还有第二次的第二次，记不清到底多少次了呢。

而且去了很多地方，大城市，中小城市，乡村，山区，平原，以不变应万变，以忍耐应莫名其妙，以开阔包容马牛羊鸡犬豖的下水杂碎。小了，大了，结婚了，生孩子了，孩子又有了孩子了，四十五岁了，许多的梦做过了，淡去了，或者梦想成真了，不再是梦了，不再神魂颠倒了，记不清是不是原来早先的梦了。忽然，锣鼓喧天，生活刚刚开始，回顾一下咱们还如此年轻，踏遍青山人未老，你哥你叔你姑俺们仍然很好！

二十世纪五十年代你屡屡体味“青春是无价的财富”的豪迈与富有。二十年后你仍是风发挥洒，光明倜傥，俯拾即是，天女扬花，一浪高一浪，一潮涌一潮；泼尽污浊人未老，风光自在奔跑。白日放歌诗共酒，青春作伴昏犹晓。却原来屡屡挫折的微笑更加骄傲，每每误读的环境更加砥砺，沉落到地面地底的心思更加丰满瓷实，四十岁的青春比二十岁的青春更加美妙洋溢沉着有力，安稳有定，不仅有激情而且有积淀的四十岁呼风唤雨而又清凉条理。

只需要一滴滴自由，一丁丁正常，一丝丝同情，一丢丢善良，一些些尊重，一点点彼此的信赖与耐心。

原来除了苦大仇深，也还可以有天高云淡与月明风清，且不说花香鸟语。除了警惕敌情，也还可以有四海之内皆兄弟，而亲爱温柔也不再仅仅是白痴的代表符号与恶敌投下的和平演变毒药。除了连夜突袭打虎打鼠打人，也还可以有张弛进退松紧高低的节奏。除了亡我之心不死也可能有借助与互补。除了勒紧裤带也可能有丰衣足食之梦，小康升平大同之恋。除了在碉堡前拉响炸弹也可能有意大利地砖、红木家具、潮州木雕、巴西咖啡、泰国燕窝与绍兴加饭花雕、法兰西拉菲名酒，至少还有鸡蛋韭菜饺子与芝麻酱拌面大丰收萝卜青菜。

伟大的我乡我土，你怎么这样日新月异，眼花缭乱，虎跃龙腾，出其不意，头晕目眩，啧啧称奇，山重水复疑无路，柳暗花明又一村？

先是人人都贫下中农，几年后人人都有了高校文凭与港台欧美亲眷。人人背诵语录噙着黄豆粒般大的热泪珠高喊四个伟大与万寿无疆，之后，家家的录音机里播放的都是邓丽君、周璇……至少是《致爱丽丝》与《少女的祈祷》。人人检举反革命之后，是人人办公司，书记转眼成了董事长。人人上山下乡之后，是人人出国留学、讲学、进修、参观学习，年龄大一点的则是出国考察直到拿下学位。人人佩戴红袖标之后是人人受过“文革”的迫害。人人背诵“老三篇”之后是人人发搞笑的段子。这些大概都算不上阵地，所以穿军服、抢军帽、披上军大衣之后是盲公镜带着商标与宽大肥阔的西装上身，内里至少可以穿三件毛线衣。现在大陆市场上的名牌时装定价已经超过了伦敦与巴黎。山寨版的名牌呢？土豪得感天动地！

我们的演变汹涌澎湃，我们的新潮风起云涌，谁能演变我们，我们自己的变易变异已经让世界头晕目眩、找不着北！

语言的瀑布与彩霞，理论的巨浪与潮汐，浪花飞溅，折光的波长何止七种。意志的灼热与刚健，政治的风云与雷电，言辞的曼妙与辉煌。什么都在受孕，什么都在发芽，什么都在含苞，什么都要怒放。什么都在大喊大叫，什么都能生根也能开花，什么也都不无危险。我们的道路上布满了鲜花、欢呼、凯歌、欢声笑语，也布满了荆棘、陷阱、诱惑、粪坑、荒谬冤屈。什么样的建筑都可能出现，鸭蛋式的，鸟窝式的，螺旋式的，元宝式的，大裤衩劈开胯巴裆式的，俨然勃起式的。有了第一次，烧了修好，再搞一个二次。我们的力量大无边，我们的意志高如天！什么样的学派都能招摇，什么样的混账都能自吹，什么样的忠诚都能被诬陷。有的人白日见鬼，有的人缘木求鱼，有的人歪打正着，有的人朝趸夕售，有的人逢凶化吉，有的人愚而诡诈，有的人装逼飘红，有的人蠢而见幸，有的人一辈子空话，有的人投机取巧，万事通万事达，有的人埋头苦干，有的人专门收拾修理有所专长的人士，有的人小人得志，有的人终成大器……红黄蓝白黑片都有人看过并以看过为荣为宝，什么大人物阔绰人物名人洋人都有人见过有人认识，有人是亲戚有人是铁哥们儿，什么消息都有人学有人传有人信有人忽悠有人举报有人批驳，只是无人负责而已。

风在吼，马在叫，黄河在咆哮。东方红，太阳升，解放区的人民好喜欢。人民的巨掌、铁拳。我们花园的园丁是伟大的毛泽东，从今走向繁荣富强。天空出彩霞，地上开红花，淮河两岸鲜花开，打败了美国狼啊。和时间赛跑。鸡毛上天，蚂蚁啃骨头，人有多大胆，地有多大产。天大地大不如恩情大，爹亲娘亲不如主席亲。爱憎分明不忘本，立场坚定斗志强。大海航行靠舵手，万物生长靠太阳。抬头望见北斗星，心中想念毛泽东。反潮流，头上长角，身上长刺。就是好就是好就是好。雄心壮志冲云天。今日痛饮庆功酒，甘洒热血写春秋。宁可前进一步死，绝不退后一步生。兴无灭资，斗私批修，爆发革命在灵魂里。西方资产阶级做到的，东方无产阶级难道就硬是做不到吗？

空谈误国，实干兴邦。重在建设，不要假大空。发展是硬道理。解放思想，更新观念，富民，重在两个效益。重心已经转移。两手都要抓，两手都要硬。建设三梯队。三来一补，三自一包，三个代表，三人行必有吾师。走啊走啊回头看。松绑，压力化为动力。东风吹，战鼓擂，如今世界上谁也不怕谁。金钱不是万能的，没有金钱可是万万不能的。闯红灯。数字出干部，干部出数字。年龄是个宝，文凭不可少，背景最重要，德才做参考。胆子再大一点，思想再解放一点，步子再快一点。隆重推出，反复炒作，没有最好，只有更好，说你行你就行，不行也行……

大院子，中院子，一个一个的小院子。红灯笼，红中国结，红花，真树，真枝与假枝，真花与假花，真字画与假字画，真紫檀与假紫檀，真蓝调与假古琴，满天星的小电灯。潮州菜、粤菜、基围虾、川鲁皖湘鄂闽滇东北淮扬杭帮，法式德式意式美式日式韩式泰式墨西哥式越南式印度尼西亚式马来式菜肴。

各种各样的会所，明明暗暗的享乐据点，不知就里的洗浴、按摩、足疗、松骨、美发、养生、生态、文化园、摇头丸、专卖场、特约服务、私人订制、全活、乳母、特供、纪念馆、代开发“漂”（票）、代办证件、“台球”“棋牌室”。玫瑰与荆棘共生，香菇与毒蘑同长，真实与假冒比翼腾飞。然后是一个又一个的双规。

生活就是这样，历史就是这样，发展就是这样，急急忙忙，高高兴兴，粗粗落落，马马虎虎，自自然然，紧紧张张却又稀稀松松。有时候明明白白，有时候糊糊涂涂。有时候踏破铁鞋无觅处，有时候天边掉下馅饼来，有时候饼馅打开金花开，有时候饼馅打开臭一街。您怎么这么逗！我服了您还不行？

好的说好就真好了，一切自有道理，一次做不成就等第二次，第二次做不成还有第二次的第二次。例如花生米，有几十年没有花生米，还有说辞，为了主义，为了国家，为了工业化，为了长远的幸福，不吃花生米更不吃栗子，所以吃花生米比登天还难，吃栗子比填海还不可思议。后几十年花生米有的是，栗子有的是，吃多了撑死你。不好的，你防了又防，堵了又堵，它硬是不好了，好不了了。后来，也不怎么着，说好就又好了。例如外汇券，一个国家两种票子，面子和里子都有不同，固一时之雄也，而今安在哉？

69

……开始就像你我的童年，第一次自然比较容易看好。哪个孩子不可疼呢？好比敲门，轻轻地缓缓地三下，拍拍门环，弹弹门板……想想看，来的是天使，是观音，是圣诞老人，送来了什么礼物，将怎样救苦救难？不，你不可等到大擂大砸大叫的时候，就可以轻启门户，大胆地往前走。门叫得太吵闹了，变成抄家、搜查、劫舍，叫作砸明火。

物壮则老，是为无道。事情就是这样，什么什么都需要开始两次，至少两次。第一次是小孩子，细皮白肉，天真烂漫，可爱却容易搞错跌倒。第二次是成年，你更坚决更老练更实在也更有效。

如果是第一次与女孩接吻，你多半会晕眩过去。你有诗，有温柔，有细软，有心悸，有醉痴，有海誓山盟以命相许的决心，同时你不知道的事情更多，关于友谊，关于对方，关于异性，关于和人尤其是和非同性相处，关于饭桌边、书房里、办公室、庭园、晚会舞会与餐馆里的二人的身体与灵魂的碰触。不用说还有床上。

第一次春雨，多半不会浇湿浇透，它增加了湿润，它稍稍压住了一点浮土，它透露了也挫折了人们对于温暖的阳光的期待，它透露了也限制了人们对于春雨潮润的需求。希望在第二次，希望能听到哗哗的声音，希望能改变墒情，能帮助万物的出芽与长叶，希望在像样的春雨后有像样的晴朗与照耀，而后是丰收。

第一次上舞台，你不可能没有紧张，你不可能像此后一样自信从容，乐在其中，化解误差，从心所欲，因势利导，尽在掌握，将自己与观众的互动视为莫大的乐趣，将大庭广众下的自身的一颦一笑、一举一动、一言一止，视为自己的享受。

第一次的演说，你讲得激动，讲得煽情，讲得准确，好了，你已经很不得了了。你不可能谈笑风生，行云流水，深入浅出，举重若轻，寓庄于谐，颠扑不破，娓娓动听，全然化境。当然，到第二次第二次的第二次再第三次的第二次，你讲得好多了。讲话不单单是表达，更是升华，是探寻，是发现，是补充调整与完善，是步步攀登，是更高的境界、更大的格局，是更远的眺望，是无限风光，尽收眼底，是面对面的谈心、互动、鼓掌、心比天高，智如秋水。

第一次的文章发表，你的兴奋就像第一次告别童贞、告别少年时代，而这只不过是初试锋芒，略显身手。你还不得不考虑世情行情，你还不得不迁就那平庸的编辑出版者，你还不能不为但求发表出来而折腰。你远远不可能一鸣惊人、一飞冲天、振聋发聩、语惊四座。

所有的第一次都仅仅是第二次的准备，尖兵、试探，蹚道，摸索，草图。所有的第一次都来自头脑、思想、理念、想象，所有的第一次都肯定是比较失败的。第一次容易引起心律不齐、血压增高、内分泌失调，重视过分的结果一定是潦潦草草。那么多第一次不过如斯，令人顿足长叹，令人想狠狠地用皮鞭抽打自己。

与想象、理念、思想、头脑、主体精神相比，第一次的实行能够圆满无缺憾吗？不。绝对不可能。而第二次的比较参照是第一次，是主观主义的，热情偏激烈的，用概念与梦想来涂抹的第一次。有经验的行为与无经验的尝试相比，有准备的运作与无准备的反射相比，急躁的高调与务实的步骤相比，玛丽·居里的第一次放射性材料试验与此后的次次试验相比。啊，我的第二次！

居里夫人甚至诺贝尔奖也获得了两次。她的第二次奖更伟大，因为，再没有两获此奖的科学家或别的什么家了，她的第二奖，无与伦比。

第二次，你来到了大城市，你告别了戈壁滩、大面积条田、大渠龙口、沙枣胡杨、苜蓿甜菜、胡麻枸杞红花、砍土镘钐镰、馕饼肉串、地窝子莫合烟、高轮车抬把子、彻夜大水漫灌、夜半歌声、诵经屠牛、冰雪爬犁、阔廊茶棚、小帽长靴、载歌载舞……你来到了一个入夜的街灯比星光更亮的地方，你来到了一个软软的沙发比硬硬的板凳更多的地方，你来到了一个差不多人人花钱、在最匮乏的年代仍然买得到饼干与白托块糖以及豆浆油条的地方，你来到了一个一个又一个眉清目秀的小子张口就谈民主谈现代化谈伤痕文学谈实践是检验真理的标准乃至谈谁谁是改革派谁谁是保守派，还有中央的谁谁谁看好、谁谁谁是对立面的地方。

你来到这里吃炒疙瘩、吃春卷春饼香椿苣荬菜、吃木樨肉、吃肉丝蒜苗、吃酸辣汤、吃干烧黄鱼、吃乌鱼蛋、吃狮子头、吃大对虾，直到吃香酥鸡香酥鸭。你来到这里顿顿有啤酒。你来到这里开会，说了主持会的人希望你说的话，恰好主持人也说了你希望主持人说的话。你在会议室里闻到了奶油、番茄酱、煮卷心菜与新烤焙的蛋糕的甜香气味。你的发言里时时谈到人民、理想、中央、真理、路线、真实性、人性、观念、马克思主义、机会主义、宗派、决策、典型、批判、歌颂、黑暗、光明、落后、先进、收获、果实、时代、阶段……你的发言里不再充满了工分、现金、开支、口粮、饲料、自留地、自搂儿、宅基地、五保户、地富。你换了另一个人吗？你换了一套语码了吗？你“装毕里奇”了吗？纽毕里奇、莎毕里奇了吗？

不同的符码也引起了不同的举止动作。见人你抿一抿嘴。你的眼角上时时沁出笑意。你的挥手是何等利索。你略略地斜仰着头。你不紧也不慢，不热也不凉。你咬文嚼字时候的表情是何等学问。你表达首肯时候的颈部动作是何等诚实。你的二郎腿一跷不可能不带几分雍容。你与朋友们、干部们、文人们相互激发起动的笑声是何等自信，你用一百天的训练也教不成一个人民公社的社员这样笑。

晚上你走在大街上。公共汽车与无轨电车都令这个城市的居民牛逼，加上小汽车自行车早就是车如流水马如龙，百姓百物正春风。你看到了市场上的果脯的红红绿绿。你早已经忘记了世间有这样明艳的色彩。你看着一个又一个的报刊亭、报刊栏、报刊摊位，你的新作，你的名字赫然在目。你的声音在全国响起，给你的小小汇票从全国各地寄来。你吐了一点苦水，你更在意的是大局，是素质、气度、胸怀、品位、成色、深邃。

同时各种被中断的联系都在恢复。各种没有忘记姓名或者将要忘记姓名的朋友的信件带着泪痕，带着笑声，带着各式的八分钱邮票来到你的手边。扼杀与压制得越多，恢复得就越起劲。同时有祝贺，有压惊的饭局，有互留地址与电话，多半还是传呼公用电话。与此同时是提心吊胆的忠言，怕靠不住，你不要再写有关政治、“文革”、曲折、坎坷的故事了，不会爱听这个，我们的领导需要听的当然是好听的话，是感恩图报的话，是虽错犹荣的话，是交点学费要什么紧的话。你还探索些什么，你探索？自古以来探索者没有好下场。行了行了，你也不缺吃不缺穿了，你别写了，我的亲爱的……

我的生活开始了第二次，我的文学开始了第二次，我的井喷开始了第二次。我们都需要第二次与第二次的第二次。

70

啊，我的青年时代的朋友，我终于不能不提到你。

那时候我们一起练引体向上、俯卧撑、双杠曲臂伸，仰卧起坐，还有倒立。我们一起在严寒的冬天清晨，在天色黝黑的时候从北新桥跑到东四，从东四跑到朝阳门，再从朝阳门跑到东直门……热气与冷鼻涕星儿装饰着我们的红扑扑的脸。我们一起阅读《约翰·克里斯朵夫》与《青年近卫军》，我们期待着自己精神上的风暴与洗礼，我们期待着能够做到高尚与纯洁，高尚了还要更崇高些，纯洁了还要更干净些。我们尤其喜欢车尔尼雪夫斯基的长篇小说《怎么办》,它的主人公为了锻炼意志,甚至在自己的床板上放上几块石头,偏偏要硌疼了自己睡觉。最早还不叫锻炼意志,叫作锻炼性格。嚼得菜根香,百事都能为。睡得石头块,万难不算数。我们追求幸福,更追求痛苦,我们吟咏罗曼·罗兰的名言,不但要歌颂幸福,更要赞美痛苦。那时候的梦里首先是承受、咀嚼、经历一切地狱的烈焰。我们要做卓娅与刘胡兰,我们要做捷克的共产党员烈士伏契克,他写的《绞索套着脖子时候的报告》,结尾处说:"人们,我是爱你们的,你们要警惕呀!"最最需要警惕的不是他人,而是自己灵魂里的污秽与癌变。我们互相朗诵诗歌,何其芳与惠特曼,普希金与艾吕雅,苏东坡与苏尔科夫。我们甚至于写了日记也互相交换。我还教了你那么多美妙的歌曲,那么多蒙古的长调与新疆的舞曲……

后来,我骤得文名,一千字又一万字幻化成了铅字印刷在种类与篇幅都很少、发行量都很大的"皇家"级报刊上。于是少年得志的我转眼起落,急匆匆第一次轮回完成,从惊天动地到咯儿屁完蛋,朝为风华绝代,暮为打入另册、牛鬼蛇神,不过一年。我们期待的试炼、考验、烈火与坚冰、硌上半身也硌下半身的石块、劳累、饥渴、责罚、忏悔、群起而指责之,针对我们的人海人潮人风人雨,全来了。

你一次又一次地来看望我与我的妻子,你安慰我,鼓励我,叮嘱我一定要洗净灵魂里的"恶臭",一定要一切推倒重来。那时候正逢我的儿子出世,我没有忘记你送给我们的代乳粉、浓缩橘子汁与拨浪鼓。有什么东西比友谊更宝贵,尤其是在走背运的时刻?

乘胜追击,聚拢着人民的铁拳击退了其实不堪一击的资产阶级知识分子以后,还要追击追歼人们头脑里的资产阶级思想:官气、骄气、娇气、怨气、暮气,个人主义是万恶之源,掀起了重铸灵魂的大革命大合唱。你在你的单位沉痛暴露交代了大量的"不健康的思想",包括对于已经沦为资产阶级的代表人物某某某的不健康的同情与挂牵。不用说,这给你惹了大祸。你得到了关心、帮助、注意、分析、挖掘、洗涤,幽默地称为“搓澡”。那是共和国的六十年代,二十世纪,一个立论又一个立论,一个批判又一个批判,一个敌情又一个敌情。右派完了有右倾,意修(陶里亚蒂同志)以后有苏修(赫鲁晓夫不带同志),批完丁玲以后再重批王实味萧军……金猴奋起千钧棒,玉宇澄清万里埃。沉舟侧畔千帆过,病树前头万木春。千斤霹雳开新宇,万里东风扫残云。破字当头,立在其中。先务虚后务实,大批判开路。批得资产阶级体无完肤,理屈词穷,死无葬身之地。

你们那边有了你这么一个宝贝,不挖自现的病灶,不竖自立的靶子,不打自招的思想敌,不斗即倒的罪人,省却了揭(阶级斗争)盖子的互揭互咬,省却了分析定性,省却了批斗震慑,不必再空论打哈欠,你们单位的大批判鲜明透彻,具体形象,有声有色,活灵活现,圆满成功。尤其是你交代说某某某写的有问题的作品是取材于你,你就是那个有争议作品的主人公原型,取材于你的经历你的情绪你的诉说你的密报,这样的故事连我听了也彻底晕菜了。你吃多了?你吃少了?你吃错了药?你以之为荣?你以之为真?你闷得慌了?你这叫引火烧身?带点佛家味儿。你就是为了痛哭痛骂痛心?

于是有了规模,有了声势,有了趣味,有了看点,有了热闹,有了话柄,有了抓手,有了针对性,有了教育意义,有了大会,有了号啕大哭,不但资产阶级的你号啕大哭,连痛批资产阶级的朋友们也激动得号啕大哭。有了口号震天,有了感慨万端,有了痛快,批了过瘾,有了激情、高潮、震荡……叫作欲仙欲死!

你已经走到了被戴帽被清洗被打造成为不齿于人类的狗屎堆的边缘……总之经过了漫长的时间,即使在我远走边疆的前夕,你也拒绝与我告别见面了。你说:“你聪明……”我聪明不聪明,不可能不再明白了。我有点难过,再一想,其实也无所谓,许多年轻时候的事已经过去。许多美丽的梦已经不再是梦了。友谊何物?青春何物?文学何物?罗曼罗兰阿拉贡安娜西格斯爱伦堡丁玲艾青何物?

烦闷与激情又算什么?

滚你妈的蛋吧。反正你要活下来,你要生活,生活永远有自己的魅力。

十七八年过去了,比苏武牧羊的时间略略短一点。我们重又见面。你一直含着泪。你好像有许多话要说,然而你说得磕磕绊绊,你说得平平淡淡,你说得甚至于支支吾吾。你想说一些情深意长的话,我们都庆幸着,我们互相请吃饭,我们回忆少年的时光,我们欣喜于久别的重逢。你给我一瓶当时应该算很奢华的高级补酒。我想念着也遗憾着往事,我烦闷着也激动着回首,我实在怕听你谈往事。我不想哪怕是一点点表达我的欢喜与张扬。然而我的写作太扩张太激扬太多太快太好,至少是有人以为太好自己也以为不赖……

然后你对我进忠言,良药苦口利于病,忠言逆耳利于行。不要再写了,不要吐苦水,不要说大人物可能不喜欢的话,不要抒拨乱反正之情啦,你写那么多干什么,不要和那些成事不足坏事有余的小哥们儿来往,上边不可能喜欢他们……

而那时候我正在兴头上。好比我在洞房花烛夜你给我宣讲闭关苦修的事宜。好比我在久旱逢雨的时候你告诉我还是干巴一点更安全。好比我搛了一筷子刚刚涮好的羊肉片,此时你告诉我说我本来应该素食至上。你讲的有你的道理,我感谢你的道理。然而,你确实有点损,这个损本来不应该写成损,它应该读“顺”,但顺是第四声,是向下挫,而我说的“顺”要读第二声,是往上挑的音。天津那一带最喜欢用这个“顺”,“顺”或“吮”字,意思是增添晦气,败别人的兴致,用类似恶言恶语的预告来毁坏他人的情绪。对不起,我那时是多么地幼稚,仍然轻浮吗?仍然动辄扬扬得意吗?仍然凌虚蹈空,自欺欺人吗?仍然不识时务吗?

我的朋友,我的成熟,我的老练,也许我永远与你们失之交臂啦……也许这更正常也更方便,更自如也更悠闲。没有什么人欠你的账,你也早就还清了所有的拖欠,讨回了所有的欠缺。欠缺就是不欠缺,不欠缺就是对于世界的永远会有所遗憾的理解与笑容。

人和人是朋友。人和人不一样。人和人不必勉强。人和人更不必提防。人和人应该彼此关心。人和人最终各走各的路。

71

还应该写一写公共交通与山居独处。大公共车与无轨电车。这里本来是一个公共交通至上的城市,不像在边疆,远远没有这么多线路,这样频繁的来车过车停车启动车。还有边疆城市的公共汽车第一班太晚而最末一班太早,这都影响了它的实用性有效性。

这里不同,这里的各式公共交通工具密密麻麻,公共车站密密麻麻,排队等候上车与不排队刚刚下车的人比肩接踵。旧时代,孩子们已经熟练掌握了扒车的技术,人多得像蚂蚁,叫作买挂票,只要有一只手的两三个手指使劲地钩住了车门把手,齐活,您跟着走吧。这是一乐、一个技法、一个节约票费的路子、一个游戏。那时的公共汽车与脚踏铜铃当当当清脆地响着的有轨电车,如果不是挤成这样,许多孩子们还不会上车,越挤就越不用打票,而挤的时候,胳臂痛了也要死死抓住,被人压痛了也不能撒手,锲而不舍就是胜利。

天变了,新中国了。捷克造“无头”大汽车已经引起了欢呼。活到十好几岁才第一次乘坐崭新的汽车。那时候乘车的人都是青年,都是成双成对,都是儿童,都是好好学习天天向上。乘大公共汽车就是与人民在一起,与青年在一起,与爱情在一起,与儿童,与小、中、大学生们在一起。

上下班时间是与工人阶级在一起。那时的工人阶级也很年轻,刚刚招上来,有的到苏联接受了培训,成群结队,车站上排起了长龙,等候挤车的上班族。上下班时动辄等候一个小时。那么多人在等候车辆,说明这个城市人人都在工作,建设,拼命干活,从今往后,再没有寄生虫,没有苍白空虚与无所事事。

有拥挤也有宽松,有碰撞也有谦让,有欢声笑语也有愤愤不平,有粗野也有文明，有相依偎相甜蜜也有两口子互相看也不看一眼。

那时的票价是四分、七分、九分、一毛一、一毛三……两分两分地叠加上去直到两毛五三毛五。

经过了十年生聚十年教训大轰大嗡第二次解放，公共交通工具上的人似乎更清洁也更安宁，更趋时也更进步，更生活也更沉稳了。车上有空调，不再有夏天的赤膊与冬天的嘴唇抖颤。座位舒适了，非高峰时期坐这样的车尤其是一对情侣同乘，是享受。车前方吊着一个电视屏幕，扫上一眼有球赛也有歌星，主持人个个都靓。车上的青年男女的甜蜜相处开始令许多老人不安，慢慢也就没有多少人为世风日下而痛心了。登上这样的车似乎确实接上了地气，服装、发式、提包、举止、表情、坐的姿势，似乎都有正面的变化进步。

曾经在这样的车上有多少故事：爱情、相识、助人、欣悦、失落、陌生、友善、客气、急躁、美好、记忆与忘却。还有过先进班组先进司售员的时政宣传、提供绿豆汤、给乘客缝扣子、学雷锋的动人情景。

没有故事也没有关系，你可以猜测，你可以设想，那个高个子女人和矮个子男子，可能刚刚度过了他们的金婚，另一对老夫少妻或者少夫老妻中间发生过曲折，最后终成眷属。那一对洋面孔却说着流利的汉语的人，他们是怎么回事？还有一个学生，她看到一对老人上了车了，她似乎想让座，又很有些犹豫，她可能想了些什么？还有一个病容十分可怖的老人，还看见过一个多半是斗殴中受伤的小伙儿……人生，永远是人生。

当然也有偷窃团伙。那一年，自认为节约下来一点点粮票。原因是你在远郊农场看青，你每天多得到了半斤夜餐粮食补助。而且，你还……对不起，你在深夜近旁的梆子剧团的副食生产基地受到过烧烤青玉米的招待。也许这应该算作监守自盗的劣迹。你在假期回到北京的家，你不无得意地清点你的粮票与钱票，你为节余的五斤二两粮票与七元五角钱而踌躇意满。你把二票放到崭新的桃红色塑料皮夹子里，你乘七路公共车去新街口影院看苏联拍摄的《复活》，那时和苏联的关系已经不好。你在七路车上看到几个打着口哨的年轻人,一上一下,你的塑料钱夹不见了,一张粮票也看不见了,一张钱票也看不见了,嘚瑟的结果是自取灭亡。问题是那几个年轻人的长相还相当体面。

你也在公共车上欣赏过莫名的争吵。一个小姑娘撞了一个老人,老头子大荤大素地开口便骂,一直骂到身体的具体部位与个别零件,全车的人都看不过去听不下去了。你的反应是该老头子的言语确实令人发指。这时候小姑娘潺潺湲湲地说:“可惜了您那个岁数呀,是吃狗屎长大的吧!”全车大笑一团。

我们其实乘坐着同一辆大客车,无轨或者有轨车,大公共车提供了多少有趣有情有味道的故事。有许多文学作品写到了大公共车上发生的事情。比如那一年发表了短短的你,已经烦闷,努力安慰自己,湿润了眼角。比如二十三年后写到了她与他的爱情。忘记了写女主人公自缢前她不停地看看天又看看地,这使小说的有关描写减色不少。

坐了一个多小时的郊区长途大公共车以后,下车去了你的山居。你喜欢你命名的那个一号沟峪。有许多石头,大石头是造物的杰作,雄浑,动态,不拘一格,气势磅礴。它们当初应该是炽热旋转,它们静下来了凉下来了,它们相互还在呼应、在等待与准备下一个轮回的飞转挪移。

你站立在那里迎接冬天,观赏成群的归鸟。你也为每一株艰难生长、瘦骨嶙峋的树木而怜惜又敬佩。很简单的一个现象,发芽,开花,长叶,伸展,壮大,结出千千百百的果实,红的红黄的黄白的白。它们并没有得意,夸口,嘚瑟。同时它们不断地凋谢,枯黄,萎缩,脱落,变成泥土。它们从来不落一滴眼泪。为什么动物硬是做不到植物的超稳定形象,植物的沉着与干练,尤其是植物的坚忍。曲曲弯弯的年轮里似乎隐藏着一点悲伤,虽然不能得意,却也不无骄傲。

山沟沟里时有野生动物出没,野猫,其实是指兔子。蛇,许多人怕遇到蛇，你每次蹚着野草行路的时候都念念有词：对不起，打搅了，你是在向蛇打招呼，你好比是英美人进入一个没有找到主人、没有事先约定好的地方时，先说一声“请原谅”。最希望看到的当然是狐狸、獾，你晃晃乎乎在某处似乎见到它们一回，只此一次，在见到与未见，在狐狸、獾、兔子的实体或影像之间。

比较常见的是松鼠。你终于发现了我们这里一个人与动物友好的山沟。松鼠看你一眼，有点活泼，有点示好，而不是听到人声就逃之夭夭。

你也喜欢夏日秋日的虫鸣。不知为什么，你在这条山沟里对于虫鸣的印象远远深于鸟鸣。古人是喜欢写鸟鸣的，围绕着一鸟不鸣山更幽，蝉噪林愈静，鸟鸣山更幽，或者风定花犹落，鸟鸣山更幽，有多少诗话呀。虫呢，倒是不少人写过蝉。岂止是蝉。清脆响亮的蝈蝈儿，拉着长而细的声音的金钟，清幽伤感的蛐蛐儿，还有声情饱满的油葫芦，你唱我和，你呼我应，你笑我泣，你犹豫我徘徊，你怒我喜，你负我胜。这才是真正的山林乐队。你想象，你相信，至少，听山林昆虫的大合奏是人类生存一世的重要内容之一。人生本无任务，但是人类还是给自己规定了使命。内容本不确定，但是经验使人珍惜这些个内容。到了此时，你明白了，世界很有趣，世界很多情，声响吵闹却也和谐，混乱却也微妙，莫知就里却也自有谱稿，没有章法正是章法的极致。无论如何，你不该活得那么稠密，你不能不给石头、山林、松鼠、雀鸟与鸣虫们留下足够的空间。

而伟哉，盛夏的山洪暴发！老乡们干脆称之为开河了，一夜大雨，所有的悬崖峭壁上都淅淅沥沥流着一道道瀑布似的水，轰然橐然嘟嘟然，山沟里下来了泥浆，黄汤。翻翻滚滚，势不可当，半天后变成了清江如许，能映照出你的一无所求的面相与举止……

这是多么幸福：你享受红火也享受安谧，你追求充实也获得静虚，你正面挑战也躲避攻击，你品尝公共交通工具上的红尘世相也专心致志地欣赏了又欣赏了山居的深山明月、小路弯弯、巨石张扬、林木葱茏、夜鸟腾空，野草荆榛、风雨交加、花开花落、虫鸣虫息、雪花飘飘、旱涝寒暑、繁茂萧条……永远的环流不息的一年四季。

而且你相信，山沟里有飘然来去的仙人、仙女、仙狐、仙鸟、仙风、仙影、仙光……日月精华，山川灵秀，草木荣枯，寒暖更迭。什么是仙？一个踪迹，一个念头，一个明灭，一阵凄然，一阵心愿，仙就是你，你就是仙，若不，哪儿来的这么多思绪？

你终于发现，沉潜之后需要漂浮，投入之后需要挥手，眷恋之后不妨淡出，人生至味是平淡，时而享受的是孤独，静谧的微笑传达着千言万语。列位，就此别过了……

第十四章　你的呼唤使我低下头来

72

你是第三次到欧洲那个国家去。第一次经停在巴基斯坦的卡拉奇，炎热的下午，机舱一开门，像是理发馆里的电吹风机，将热气向你蒙头盖脸地吹去。第二次经停地点是伊朗的首都德黑兰，那时霍梅尼刚刚取得了政权。你想起了苏联作家以此城市命名的长篇小说，还有美国作家的小说《德黑兰的屋顶》。你喜欢“德黑兰”三个字的字义与发音，它给你以不同的感觉。飞机停稳是在刚刚入夜，不准下机，有一点严肃的气息，可能处于类似紧急状态一类管制下。可以看到戴大绿袖标的机场工作人员。同行的朋友说这里有“绿卫兵”。

第三次来欧洲是经停阿联酋的沙迦了，后来选择了这里作为中国民航赴欧航班固定的经停点。那里的商店人员渐渐学会了很不错的北京话。当你对同伴说某个商品太贵了的时候，他们马上回答你：“不贵。”字正腔圆。直到后来中苏（俄）关系好转，绝大部分中国民航机路经伊尔库茨克、叶卡捷琳娜城、莫斯科与圣彼得堡赴欧洲，而且快捷多了。

你一直惦记，沙迦会不会变得寂寞起来？后来，在中国，人们向往的阿联酋城市是著名的、有道是土豪的迪拜了。

二十世纪八十年代的出国旅行，还是一桩祖宗坟头上冒青烟的运气，充溢着恍如做梦的醉意和摇头摆尾的得意。头一夜兴奋得难以入睡。凌晨即起,你重温着李双江唱的《北京颂歌》:“灿烂的朝霞,升起在金色的北京,庄严的乐曲,报道着祖国的黎明。”那时的透明的北京的晨曦,与歌曲唱的内容完全贴切。起飞时间的前三个小时就到了机场。那里的机场也不是一般人出入的地方。机场的国际航班终端,带着神秘与庄严,包藏着严厉与警觉,面对着陌生的与危机四伏的花花世界,进行着与承载着边防、国境、海关、间谍、走私、同盟、敌手、外交、外贸、使命、情报、贸易、意识形态、社会制度、战争和平、胜负兴衰、生死存亡方面的较量。普通人根本无缘出现在这个禁区,那里的国际机场就天生是 VIP 俱乐部,虽然那时还没有几个人知道郭德纲所说的什么 VIP 中 P。手持护照、出入境表格,身着红都出品公费制就的大号西装,出国出国,牛如大亨,重如泰山,险如陷坑,不可泄露如天机,挑战应对如春秋战国,而又大有新意,大有希望。中国正在走向世界,世界正在欢迎中国。

每个从首都机场出游的华人都在书写新的中国史与世界史。国人把出国说成开洋荤,发洋财,出洋相,受洋罪。边境外面的一个个装矿泉水的易拉罐也令人惊叹晕眩,一杯橙汁更是令人掉泪,资本主义将喝水吃水果玩得这样奢靡,此世何世,此国何国,此公何公,此橙何橙,此水何水?满机舱的欧美白种人,豪肚油肚,豌豆腐乳,爱辣腹油,油赖渴米,假香真臭,假笑真尖,酸文假醋,文明西方,贫穷自己,高高在上人家,心乱如麻个人,呜呼善哉,世界变了,中国变了,你的命运也大变喽!

用北京土话来说,那几年的人生就像“犯机器”,这个词儿太棒了!犯了的不是华盖运,不是扫帚星,不是女巫也不是犯了小人犯了冤魂厉鬼,您犯的是某种机器,您犯的是机械化自动化高速化超人化,或者解释为您自己开动了自己的机器。机器一经发动,您停不下来了,你止不住操作与运动啦,您就一秒钟一百九十八千转啦。

当一个个电门渐渐关闭或者半关闭之时,众生无声无息、谨小慎微、俯首帖耳、犹犹豫豫,吭哧吭哧、气喘吁吁。然后二十世纪的八十年代，某时某刻某分某秒，赶上“点儿”啦，老天爷的手突然合闸开机、一开、二开……百开、通电、增压、扩容、加速，叮咚乒乓，大轮旋转，小轮飞翔，大锤铿铿，小锤锵锵，欲止不能，欲慢不得，整个机器飕飕飕飕，嗡嗡嗡嗡，风风雨雨，雷雷电电。你乐得、惊奇得、感觉未必吉祥得都晕了。忽然，全中国的各种机器都拼命运转，疯狂转动，十倍加转，你说我说，你干我干，乡镇企业，农贸市场，傻子瓜子，大学教授，伤痕文学，海外留学，包产到户，奖金计件，股票证券，理财放贷，全来了电了，全噌噌噌呼呼呼呼地转上了。

是那第二个最初的十年，你从另册上的黑名单中一跃而起，一鸣惊人，一飞冲天，芝麻开花节节高，青云直上。以上这些成语俗语本来是你最讨厌的滥词陈调，如今用到自己身上竟然合身合脚。真令人惭愧无地自容。不是吹嘘，只是自嘲乃至自怨自艾问天，世界上的事原来这样风向不定，晴阴无常。你小子竟然在四十三岁的华年妙龄大犯起机器来了！

一切取决于时间，取决于生辰八字。倒霉蛋里没有人有你这样的、绝对属于“自己人”的童子功，踏遍青山人未老的青春万岁，刚好进入盛开季节的繁花满树。四十多岁，人不算太老，火候已经不可谓不深，练得不可谓没有几分道行。你熊得正是时候，火得正是时候，邦有道则火，邦无道则熊，其火也可及，其熊也不可及。生正逢时，正红在伟大中华猛然和平崛起的那个时间点儿上。

而所谓平顺者老实者谦恭者安全者们——在解放以后的惊涛骇浪里，没有什么起伏波折的人员里，在所谓“生儿愚且鲁，无难到公卿”的好人们当中，少有人有你这样的经验、才学、思考、精神资源、个性特色。

坏事在一夜之间变成了好事，挫折在一夜之间变成了超越和锻炼，锻炼正如健身，是肌肉骨骼神经各生理功能的全面强化。你于无声处健自身，高明、冷静，同时是自有主张的崭新楼厦的基石与新航天器的发射架。不是没有人不忿儿，他们想按一按，堵一堵，挤一挤，截一截,叫一叫板,直到每年宣布一次你的过时。遏制心羡慕……心,人皆有之,不一定只是美国人有,自己人也有。雀与雀,兔与兔,油与油,醋与醋,都自以为风光无限。然而怎么办呢?不成比例,一触即溃,谈笑间樯橹灰飞烟灭。

73

从沙迦起飞,你最感叹的是亚洲与欧洲地貌的天壤之别。亚细亚这边是干旱的黄土黄沙,欧罗巴那边是茂密的蓝绿,当你抱怨上苍的不公正的时候,有人说,原来并非如此,原来亚洲的地貌极佳,责任不仅在天,更在人们自身,是吗?你无话可说了。

长时间的飞行与巨大的时差使你头昏脑涨,而国外的新鲜刺激又使你美滋滋,你好像打开了天眼,你好像进入了另一个花鲜火盛的世界。你好像看着看着拉洋片变成了电影,而影片从黑白片一家伙变成了七彩缤飞。到了机场,还没有入关,你已经看到了迎接你们一行的衣冠楚楚的外国朋友,他们的神态与笑容似乎自然地带有良好、舒适与翘起尾巴的匀称,而不像你会时有一种不安、忐忑与低眉顺眼的诚惶诚恐。你就注意到了她,难道是她?你想了一微秒。她显得天真兴奋,宽肩膀,大而黑的眼珠,她的嘴也比你的同胞大,嘴线像突出来的半个圆周而不是一般的一个弧。她的中文讲得很清楚,而且她告诉了你她的中文名字。这个名字接上你的某个已经中断了的记忆。

她问:“你记得我吗?”

什么?你?我?记?记得?为什么?为什么?这里有什么一个语文措辞的困惑吗?还是一种有意显示亲切的说法?记得?不记得?你还摸不清在作为第二语言的她的中文那里,与作为第一语言的你的汉语这里,“记得我”三字含义上有什么不同。存在这样的检讨与思忖的余地吗?你们幼小时候见过面?一起拍过皮球踢过毽子？或者，这仅仅是表示，既然你们的双亲，你们的上一代有过那么亲密的友谊，你也理应听说过她的中文与西文名字？“我”指的仅仅是名字——符号？

为什么，你这一代人空间的推移常常与时间的越超同时出现。她的出现使你想起旧日，想起你的童年时期。你来欧洲，不可能有例如一九三八年即民国二十七年的什么事儿。那一去不复返的父辈仅有的两三年的快乐时光：西装领带，欧洲汉学家，来往应酬，包月黄包车，西餐和食，前门大街的老字号，几种外国文字，北海公园，豌豆黄与芸豆卷，什刹海的汽灯与荷叶……这一切早已埋葬多年，比旧日更陈旧的老年间，去不复返，从哪里又接续上了呢？在贫穷的战时华北，在被占领的北京有过的一段交往，能在至少是表面上极其繁华的西欧，延续到另一代人身上吗？

而出访日本，你也会想到幼年，胡同里的日军家属，木屐，日本儿童决定游戏顺序时候出手心手背的童谣，阔阔阔尼，小学里的日本教官，各个城门的日军岗哨，刺刀与军犬，还有被迫给每一个日军岗哨鞠九十度躬的耻辱，还有一九四五年八月十五日后的历史转折点……

作为一个人的一生，咱们的事儿太多了，咱们的记忆太沉重了哟。

你住进一座高楼，这不是哥特式也不是巴洛克式，不是教堂也不是城堡，这是美国的一家大连锁旅店，带有美国式的简明与浑不论（吝）。旋转的玻璃门牛气十足，冷气与热气，饭厅气味与大街气味在这里碰头。一进大厅就闻到了甜品与奶酪、咖啡与可可、牛排与胡萝卜，再加巴黎香水与科隆花露水的气息。一进大厅就听到了轻微的背景音乐：舒曼、巴赫、莫扎特、门德尔松，也有时候是约翰·列侬、曼托瓦尼、尼娜的《九十九个气球》与露丝的呼天抢地。大厅四周陈列着一些水晶、玉石、金属与木制的饰品，财富微笑着，放着光。最可爱的是木制风景浮雕圆盘，陌生，幽雅，迷人，盖有年矣，似曾相识。

一排购物专卖店千姿百态，讲究得未免奢华，那是另一个资产阶级的帝国主义的高高在上的世界。为什么它们硬是腐而不烂？而且他们这里走到哪儿都是那么干净，透亮，无尘无土无灰无泥无污无渍。为什么你还硬是翻不过身来？你随电梯上到了五十多层。你觉得高处会不适，会不胜寒，会有碍血压与平衡，原因只不过是你很少上去过。

你的房间不算大，然而明丽而且温暖，周到而且细柔，方便而且充实。物质的拥抱正好比女人的拥抱，她让你熨帖得透不过气。谢谢你。你不知道应该对谁说。似有似无的床头音箱里播放出摇滚歌手的苦情。本应该是震破耳膜的尖叫，被音量旋钮挤压冻结到最低最小最微，像饮泣，像被罩上了隔音头套，像被扼住了喉咙。他们的生活是快乐的？怎么唱得血泪交加？不，不是仇恨，是绝顶的烦闷，杀人的颓废，可能因为他们从来没有小组生活会议，没有编入雄壮一致的集体，没有人与人的关心与操心，没有一大群人的同命运共甘苦。没有上级的精神牵引与照亮，也没有那么多腹诽与真伪莫辨的小道消息。当然，生活在西欧的绿地就像生活在酒店与住院部，相互间既近又远。生活在东方就像生活在热气腾腾的厨房与桑拿沐浴间，有一股人味儿呛得你发烧。咱们有一种洗浴服务叫作搓澡，他们有吗？比按摩更用力。他们那种沙哑含泪多情含混的声音特别适合于子夜凌晨，在等了一夜没有等到自己想等的人的时候，唱响，摇着头，甩动头发声嘶力竭。

房间里的大大小小的灯光无数，光线与光线交错，光源与光源闪映，闪闪烁烁得像是激光密码。软椅与硬椅，高桌与低桌，窗纱与窗帘，电视机与电冰箱，衣橱与衣架，地板与地毡，床罩与床头，果盘与水瓶，杯与碗，刀与叉，纸巾与纸袋，房门与卫生间门，枕边的、桌上的、浴盆上方的颜色不同的电话机，两个大浴巾，两个洗脸巾，两块擦手巾，明亮的化妆镜、穿衣镜与凸面剃须镜，一切都服侍着你，亲热着你，使你浸泡于照顾抚摸之中，使你习惯于一切唾手可得……同时它们又像是现代雕塑展示。这是水准？这是舒适？这是享受？这是烦闷、腐烂还是对白痴寄生虫的培养基？为什么人的生活要日益细密复杂微化，为什么人们越来越追求脱了裤子再放屁？洗个澡洗个头发也比早先麻烦了十几倍。请看，光是洗发润发护发洗浴护肤的各种小瓶子上的英语法语也让你晕一阵子。

不，当然，这里不是你的家，也不是她的家。邀请你到了她的家，做了西餐与中餐。这里的西餐好像不够西，这里的中餐也不够中。说的话使你同情，也说到十几岁时回到欧洲被纯粹的欧洲人教育的艰难与痛苦。还唱了欧洲的民歌。这旋律似曾相识。民国初年有不少西洋歌曲旋律来到了中国，配上了中式的言辞语调，诸如“长亭外，古道边，芳草碧连天”。她穿了一件说是她妈妈传给她的老式衣裳，大致是二十世纪初叶的繁复与讲究。后来你们还有机会在河边的餐馆用餐，在大集市上喝啤酒与到旋转秋千上游戏。奇怪的是睡眠不足与任务复杂的你感觉良好，而健壮的她几乎因晕眩而呕吐。她是不是太天真，太简明，有点什么？

……不，不要再说这些，本来就什么都没有发生。你只是从理论上知道，从上一辈人的言语中知道，但是你并不记得。知道的不一定记得，记得的不一定知道。经历的不一定知道也不一定记得。三十多年前，童年，艰窘的华北，二次世界大战，被占领的古都，屈辱的生活。血管里有一半中国人的血。战争，胜与败，死与生，而在人民解放军举行了北平的入城式之后，被她的父母带到了执拗与幸福的欧洲腹地。在那故家的门前，有一株菩提树，在树的下面，他们度过了险恶的童年。如今到处流浪，在没有够多的树的地方。然而她仍然听得见，故乡菩提树的树叶的絮语。战败了四十年后，她的故乡又阔绰起来了。她与她的同胞，都挺胸腆肚，不缺少油水。

而你毅然决然地走向了红旗，让一切都改变。你们不再相识，你们无法相接连。

你们是南辕北辙，相异而行，风马牛不相及，谁能想得到有这样交会的一天？世界是太奇怪了，最远的地方也许突然变得有点近，最近的地方,也许会终于变得非常远。历史是太奇怪了,它更改着命运的逻辑,它创造着完全不可能中的可能,它冷冷地注视着或者忽略着,有趣的与无趣的,有意义的或者无意义的一次又一次相会,一次又一次记得与忘记,一次又一次别离。

写小说的人会有一种叶公好龙,当一件事情一个人物的出现太靠拢小说,而且是靠拢通俗小说的时候,你痛感到它的脱离生活,脱离现实也脱离艺术。你有些感动,你也会有些惧怕,你似乎有点乱。写小说的人并不愿意成为小说,尤其是通俗小说的主体。通俗小说是小游戏,是沙上堆积的红楼别墅,它一触即溃。它太无常。它们是佛教喇嘛们的功课,搭起沙器来精美绝伦,然后用扫把扫起来了无痕迹。

74

你觉得是走错了房门,如果不是别的话。看多了通俗小说,而你看的是另外的郑重的煽情读物。就像你常常在梦里去寻找你的故家,在大梧桐树下边,被你不经意地出走与抛弃了的故家,你还缺少一个深情的告别。缺少郑重的告别,使你感觉到了失落的遗憾。成长之晕就在于不知不觉中需要告别的太多,日新月异的外界道具与信号肯定会影响人们的平衡本能,个个会唱的歌词是"似幻似真"。你没有能圆满你的告别之梦。你走进一间集体宿舍,梧桐的树枝与树叶将阴影投射在大宿舍的窗玻璃上。进门往左第四张床,现在是空着的,你相信那里本来是你的床位,床上的被子还是你许多年前离开时不经意地摆放着的那个样子,枕头上还留有你的汗渍与发丝。你应该在那里躺下来,你应该哪怕只是再睡二十五分钟的觉,缺少这二十五分钟,你的人生显得太跳跃,太闹心,太突兀,太急切。怎么咱们都是急性子?咱们怎么变得这样方便而且幅度这样大?就像一个咏叹调缺少了必要的前奏与过门。就像一顿晚饭缺少了开胃小吃的序言。你在那里做一个小梦,梦前和醒后默念着一首内容记不太清而发音也有些古怪的诗。你在集体宿舍的时候酝酿了美好的文本:爱情,志向,歌谱,歌词。你总是活得太快了,提前了,超速了,着实应该没收的是驾驶执照,好像上学,没有上完小学忽然就上了中学,没有过完童年你就走入了社会,没有住好你的房、你的床、你的被褥与你的枕头,没有踏踏实实做完你的梦,就被新的大梦浪涛席卷。

这次进的则不是梧桐树影下的平房,是西欧的半高楼大厦,千篇一律的客房木门,门楣上写好了千篇一律数字的房门号。你发觉你可能是走错了房子,你不能确定房间里的气味属于你还是她他它。异国他乡,缥缥缈缈,你想问一声,请问这是我的房间吗?这怎么可能是我的房间呢?就像那间梧桐树下的房子为什么可能与你不辞而别,是你所无法理解的一样。西欧的这家美国连锁店里为什么给你预留了一个房间你也感到困惑。表面的理由很简单,有邀请方,有手续,有签证,也有你这边的审批与任务件。深层的意味你把握不定。你问不出声音来。你想说一句,对不起,我太累了,我记不住我的房间号数了。你还想说,原谅我,我没有时间,我的日程不在这里。我从那么小就忙着做功课,打日本,罢课游行,反对国民党,改造思想,“大跃进”,人民公社,蚂蚁啃骨头,反走资派,紧接着忙于改革开放,到二十世纪末,国民经济总量翻两番。我们从来没有歇过脚,松过心。这里只是来与去之间,没有告别与即将告别之间,中国与西方世界之间。而去与来之间,是太远太远。

这里有太多的颜色、太多的光与影、太多的汽车、太多的电话电器,尤其是太多的表情。这些都有浪费。我们那里不兴这样表情:扬起眉毛,分开嘴角,举起两手,露出笑靥,歪斜一下头,摇一摇,摆一摆,耸肩与耸一下鼻子,舐一下牙花再舐一下嘴边,努一努或者歪一歪嘴。比较起来你在故乡宁愿多表现一点喜怒不形于色,战战兢兢,如临深渊,如履薄冰。不形于色才有成熟,有了成熟才有威信和忠诚度。你奇怪你在这里留下了不错的照片,你希望让这里人知道不如你们也过得舒心自由。而过去的你的留影从来没有这样活泼活力活泛。你为什么近年变得更精神了,帅气了,除了底版与相机的原因恐怕要考虑你照相时的精神状态。

香水、狐臭、微笑、难以掩饰的自以为是。化妆间里的大瓶小瓶浓缩液体使你误以为进入了药房,谁见过这样的香波、润丝、早晨与睡前不同的擦脸化妆品、护肤品、漱口液、定型胶、服务、设施、工具、用品、外语、宴请、甜食、小费、不同职业不同身份的太过不同的服装,消费的网罗与吸引……这里的一切都触手可及,都精美明丽,都高雅周到,都唤起着也满足着,从而更加激发着欲望的饥渴。这里的商业服务到每个付款人的每一根神经每一块皮肤和华人的每一点穴位,然而它们距你仍然是那么遥远。

但你仍然入迷于这里的微笑,为什么这里人见了人会微笑,而我们那里不是?酒店餐馆,服务员身上挂着绶带,上书“微笑在广州”,你的观感是,她们的微笑只是写在绶带上。

这里更多更多的是汽车,汽车之国,汽车之区,汽车之家。车多了街上看不见什么人。这里的人活着主要的日程就是开车,工作就是开车到某个地方再从某个地方回到自己的房舍。开车到某处的下一步一定是开车驶离,到达房舍的后续早晚还要离开房舍。一个地方的后面当然是下一个地方。住进了以后当然还要走开。舒适,便捷,速度,拥挤还有气味与噪音。车里舒服得可以做爱。从高楼上向下望去,汽车比昆虫还多。你会觉得你来到了只有汽车而看不见多少人的地方,你将在汽车间而不是街市间迷路。你的日程是汽车:上车,下车,往左走,往右走,往前走,往后倒,转车,换车,停车,电话叫车……你来到那里就失去了这里,进入了未来就忘记了过去与现在。不,你启动不了,你激活不了那间集体大宿舍,那张你欠了睡债的硬板木床,那所没有等你还睡觉之债便匆匆拆除了的房屋院落的历史记忆。你正在失去自己,当然还有使命。你已经不是原来的你。而你记忆的又不像现在的你。

并没有那么多话要说，你已经领略了白白净净、富富裕裕、精精致致、优优越越，微笑得令你醉心的国家。站在这个国家的土地上你想为许多人许多事许多经验脱帽志哀，你想向家人同胞致意。

你当然日夜挂牵着你的家乡，哎呀，咱们俩人是一条心。风雨同舟，相濡以沫，饱受磨难，患难与共，百废待兴，死里逃生，贫中求富，苦尽甘来，执子之手，与子偕老，结草衔环，涓滴之恩，涌泉相报。终于燃起了希望。越艰难就越滞后，越滞后就越焦灼，越焦灼就越多咎多误多灾多难。正是在那个多灾多难的地方，你心事万千，恩仇千万，喜怒无边，思念无限，责任如天，日程满满，烦闷沉沉，激情炎炎。不要问我从哪里来，我的故乡当然在远方。请暂时不问从哪里来，你还需要静一静，想一想。你的日程在那边，我们的泪迹伤痕雄辩与厮杀在那边，你的至爱亲朋在那边，月明月晦，往事何堪，大江东去，头颅鲜血，晴川历历，芳草萋萋……都在那边。她们都不了解，也许她们会格格不入。她岂不是想入非非，她岂不是太天真了吗？

又却是有说不完的话，说话不需要理由，不需要准备，不需要目的。爱就爱了，又能有多少理解？说就说了，她的声音温暖而又体贴。虽然理解万岁，不理解也万岁吧，世界上那么多民族的人，国家的人，美好的人与奇怪的人，你能理解多少？她能理解多少？不解是难免的，不理却太冷淡。在欧洲，谁与谁碰头不问一声毛儿宁早安？还要友好与相互地祝福。还有人间的礼貌的爱恋。

短短几十年，车水马龙的汽车已经不是欧美所独有，高楼大厦不是欧美所独有，西装革履、长发披肩、高跟迷你、兰蔻欧莱雅、XO、威士忌、卡普琴诺、耳环钻戒、劳力士、路易威登、瓦伦蒂诺、宝马奔驰，龙虾牡蛎、空客波音、咖啡巧克力……已经在山寨生根开花。可口可乐熬姜汤已经在大陆成了解表散寒的药剂，在台湾已经成为名菜“三杯鸡”的原料……令人不安的是精神，特别是笑容，什么时候咱们这里能有高雅的、文明的、善良的与自信的微笑？什么时候咱们这里能够少一点谄笑、假笑、傻笑、冷笑、媚笑、幸灾乐祸的笑容？

你们说到欧洲的汤为什么那么咸。你们说到前几天的三国阅兵与老百姓对于阅兵的不感兴趣。说她不停地用两手做出放枪的姿势,向着军事联盟公约的空军。你们说到牛排为什么要点三成熟的。你们说到英语的美式发音与英式——牛津式发音。还说到你的头发与音质,你的眼镜与领带。她奇怪你一次打着极好的英国领带却穿了一双旅游鞋。说到庞克发型与你在这个孤岛上看到的染红染绿染黄染得不能再怪了的头发。你想起了一位电影导演的见解,生活不一定是主题先行的,生活没有绝对的操练要领式的脚本与提纲,生活是设计与随机的统一。

因为生活可以交谈,人生如水,水花四溅。它可以像水流一样地泛漫与浸润。生活如水,水到渠成。生活如树,长而后知模样。生活如花朵,花落委尘,仍然留住了它的芬芳与美好的记忆。你想补充,生活因谈论而更轻松即兴友好了。谈话令人温暖,谈话令人亲近,谈话令生活变得有趣,这使你与她都很快乐。本来生活没有什么样的方式,谈出了方式,从方式上认识到了方式的不那么重要。

就像你的头发,你五十多年了没有考虑过它们的生长,然而她注意到了,在你无可骄傲之际,你还没有秃顶也没有发白的,而且由于洗发液护发素的讲究而蓬蓬松松,光润乌黑的头发。有点无聊吗?聊供一粲就是。

你已经看过了电影《爱情故事》。其实你在“五七干校”已经读过反面教育材料美国的畅销小说《爱情故事》与《海鸥》。你喜欢《爱情故事》的插曲多米米多多,米米多多,带着爱情的波涛起伏,高高低低,悲悲喜喜,虽然得白血病的情节不免流俗。在那个奇怪的劈成两半的城市,你的仅有的几天,你一直哼哼着这歌曲的伤心与婉转。在床头的音箱里,你听见了它的钢琴曲。同时,你努力做到了最好,表达着应有的尊严乐观幽默与包容,还有应对的惊人的敏捷。

哎,外国也是国,外国人也是人,外国爱情也是爱情,外国男女也是男女。祝福你们,祝福你们。你的呼唤叫我低下头来,就这样等待着须发变白。

无论如何,可以相互更好一点,可以好,可以宁失之于友,勿失之于恶;宁失之于持重,不失之于轻飘。这是文明,这是保护,这是可能留下的美丽的印迹。人生中总会有一些好感,有一些善,有一些机缘,有一些转瞬即逝的笑靥与招手。人生中也总会有一些选择,有一些原因,有一些相守,有一些约定,有无可怀疑的诚恳。当然也有不取,不为,不允。我们都选择了不飘不移,不离不弃,无亵无渎。我们坚守了生命的端庄与分量。欢迎,谢谢,再见……飘然移去。

75

你也喜欢意大利,那么多人体的雕塑,精神,健康,浑圆,白净。天使也是张着翅膀飞翔的小男孩,他们长着完美的屁股蛋子。意大利人给了石头那么多热烈与爱情,完满与弹性,肉感与神圣感,生命与力量,情与性,骨与肉。还有喷泉,背向喷泉向池子里抛一个硬币,如果投掷得准确就意味着下次还将再来。欧洲把城市做得这样多情与享受,坚硬的城市像是在爱情与信仰的火炉里烤出了香味的饼。他们还怎么可能奋发图强,担当坚忍?还有巨大石材的经典建筑,还有浓郁的快煮咖啡,是快煮,但不是速溶,现磨咖啡豆,保持激情的纯香的锐利。还有精美绝伦的红白葡萄酒。还有高高矮矮的各色人等。不知道为了什么,欧洲的绝美的标着建设年代的古典式建筑常常使你意欲痛哭失声。欧洲的一顿饮食也像一次崇拜的典礼。

例如比利时的小镇布鲁日。人留下了这么多的美丽温柔,又生发着那么多的愚蠢、残酷、破坏、丑恶,像炼狱之火一样的贪婪与野心。面对着佛罗伦萨的夕阳,你不能不热泪盈眶。而威尼斯的海水,像孩子的游戏,像诗人的絮聒,像梦里的欲醒未醒,更像一批女孩子的眼泪的春雨。

巴黎圣母院激动人心。雨果对于巴黎的负面的描写反而使全世界的游客对巴黎神往。当地的朋友提醒你提防成群结队、偷窃起来像变魔术一样精彩的吉卜赛女人。戛纳的美丽忧郁化了海景,你害怕你的粗放、土气与愣愣磕磕会将海景的魅惑一指捅破。

塞纳河的泛舟使你娇气起自己,每座桥都修得那样高贵,像戴满了首饰的公主与爱妃,你兴许会怀疑她们是不是缀了太多的零碎。一上法国的游艇立刻感到了自己对自己也是亲亲宝贝,你有点酸酸的。凡尔赛宫的沧桑,令人长吁。由于巴尔扎克,由于雨果,由于狄更斯的《双城记》,你数次访欧,浑若不胜。

萨尔茨堡的音乐之声令你怀疑奥地利的具体性世俗性与实在性,它是欧罗巴梦、莫扎特与舒伯特梦。你安慰奥国朋友们说,不必讲什么两次世界大战砍削了巨大的奥地利版图,使奥地利大大缩水,文章不经过删削是不会精彩的,砍削之后是精华。磨灭了一些以后,你留下了咖啡、乡间土造白葡萄酒、圆舞曲与多瑙河,还有古老巨大的维也纳,你更加精彩。你甚至被邀请去指挥奥地利的乡村乐队。当然也不妨理解为是乐队指挥着你手中的指挥棒。毕竟,是音乐指挥木棍,而不是木棍主导音乐。奥地利的爱国英雄也许应该提出约翰·施特劳斯,而不只是哪个军人。

你也不会忘记莱茵河的阳光与船流,你唱起入选《世界名歌二百首》里的《洛莉莱》,设想着女妖、水妖、歌唱的精灵、翻船的风浪。沿着河道从当时的联邦德国首都波恩走向海德堡,一路上看到无数个乡村教堂。教堂屋顶的上面竖着作为风向标的铁鸡。你想起了里姆斯基-科萨科夫的《金鸡组曲》。在西柏林面对柏林墙的时候,你百感交集,因为你不是在“社会主义”的东柏林面对邪恶的被赫鲁晓夫称为毒瘤的西柏林,而是相反。我的社会主义,社会主义,那样崇高的理想与理论,建设一个崭新的社会体制,竟是这样困难麻烦!后来人们给你讲了柏林墙倒塌的情景,你不能不严肃地沉默。

阴雨天里的伦敦、褐红色的老楼房,牛津、剑桥,原来属于狄更斯,也许对国人能加上徐志摩的《再别康桥》。现在有了你的痕迹。

剑桥的晚钟催人泪下,古色古香的保持你无法不接受,不尊敬。滑铁卢桥的沉寂与古旧黯淡,令你觉得愧对好莱坞影片《魂断蓝桥》中的女主角。世上有许多新奇,也有许多古老,你追求新奇,你也难以忘怀古老。苏格兰的湖边有两只天鹅,后来只剩下了一只,它仍然兀立着,追思着也怀念着它的忠诚的伴侣。而维多利亚女王欣赏过夸赞过的山谷,仍然像维多利亚当年一样地雍容、优雅、高贵,更可贵的是那里根本没有搞什么"开发"。

日新月异的生活啊,你本来也可以有日久天长,沉着坚守,你有时是时装、戏装、礼服、旅游鞋与运动衣,更多时候是伫立的纪念碑。

你去过挪威作曲家格里格的故居,一半在海里,一半在陆地。格里格是一个童话。你去过黑海边上的雅尔塔小镇,雅尔塔是一篇雄文。二战使它变得有名起来。你怀念着也忘却着罗斯福、丘吉尔、斯大林。你走到源自契诃夫的小说《带小狗的女人》的铜像组雕前,你发现那里的黑海之滨的商亭与海涛仍然与契诃夫时期无异。你在契诃夫的故居里看到了托尔斯泰的照片,你弄不清两位作家不合说的可靠性。你体味到一阵慌乱,小狗和女人的寂寞究竟为什么使你感动至今。

你得知瑞典哥德堡正在用早先的工艺早先的图纸新建一艘二百年前沉没在自己的港口的装满中国茶叶、丝绸与瓷器的商船。那艘船曾经三访大清国。女铁匠抡着大锤打铁,她必须用最最原始的方式,参加古色古香的商船的打造,参加老船复活,历史重新演绎。越是现代化了越是要为历史招魂。北欧比西欧或者南欧似乎更死心眼更忠实于历史和过往。历史的芳香胜过了性感的香水与春药。

你也痴迷于美国东岸新英格兰地区的枫叶,问题不在于发红,而在于它们的鲜艳与明亮,红得如此纯净分明与抢眼,红得像刚刚用上好的浴液洗过。波士顿大街上到处都有籽实饱满的橡树,它的橡子比我们喜爱的板栗个儿大得多。你去过了东海岸也去过了许多次西海岸,加利福尼亚,你难得见到大西洋与太平洋,你倒是经过了无数的内陆湖泊与河流。那么多湖鸥在湖泊与游轮游艇的上空盘旋飞翔,嘎嘎嘎地叫着。你在查里斯河边观看美英大学生的舢板比赛,你在密西西比河上目送夕阳,你在渺无人烟的湖边看专设的搭建帐篷的平台,你欣赏各具特色的交通桥梁,还有无数的隧道、洞穴、出口与入口,无数交通标志,无数广告画面。无怪乎会有国内到来的同胞向你诉苦,为什么我们怀着对于"现代化"的无比热情来参访美国,而东道主只是一味地带着中国客人"上山下乡"?

76

二十世纪八十年代突然走出国门,那是超现实的体验,如梦游,如寻开心,如唤风招雨,如信口开河,如喧簧忽悠,电影西洋景片,飘在雾上,折射在水珠中,其实出国的经验远不如看好莱坞的电影,在影院里在银幕上一切都看得很清楚,包括小鸟的尖嘴与小虫的触须,包括身体的凸凹与五官的干湿。

那是什么?是地理课地图课程。你喜欢的是地名带来的亲切感知识感与开阔感:莫斯科、彼得堡、喀山与乌拉尔。东京、京都、大阪、名古屋。平壤与首尔。马尼拉、河内、巴厘岛、悉尼与墨尔本。你的青春与莫斯科的红场密不可分。你在列宁墓里向列宁的遗体行三鞠躬礼。喀山令你想起了高尔基、夏里亚宾、莫洛托夫与列维坦,想起了多少仁人志士从那里被流放到西伯利亚。喀玛河与伏尔加河见证了太多的浪涛,现在是不是平静些了呢?未必。

海牙、瓦格宁根、阿姆斯特丹、鹿特丹,转眼就到了布鲁塞尔。出国使遥远变成了切近,切近却仍然遥远,世界已经非常世界,而中国仍然是极其中国。中国与世界正在相互激荡,多好!中国里有世界,有遍游世界的小小的你。而世界上已经有了伟大的中国,却并不怎么了解中国到底是怎么回事。你不再为易拉罐而困惑,不再为冰激凌的价格而心惊,不再为一个教授的月薪而眨眼,不再为草坪的油绿而伤感，不再为果汁的鲜亮而叹息，不再为讲学的报酬而不好意思。好在他们喜欢榨鲜果，像还是不像我们的喜欢炖活鱼？一个英国女人竟然询问中国游客："你们也吃鲜水果吗？"而一位台湾女生在美国询问大陆的同学，你们也吃得到香蕉吗？不是说你们只能吃到香蕉皮吗？后来伶牙俐齿的天津留学生反讽得那位台湾女生哭了鼻子。

你也喜欢东欧，那个时候东欧更欧，就是说，他们的发展上的滞后，使之呈现了更多的巴尔扎克人间喜剧的城乡风貌。你喜欢布加勒斯特的湖泊与小猫，喜欢他们下班时穿着大衣在公共交通车站等车排队的老百姓生活。你看到了令人可叹的情景，电视里一出现齐奥塞斯库与叶莲娜·齐奥塞斯库，新闻画面立马变成了彩色，而领袖加他的夫人一退，电视屏幕上就只有黑白的影像了。难道是为了节约电力？这算嘛主义？你喜欢波兰的被法西斯炸毁又重修起来的王宫。当地居民怀着敬畏的虔诚参观王宫，穿上套鞋才谨慎地、毕恭毕敬地、小心翼翼地踩上王宫博物馆的甬道。你想起了我们的北京故宫管理上的粗疏，问题是大家没有一个庄重的认识。你凝视着布达与佩斯的多瑙河上的桥梁，与附近的巨大的苏军战士塑像。你想起一九五六年的匈牙利事件，被枪决的伊姆雷·纳吉。你在他们的社会主义工人党中央的宾馆也看到了他们的现任领导人卡达尔。

……更动人的是非洲。在好望角你看到了两个大洋的海水的不同的颜色。你看到了鲸群雍容地游过。你看到了大象与鸵鸟，你看到了高大的斑马与猩猩。你看到了喀麦隆的任意泛滥的河水与河水里的河马。你看到了毛里求斯的下弦月，它像端正地平摆在天空上的船只。而洁白的阿尔及尔市与活泼的突尼斯，尤其是卡萨布兰卡的经验，成功的影片与更加成功的男女演员的记忆重合在一起，你怎么能不为你访问过游历过卡萨布兰卡而骄傲？你怎么能不为众地名的延伸罗列成群结队而意气风发神气活现？不虚此生噢，不虚此生！

你为什么喜欢出访？你希望有一种人格有一种诚实不仅是适用

于国内，也适用于世界。尊严，所以坦率，诚恳，所以有趣，智慧，所以包容，自信，所以直面一切好的与不好的，友的与不友的，懂的与不懂的，善良，所以到处都感到了友谊与快乐。是的，世界乱乱哄哄，碰碰撞撞，叽叽咕咕，疯疯傻傻，同时世界又花花绿绿，精精神神，有时候文文雅雅，有无数的美丽和芳馨。

呵，永远忘不掉太平洋上的夏日晚霞，在距离地面十公里的高空，云霞一大朵一大朵，有的像绸布，有的像葫芦，有的像乳房，有的像提包，有的像七巧板上的各式图形。落日正在下沉，地面正在黝黑，霞光正在移动与变色。你与妻坐在头等舱里。没有什么，这样的今昔对比也许不免俗气，美滋滋更暴露了自己的浅薄，你应该一切都承担得起，冤枉、考验、蒙头盖脸、羡慕嫉妒恨……你有一个好大好美的世界，你有一个好大好美的人生，你从不、永不怨天尤人，愤世嫉俗。你为了地球而高兴，为了太阳与月亮而感动，为了星光而迷惑，为了四季而哈哈大笑。你相信与好大好美的世界相比，许多的计较其实算不了什么，不值一提，不屑一顾，千万别理视。你是生命，生命属于世界，你是世界，世界心疼生命。个体生命终于会离开世界，世界却从来不离开生命。世界，有时候还有历史，却又那样马马虎虎，粗枝大叶，莫知就里，跌跌撞撞……历史的活儿相当糙哇，概率的公正性只能存在于大数存在于多而不是存在于具体的单独的个案当中，您！您只能赶上什么算什么，赶上泰坦尼克就是泰坦尼克，赶上了诺亚方舟就是诺亚方舟，赶上毒蛇就是毒蛇，赶上美女就是美女，而如果您不撒手灰心，毒蛇也有化为美女的时候。您暂时还不知道该赶上什么，该算是什么。这正是人生的滋味，海浪滔滔，海风料峭，海燕盘旋，海狗呼啸，蓝天白云，电闪雷闹，杀出重围，不幸翻倒。世界之外还有世界，星辰之外还有星辰，诞生之后还有诞生，五光十色以外还有五光十色，你我之后还有你我。

第十五章　沧桑的交响

77

你已经有一点点老了,你依咱们的传统习惯号称八十高龄。耄耋之年的说法使你觉得祖宗们很幽默。这字形也有点逗你玩儿的天真。视觉暗示是头发太多太乱舍不得花钱理发。还有蓬乱的胡须。说不定心情也有点芜杂,像是许久没有修剪的草或者灌木。

但是你说你昨天晚上还做了一个梦,至少二十年你没有做过此类梦了。梦见一个黑不溜秋的厚嘴唇、大眼睛姑娘叫着爷爷从你的后背搂住你的脖子,应许说会帮你从已经下班的储蓄所取出现金。你说你接连去了几次银行,你苦于排队,你放弃了如期取款的希望。女孩子说她能,她做过出纳要不就是会计,她认识银行的所有工作人员,包括行长、经理、理财经理与业务员、清洁工与警卫。她是广东人,她有着广东女儿的厚嘴唇与大眼睛。然后她搂住了你,暗示你只要背着她过去,她负责你的款项。然后一切实现了。即使是叫着爷爷,一个妙龄女孩趴到你的背上,人仍然有些兴奋和欢实。

青春和耄耋本来并不是一个风马牛不相及的东西。青春太多了,压缩成了耄耋。耄耋切成薄片,又回复了青春。

对不起。你还从广东想到了越洋到非洲、欧洲、北美与拉丁美洲。你想到了巴西的狂欢节,除了巴西与月球,你的感觉是哪儿都去过了。然后你思考了良久,这究竟意味着什么。这是不是年轻时候你最担忧的所谓“战斗意志衰退”。这里缺失了一些理想主义,缺少了一些浪漫情怀,失去了文学诗学英雄气概。文学地活一辈子,这并不容易,这容易造成神经方面的夸张与生活方面的偏颇。不再文学或者再不文学了,这也很烦闷,很空洞,很失落,因为在咱们这边,人们对文学的期待与依赖已经太多太多。

所以你从来不拒绝世俗,同时从来不把酒色财气看在眼里,你不介生活的意。你不膜拜也不恐惧。你不拒绝黝黑的与白皙的女孩子,不用说,还有银行和超市,餐饮与足底按摩。醒过来你后悔了半晌,你为什么没有在梦里请那个帮你取款的孩子吃一客冰激凌,然后给她介绍一首雪莱的或者杜牧的或者干脆是你写的诗。在梦里你仍然错过了慷慨与浪漫的一刻,你缺乏激情和活泛,缺乏公关意识公关习惯。活就活了。吃就吃了。好就好了。梦醒以后,一切遗憾已经难以弥补。

你还梦到了你童年时代住过相当长一段时间的小小街巷。那条名不见经传,有时地图上都没有标上的胡同,自西向东,到了你那儿拐了个弯,向南再向东走了。你正好在拐弯处,你家的木门是向西的。一到夏天,它接受了太多的阳光照晒,门变得刺目而且烧灼。它的红漆斑斑剥落。其实三个月前还重新油漆了一回,油漆的时候铲掉了老漆,洗刷了尘土木屑与岁月的痕迹,抹上刺鼻的腻子,包括黏结剂有机化合物、增稠剂、保水剂、防腐剂等,用防水布条塞进门缝,再刷上两遍紫红油漆。

仍然经不住风吹日晒,经不起岁月的毁灭的坚决与不离不弃。仍然没有停止皴裂剥落。

你因为青春的烦闷与躁动离开了这个虽然简陋,仍然有着砖花门楼的木门院落,离开了后院的古槐与前院的茅房,你太忙了,你太多地冷落了自己的童年、少年和母亲、姐姐、邻居。这天深夜,你是深夜才赶到这里的。你疲惫不堪。你怀着歉疚进入了这个寒碜的院子。你熟练地开了门,开了灯。你大吃一惊,你没有看到一个亲人、邻人、熟人。你闻到了自己的家的亲切熟悉贫穷的气息,有点老腌萝卜的味,也有陈旧的被褥的汗气。你找不到人,找不到自己的母亲与童年了。你很沉重。你哑然也黯然。

这是梦中的一次诀别,别了,过往的一切,还有其他并不像你人表现出来那样轻松的故事。你不想告诉他人。把阳光晒给世界,把阴影咽到肚里,把幽默玩到舌尖上,把沉痛捏成花色。这才是真实的你。

尤其让你糊涂的是,不论睡去还是醒来,你始终记得你们家另外曾经在一个热闹的商业区的小胡同里临时租过两间朝阳的房屋。那两间房的位置比其他房屋略高一点,说明那里你们混得还可以。你与母亲、姐妹与弟弟住一间,你的姨姨与姥姥住另一间。姥姥常常把玉米窝头烤得焦黑了再吃,她说是为了克食。你只在那里住了一夜,你走了。因为赶一个重要的会议,因为你在为历史的飞跃而烧灼,因为你越来越希望自己具有三过家门而不入的精神,因为你甚至于在家里也为自己的历史使命而悲壮庄严。在你的家庭里,一直是只有你有忙碌的日程表。你怎么那么讨厌,也很是可怜。这就叫作赶上了大时代,其余的一切都压缩到了最小最小,都显得渺小卑微,穷极无聊。巨人的时代没有给侏儒爬虫们留下地盘。唱战歌与赞歌厮杀猛进的时代,没有给金嗓子甜姐儿留出平台。

这是真有其事吗?是梦?是恍惚的臆想?是年年都在淡化,却仍然迷迷糊糊一堆的块垒。难以淡化的仍然是一个遗憾,你希望在高龄之年闹清自己的闹市小巷偶居记忆的现实性或超验性、虚幻性。

年龄,时间,流水。似真似幻,似梦似形,似亲身亲历、切肤切近,也似灯下波影、恍惚朦胧,似记得也似忘却,信则有,不信则无,忆则有,不忆则如想念的风吹起的想象的烟雾。

假设你们又见面了,你也已经不是六十年前的你,她也不是六十年前的她,院子已经不是六十年前的院落,街已经不是六十年前的大街,记忆已经变形。已经别了,别离了,另一个你,另一个她。这究竟算是找到了、抓着了、凿实了，还是遗失了、过往了、灭绝了呢？

不要期盼重逢，其实重逢就是失去，不要约定重游，重游其实就是归零。

有时候你会深入到记忆的深水里，黑暗，幽光，昨日还声气相通，如今却相隔万重，有一点细细的音响，有一点微微的笑容，更多的是平静的忘却。最好的记忆原来是慢慢地闭上眼睛，回到童年，回到母亲怀里。有时候你会蓦然地一喜，你们破镜重圆，你们拉起了手，你重又得到了一个清澈期待的秋天。你的所有的大事都是在秋天迈出了决定性的一步。有过曲折也有过迷误，在秋天，一切重新开始得比原来更好。在秋天你们决定了你的一生，她的一生，还有后来的她的一生。然后，当然你是丢失了一切往日。

无论如何，你长大得太急，太躁，太轻易。你想起了一个好友的段子，他的孙子去考中学，卷子上要求填空："中国共产党是（）（）（）（）性质的党"，他填的是"急性子"。根据是他的父母都是共产党员，他认为他们的脾气都急。各方面说他的孙子那么小，不知道"性质"一词，大了也未尽弄得明晰。

历史是创造也是淘汰，是获得也是挂失，是停滞转腰子推磨，也是急匆匆赶忙忙，是快马加鞭紧赶，也是恋恋依依不舍，尤其是东拉西扯原地踏步进进退退说法不一。

历史原来慢性子了几千年，突然急急风起来了。你们在农村劳动的时候，就被农民评论说："他们干活像砸明火。"你们总想在你们这几十年补上几千年耽误下的作业。

早晨来了夜晚的温情可能已经遗忘。几千年前那个时候就有这样的人，一醒就开始操心了，睡着了还放不下心来。庄子嘲笑过这样的人。太阳出来，阴云已经散开。破涕为笑的笑不免抹杀了涕泪。进入了新年也就是略过了去年。进入了成年也就是失落了童年少年也许还有青年。沉湎于回忆的人定不被老板喜欢也不被市场看好，过往已经不再。父母与许多亲人已经去而不返。你再也回不到那个院落，那间住房，那段流水里去了。

已经说了，人生是一个漫长的、乐章连连的交响。天真地啼哭。呀呀地学语。连滚带爬地谐谑。指挥随意地摇着头，抖着肩与手，斜仰起脖子。像一阵木琴，像一声小号，像弓子随便敲打着琴弦。妈妈，妈妈，世上有什么比得上妈妈好。

饥饿与腹胀的交替。母亲的怀抱。爱的亲吻。提琴的独奏不免凄然。思乡与忆旧，不过而已。世上有几个孩子了解自己的妈妈的辛酸与自己爸爸的失意。藤条与戒尺噼啪，你看到的是其他孩子如何挨打。你的父母从来没有体罚过你，所以你相信生活是幸福的，你是阳光男孩。

游玩、嬉戏、空虚、满足，斗殴，剟刀子……你已经找不到旋律与调性。没有调教好的演奏似乎发出了一点噪音。那时候你昼夜想着的是孙悟空与他的棍子。妈妈给你拌一碗花椒酱油面条。你嫌面条不好吃，哭起来了。你让伤心的妈妈更加伤心。长笛的吹响悲哀得如此甜蜜幸福。啪啪的皮球。丁零丁零的铁环，像一片行云，一忽儿阵雨。一群小友齐声呼唤。跌跤的痛苦，刺骨的呻吟，吃到一把面软的芸豆幸福得哼哼。各种乐器都响了，有点自由散漫与顺其自然。小低音号吹响了生活的琐屑与扑腾。活几十年，谁能不俗，谁能不累，谁能不误读误闻误解。从小你就知道了，煮得软软面面的豆子是上苍给可怜的童年的恩宠的赏赐。突然的起哄，顽童呼呼嚯嚯呵呵，笑闹呐喊个不住。无由的气恼、悲凄、忧烦、憋闷。谁说童年多半是幸福的呢？

父母的宠爱使你感到了空虚。空虚却又启动了你的求索。你要做，从小就不停地做。你为什么那么早就懂得了童年的无奈、委屈、疼痛与畏缩，还有怯懦。越是怯懦，越是呼唤强大的金刚力士出现。你早就准备好了五体投地，山呼万岁，阔步向前，走自己的路，有意义地前进。你从来不满足于行尸走肉，人云亦云，糊涂一生，到死。

无端的大风，吹动电线的凄厉的悲号，你甚至感到了那是人境以外鬼魅的威胁。瞬间的大雨,稀里哗啦地冲刷。偶然的两声汽笛,两声手按或脚踏喇叭,两声踩铃。夜静更深的火车机车喘起了粗气。青蛙一片如鼓。乌鸦一群如列队演练出操。挤着细嗓子的小旦。大花脸的大喜大悲。流行歌曲的靡靡、沥沥、吱吱与唧唧。哭泣式的、九转回肠式的与宰鸡式的琴声。起床号、熄灯号、集结号与冲锋号燃起了热血。风雨如晦,鸡鸣不已。

你终于告别了旧日,告别了,或者说是来不及告别便丢失了,干脆一脚踢开了或者铁心狠气地抛弃了童年。

78

爱情与抗战的进行曲。人民万岁的欢呼。黄河大合唱,嘉陵江号子,扬子江暴风雨,长城谣,红旗歌,我的家在东北松花江上,太行山上,我们都是神枪手,有多少子弹就消灭多少仇敌。热血滔滔,像江里的浪,像海里的涛。枪杀革命志士的枪响了。国际悲歌歌一曲,狂飙为我从天落。起来,全世界的罪人!

我们迎接暴风骤雨。我们呼唤山崩地裂。我们渴望铁血革命。我们要的是乾坤再造。我们要的是根除寄生虫毒虫害人虫。我们要的是一切推倒重来。我们等待着的是另一个崭新的世界,幸福代替了悲苦,欢笑代替了啼哭,友善代替了纷争,文明代替了野蛮,慈爱代替了恶毒,大公无私代替了抠抠搜搜,各取所需代替了节衣缩食饥寒交迫。原来阶级社会只是人类的史前时期,彻底消灭了阶级,人类的历史才从头开始。旧世界的病毒污秽脓血,从此烟消云散。

辩论的洪水。游行的口号。列队的葬礼。潮涌的浪花。红旗呼啦啦飘。战旗猎猎。落日照大旗,马鸣风萧萧。马蹄声碎,喇叭声咽。用歌声淹没群丑,用口水淹没阶级敌人。旧世界四面楚歌。

第一个五年计划以后将是第二个五年计划,第二个五年计划之后呢,那还用说,第三个五年计划呗!我们要和时间赛跑,掀起了建设高潮。他为人民谋幸福,他是人民大救星。天大地大不如党的恩情大,爹亲娘亲不如毛主席亲。大寨大庆,两弹一星。全民炼钢,粮棉放卫星。接着又被大呼小叫、声嘶力竭、豪言壮语冲云天、大话高嗓随风卷的口水鏖战所劫持。炮打、火烧、油炸、砸烂狗头,在灵魂里爆发革命,狠斗私字一闪念,不斗行吗?

月盈则缺,水满则溢,盛极必衰,物壮则老。舒适令人慵懒,艰难练就斗志。超分贝只能令人昏昏欲睡。旱地拔葱的结果是摔得遍体鳞伤。温馨令人麻醉,而寒风唤醒的是心明眼亮,再降温就会冻结。胜利搞得他发昏,挫折才使你谨慎周到,屡挥铁拳呢?不免闹出来的是槁木死灰。幸福指数高了说不定出来的是废料,出来赖哥儿娇姐儿。挑战大发了出英豪。

彻底否定,弃旧图新,新的长征,天若有情天不老。改革开放,富民强邦。民亦劳止,汔可小康,惠此中国,以绥四方。这也是一种转向的"犯机器":合了闸,开了机,通了电,拉直了轮带,转起了齿轮。粮油瓜子糖,油条烧饼浆,肉蛋鱼虾菜,棉毛的确良。高速公路似蛛网,高速铁路响铿铿,钞票一沓沓,财宝一箱箱。名牌处处亮,山寨也辉煌,鸡毛上太空,蚂蚁挑大梁。小号吹呜哇,大鼓擂叮当。提琴吱扭扭,木琴敲乒乓。独奏钻天地,齐奏倒海江。声音赶声音,交响覆交响。

大楼平地而起如春笋。十年不见人人是博士书香。峻岭开洞成通途,大河架桥耀钢梁。大桥、一桥、二桥、三桥……一直到七八九,不吹牛的时代万马奔腾。商品堆成山。汽车连成行。奢侈品闪闪发光。贪污犯顺手牵羊。打工仔被克扣工资。打工妹陷阱难详。公司处处如山雨后的蘑菇,新楼幢幢如堆积木。口袋里的钞票天边的雾。出国的,爱国的,都在抢话筒。做官的,作秀的,也都洒洒洋洋。抢劫的,杀人的,受死了也闹不清原委,发财的,受穷的,各有各的门道。

少年时代习惯了贫贱。青年时代习惯了梦想。中年时代习惯了冷遇乃至压抑,强词夺理的大炮消灭了一加二等于三的习以为常。

为五斗米？为五升五钱米也得低眉顺眼养一副损相。压抑中学会了自得其乐，苦中作乐，乐在其中，无忧无咎，天下万事，无不可笑对诸端，笑对八方。

终于海晏河清了，仍然时时小心，坏事宁可信其有，好事宁可疑其无。顺境宁可疑其是否靠不住，逆境宁可备其不请自到。而一些好友则干脆认定你与他们的头上根本不会碰上好事好运，根本不相信你辈中的任何人撞上好点好牌好张儿。他们宁愿提醒自己的是也许风云突变，也许好事多磨，也许奸佞作梗，也许狗咬尿脬，也许做梦肉包，空空欢喜，也许平添曲折，好心变成了驴肝肺，也许犯了小人，谗蛊诬毒，尤其是从骨子里神经纤维里内分泌出来的嫉妒的酸热液体，装腔作势借以吓人的虚招虎势，谋害正人君子。在恶人心中谁想善良谁就是死敌，在伪君子面前谁真诚谁就是绊脚石，在打着革命的大旗营私舞弊的坏种面前，谁坚持理念谁就是定时炸弹。也许想得太简单，成绩越大越招嫉恨。

左一阵风，右一阵雨，左一道本，右一道旨，你说你的，我说我的，你听我的，我听你的。人生得意须尽欢。人生犹豫难成事。人生无能窝窝囊。人生有志危险多。人生有品终成憾。人生快意是文章。好人往往遇好人。好心往往遇好肠。奸佞到处嗅到奸佞气味。荡妇到处遇到烂人泥浆。书呆子翻书而不知警醒。酒徒闻到酒气而醉迷晃荡。诗人发现的是诗意。刽子手注意的是适于下刀的脖颈项。诚恳者多少会收获诚心诚意。耍花腔的结果是陷入十倍的准花腔伪花招真假难辨的花式子而无法自拔。合群的人越合越群。孤独的人越孤越独乃至于毒。伟大的人沉湎于自家的伟大。苟且的人得意于自己能忍他人之不能忍，山穷水尽，能凑合就照样吃猪头肉。牢骚太盛了，越想自己就越冤屈。牛皮吹豁了，居然自信是天下第一的犄角。

你充满信心，信来信去感到了失望。你一肚子酸水，酸来酸去，发现世界仍然有它的宏伟与甘甜香。天生我材早晚有用，千金散尽还复生长，这根本就不是问题，是小小不言的伪命题。问题在于万物与时俱化与时俱进。有争论,才有魅力。有分歧,才有智慧。有烦闷,才有激情。有误解,才有坚持与忠诚。有破坏,才有珍惜。有时不我待的恐惧,才有自强不息的缘起。有压力,才有解放与淋漓。有宴请,出现了更多的血液三高和脂肪肝。医药越发达,疾病越复杂。人越高贵,就越不明事理。登高必跌重,胖极易中风,哈哈哈、哈哈……

79

也许有许多想法却不能实现并不是多么痛苦,想法,就是想法。动机不一定能够成为主题,荒诞不一定能够赢得圆通,细小的水滴引起了江河的决绝,霹雳连声之后是独奏的凄然。本来不具有百分之百兑现的效力。也许想法实现了,一次又一次地胜利了与和谐幽雅了,却不是奶油蝴蝶的润滑与抚摸,而是新的冲突,你因了日益麻烦而闹心,也许这也是正常的与不可避免的,自然有点无奈。也许更烦闷的是老年以后想法本身多少会有点黯淡与缩水,直至消失,同时仍然应该安慰与鼓励自己。还要有所回溯,有所抒情,有所泪下,有所百感交集。

序曲是接受爱与宠的年代。尽管贫寒、纷争、国难,你仍然享受着太多的夸奖与疼惜。第一乐章泛爱的季节,你爱日月星、天地人、鸟兽鱼、林草花、数理化、文史哲、江湖海、风雷电、雾雨雪、春夏秋冬、阴晴寒暑、男女老少、青春年华。尤其是开始懂得了爱自己的国家爱工农阶级。第二乐章蓦地陷入了情网,爱情点燃了生命,爱神像天女散花一样地散播着美丽。有了爱情的美丽,死而无憾,苦而无怨,悲而能解,伤而自痊。忠诚贯彻着相守,支持渡过了本来难以渡过的劫难。中年,对不起,开始有点稳健与忖度,努力去无往而不利,无争而无不胜,无不忧而无忧,无技巧而无不巧。你爱的是人民,是事业,是意义,是自幼建立起来的理念。

而且你有了经验，发展部便不再唠叨，不再见人就一番表白，你全然不在乎风言风语，你从来不我我我地没完没了地论证自己东拼西凑、牙牙学舌、装腔作势、借以吓人的“正确性”。面对阴谋你像面对儿戏、童戏，因为你无所求，也就无所失。一切都任兴随机，一切都玩儿蛋玩儿去。面对沟坎你更觉身轻如燕，两岸猿声啼不住，轻舟已过八重雾。根本不需要你挥一挥小手指。古典便是现代，遗忘便是设计，闯入乐厅的蝙蝠便是旋律，风雨声声便是调性，无边的啜泣便是谢幕的多礼。

后来老了，所以再不为老了而忧伤。是三十岁、四十岁才为一个老字而慌乱。休息了，退出了，所以再不为对手而转睇。老而弥喜，老而弥坚，老而弥恋，包括爱这个世界与爱自己，哪怕说是自恋。活了大半辈子，做了许多事，写了许多字，友好了许多人，帮了许多人，并没有感到自己有那么讨厌，起码是从来不为自己而黏黏糊糊，叽叽咕咕，啰啰唆唆。

什么是一生？什么是生平、前生、往生、此生、平生？什么是自我的出现与觉醒？什么是沉浮、沧桑、正误、祸福、通蹇、吉凶、顺逆、幸运儿和倒霉鬼？远远地来了两只猫。近近地结了一树梨。梨乎离乎，其不吉乎？桑乎丧乎，其不殆乎？

体会到了受宠的优秀生的滋味？一百分的滋味？第一名即那摩温的滋味？而且突然发现了海阔天空，贡献牺牲，家国恩怨，阶级拼搏，凯歌阵阵，捷报连连，突然翻船，蓦地转脸，有似陌生，有似打镲，有似打岔，狗血喷头，帽子戏法，天方夜话，似幻似真，又是无妨无伤。也是经验，也是人生，也是锻炼，也是操演。踏遍青山，踏遍黄土，因祸得福，逢凶化吉的。天塌地陷，爱情永远，仍然快乐，仍然美满，外府（妻子）明光，板凳（丈夫）坚固。在不幸中没顶的人你为之哀悼。而你在不幸中遇到大幸，执子之手，与子偕行，无难不克，然后是一片光辉，大路通向明光丰饶灿烂。

小的大了，大的壮了，壮的老了，老的更老了。也曾有过童年的寂寞，也曾有过少年的意气。也曾有过青年的壮志与滚滚热泪。也曾有过突然的不知就里的大风，吹得你天旋地转。也曾有过不知来自何方的侮辱与唾弃，似真还似非真，似梦还似非梦，似逗你玩儿还似泰山压顶，似一出大戏又似儿童游戏。也曾有过芝麻开花，青云直上。也曾有过富贵荣华，呼风唤雨，仍然提醒着善良谦逊，与人为善，做好事从不嫌多。也曾有过风风雨雨，有过太可笑的羡慕嫉妒恨。有过一头黑发，谁知道它怎么步步变白？也曾有过矫正后1.5的视力，谁知道它们什么时候出现了各种障碍？也曾有过对于最细微的声音的分辨与敏感，谁知道它们什么时候变得模糊于是频频打岔。什么是老？天天老时时老秒秒老。你仍然骄傲，你仍然活泼，跑遍五湖四海，历尽荣辱成败，你仍然是妙语连珠，妙趣哄堂，妙思如锦，你的头脑仍然如回放加速器如最新的电脑，而且仍然是击浪三千里的快意。

有的走了，有的痛心疾首，有的常相忆，常相思，常记取。大浪滔天，中游激荡，绕山绕岭，千姿百样，终归入海，忘记了来处，止息了不平，轻吻着海岸，顺随着潮汐，响应着朔望，等待着风暴，或风起云涌，或风平浪静，不足为奇，不足为意，不足为惊，不足为苦，不足为虑，不足为伤。

那时候你听到夏天的蝈蝈叫也渲染于世界的奇妙与生命的珍奇，你听到公鸡打鸣也觉得辽阔舒展激昂勇猛，你听到军号恨不得马上端起刺刀冲向敌顽邪魔。你看到夏日黄昏的天边出现了金星，你感觉到了天宇的多情勉励。天说你好，天说祝贺，天说星星会布满天空，像地上的爱情与期待的灯火一样。你当然应该也必定好好地活，好好地做，好好地爱，好好地贡献，你应该回答那颗最最明亮的星星的期待与关爱。

就连白杨树上的鸣蝉你也善听善待，一片汪洋，一片生机，一片欢呼，一片求爱，生命本来就是热闹的呀。

那时候春天的阳光一缕使你急于脱下衣装，阳光就像举重的杠铃,竞技的篮筐,挥舞的刀剑,召唤着肌肉与好强。盛夏的一阵微风使你充满感恩的匍匐的冲动,你获得的是抚慰,是正中下怀,是分明条理。一阵豪雨使你恨不能在雨中敲锣打鼓,载歌载舞,像印度宝莱坞影片上的镜头。你与世界都接受了高天而降的淋浴,你们轻爽而且无玷,你要起舞,你相信世界对于你,什么都来得正是时候,阴与晴,雨与露,草与花,爱与想念,胜利与曲折。连失恋也令你觉得使自己变得更加深沉与丰富,连被拒也让你感到了启示与对于坚强性格的激淬。连批评指责也令你觉得是铁锤砸出了你身上的火花,连黑影也令人更加感到了自身的使命,感到了生活的艰难与郑重。连供应的匮乏与日常生活的拮据也让你更进一步认识你的事业的伟大与崇高,精神上你宁愿认同清苦的僧人也不是奢侈的富豪。而初冬的雪花呢,那不知道从怎样的高处落下的洁白与清纯,冰花与幻梦,高雅与谦逊,静谧与冷凉,令你陶然而又肃然,服膺而又栩栩然,想闹一闹笑一笑给同龄朋友叫个电话足聊聊,你想谈刘胡兰与青年近卫军,也想谈方志敏与瞿秋白、鲁迅。你也想干脆躲开人众找个墙角快乐地大哭一场,感激生活美好,世界美好,青春美好,个人也美好,不,个人还不够美好,还可以更美好。那时候日历上的每一天都给你如诗如歌如火如涛一样的感受。那时候的每一句格言、每一首歌儿、每一行诗都在呼风唤雨,点燃开启,都在铺设地上的天国。

你甚至于担心世界会变得太单纯太快乐太轻松太——太快活了,是不是有点搞笑。你们认真地讨论过今后还有没有悲剧,有没有曲折,有没有故事,有没有坏人。甚至于讨论了也争论了此后还有没有眼泪。你想象不了在一个只有好人与更好的人、非常好的人与极端好的人、正在变好的人与已经变得很不错的好人的时候,文学与戏剧还怎么坚持下去,内心苦恼与感情起伏还怎么持续下去。你想象不了没有了如今世界上最最闹心的差异、纷纭、矛盾、斗争、胜负、纠缠之后,在甚至于失恋都不再是问题的时候,人们还会操心什么?生产力?物质保障?值得那么下力气?因为家庭与私有财产同时消亡以后，爱情、性爱也自然获得了空前的解放与自由，我们是一群自由的野马，我们是一群活泼的鲤鱼，我们是奔跑之麋鹿，我们是一群又一群高飞的大雁，也是善良翱翔之雄鹰，我们是一丛丛遍地生长的灌木与乔木，我们是自然之子，文化之精英，幸福之生灵，快乐之元素，自由之春风，美丽之红叶，六角之雪莹，拯斯民于水火的先行，高尚之良种，科学之巅峰，真理之主人，道德之天成，纯洁之水晶！

而他们它们呢，他们是吸血之厉鬼，腐朽之龙钟，社会之癌变，强暴之恶棍，剥皮之凶神，敲骨吸髓的财主，吞云吐雾之僵尸，抢男霸女之土豪，口蜜腹剑之劣绅，灭绝人性之狼豺，生吞小孩之鬼魅，专门血淋淋糟蹋少女的摧花盗匪，专门剥孕妇之宫的帝国主义传教士，妨碍生产力发展的绊脚石绊马索。他们是垃圾，是病毒，是寄生虫，是结核菌，是污染，是欺骗，是奸佞，是垂死，是倒行逆施，是罄竹难书，是被历史判处了死刑的十恶不赦的杀人妖精！

所以你们喜爱贫穷，贫穷是你童年的宠物，少年的敝帚自珍，青年的自恋，壮年的志气，老年的心平气和，其实自然而然，老年后已经完全不再贫穷。

那时候你们的婚礼是大脆枣、水果硬糖、杂拌儿果脯、一级茉莉花茶、散白酒、枕头与枕巾、精装笔记本、相片纪念册、竹皮暖水瓶，送来台灯与英雄牌自来水笔，已经有点震动得哆嗦了。然后你们相依为命五十五年。挑水、洗衣、垒灶、劈柴、生火、做饭，劳动再劳动，检讨再检讨，嘲笑再嘲笑，得了感冒吃 APC，得了腹泻吃黄连素，咳嗽大发了吃复方甘草合剂。同时你仍然为苦其心志、劳其筋骨、饿其体肤、空乏其身而稳如泰山，当然是天降大任，创造历史的新纪元。

后来，你应邀去参加邻居的婚礼，你思忖再三，你买了一色红封面的民族语文版的《毛泽东选集》一至四卷。破旧立新，兴无灭资，破私立公，移风易俗，千钧霹雳开新宇，万里东风扫残云……

现在，到处是婚庆公司，小资的腔调，白领的显摆，半洋半土的程序，几十桌的酒水，在大街上求婚下跪，在宾馆里司仪，玫瑰花几十几百。有主持人、主婚人、证婚人，也不还有嘛人。有音响视频音频，有朵朵、束束、篮篮的鲜花，有大大小小的贺仪、贺礼、红包、钞票，有婚纱婚袍出租，有洋泾浜的英格历史，有法兰西的白兰地，更不要说婚前的密谋、预算、协商、合作、龃龉，最后当然是皆大欢喜。至于此后的七年之痒，让它们见鬼去！

80

这是沧桑？悲而喜剧之，贫而炫富之，卑而挺拔之，洋而海归之，研而土鳖之，渺小而后雄起，唢呐呜哇而后西化，大贝而后古琴。改而承之，忠而变之，革而益忠，化而弥坚，进而怀古，退而趋时，噪音和弦音达到了极致之时，传来的可能是你的鼾声细细。平静是最好的演奏。

沧桑是逗哏儿，沧桑是抖不完的包袱，沧桑是魔术，沧桑是较劲，沧桑是出其不意攻其不备，是渐渐向好，沧桑总是山穷水尽疑无路，柳暗花明又一村，一村又一村，一店又一店，沧桑仍然坚持着祝福，哪怕是不无冷静的祝福。

还有繁体汉字的走红，山谷变成了山穀，天干变成了天幹，中文系变成了中文係，范仲淹变成了範仲淹。调性变成了无调性，指挥变成了甩手养生。

过去痛恨养狗的资产阶级的我们正在纷纷养狗。没有养上能够咬死人的藏獒就算低人一等。过去咒骂一人一辆的汽车是人类浪费能源、污染空气、制造凶险祸患、离间彼此关系、形成人与人之间的疏离的罪魁祸首。现在则是为汽车而策划交通，而议论纷纷，而得意扬扬。过去看到别人的电冰箱、洗衣机、电视机也羡慕不已的同胞，早已视之如无物。过去视为罪恶的渊薮的有价证券竟然与我们的人民结下了不解之缘。声称自己的祖父或者祖母尤其是母亲，乃是真正的贵族。中国的贵族到底是什么样子？是贾赦那样的混账吗？是贾敬那样的昏迷吗？是那五那样的废物吗？

就在这样的时候，一个个小家伙成长了，你的头发渐渐发白，你的色素渐渐在脸上沉淀成老年黑斑，你的白内障渐渐遮蔽了清晰，你的听力颇有耐心地小小不言地下降着下降着，终于常常打岔。你看电视节目时常常由于没有听清对白而打问旁人，因了妨碍旁人好好地看电视而受到埋怨。你曾经因腰板挺直而显精神，现在，坐久了刚站起来会有三五分钟弓隆着腰。儿童转眼就是少年。少年转眼乱花迷眼。青年跌跌撞撞开始有点成熟。还没有咋样成熟已经遭遇了老字的调侃。六十岁算老吗？不，绝对不老。那么七十岁呢？七十岁不过是六十岁的近邻，六十岁了再咳嗽两声，当然就是七十多岁。然后哐嘁哐嘁，岁月的机轮越转越快，八十了反倒不值一提，八十乎，九十乎，患病乎，拜拜乎，不足挂齿。

与六十、七十、八十……相比较，更可怕的是过三十岁生日的经验，怎么突然就三十了呢？怎么突然就而立起来了呢？

四十岁就更可怕，四十就是老了，四十就是上有老下有小，吭哧吭哧牛一样地拉犁的时候到了，你的脸上应该出现纹络，你的视力开始下降，你的牙齿痛了这一枚痛另一枚，你的跳高成绩迅速下降，你的做爱频率开始渐少，更悲哀的是你的幻想幻觉都在下降，你的务实已经代替了你的五彩缤纷的梦。

与之相较，倒是七十八十过得踏实任意。任我行可能不易做到，至少经验告诉了你，任我起来难免触霉头。任我老却是千真万确的。到了七老八十还不懂得任你老的道理，你还能有什么希望？

老矣老矣，就是还不算太老，否则哪里还会有有关老的嗟叹？

我们创作得是不是太多了？我们的角色是不是推移得太快了？我们的戏路子是不是太宽了？我们曾经都是贫下中农，差不多都苦大仇深，都有母亲姐姐妹妹遭到了地主分子的侮辱。都与黄世仁、南霸天、刘文彩、周扒皮有不共戴天之仇。我们曾经人人想参加工人阶级的先锋队，人人都会唱英特纳雄耐尔就一定要实现。我们人人戴上了红袖箍，除了明令只准许黑不许红的少量可怜虫以外，个个都要革命。我们人人都穿中山装，蓝灰两种颜色，平纹、斜纹、卡其与棉华达呢。开起会来你发言我讲话也都差不多差不离，就是差而几近，差而不离。

什么是沧桑？逝者如斯夫不舍昼夜，不舍昼夜是沧桑，如斯夫却意味着稳定不变、没有什么沧桑。唯一的不沧桑就是沧桑本身，不论到了什么时候，沧桑的状态动态烦闷态忧心态趣味态期待态仍然如旧，沧桑如一，无常乃常，无量即量，无苦最苦，无欢喜得大欢喜。沧桑如古，沧桑也不过如此。当一切都在逝去，都在失落，都在变动不羁。那么变动不羁就是不变的恒久，就是永远的活力，就是纪念，就是拿起放下，就是别了，等我再来，就是沧桑中的如旧，如新，如恒，如刹那，如永久。

日子如水流，日子的获得就是日子的失去，日子的光辉就是日子的黯淡，过就是往，往就是过，对于美与善的执着就是对于丑与恶的无力，对于丑与恶的洞察与切齿，也正是对于美与善的饥渴，一天一天，一夜一夜，一年一年，一代一代，几十年一瞬即过，几十年热热闹闹，几十年香香臭臭，几十年风风火火，几十年也就是百年、万年、万代，变冷就是变热。你可以与时间赛跑，你不敢与时间赛老，时间要多老就有多老，要多小就有多小。亿万年的时间对于每一个新生儿仍然与零一样。几十年一切大变模样，几十年忧患如昨，期待如昨，奋斗如昨，争论如昨，逝者如斯夫不舍昼夜如昨，哭哭笑笑吵吵闹闹哼哼唧唧咣咣当当哎哎哟哟如旧。光阴似箭、日月如梭如旧。咱们的模样该咋样还咋样。你已经经历了太多，你已经希望了也失望了太多，你已经回想也重温了不少，你已经伤感了又温暖了太多，永无停歇，永无止境，眼花缭乱，花样翻新，仍然有趣，仍然得意，仍然如此这般叮乓五四，仍然日月光华，旦复旦夕！

越是平稳与正常，时间的流速就越是出乎意料。那时的孩子刘晓庆已经极度成长。巩俐、章子怡、汤唯们不断涌现。红线女升天。

常香玉渐渐远去,未必有多少人还记得毛主席看过的豫剧现代戏《朝阳沟》。《朝阳沟》的唱词有“你前腿弓,你后腿绷”,令人想起如今的高速公路缴费口写着的“红灯停,绿灯行”。一个领导接着一个领导成为聚光中心。一个又一个都领导得好,都有自己的变成全民合唱的说法。你上了,我下了,你来了,我走了。已经移民了,继续回来唱歌挣钱来了。邢质斌似已退隐。罗京早逝。情况有别的薛飞、杜宪已经被忘却。凤凰卫视的妙龄女孩子都已经老练成熟,江山依旧,人事全非。一个机关,几年不见已经难以找到熟悉的面孔。成批的餐饮,成批的新星,成批的新左新自由派,成批的含毒食品药品兴起了又衰亡了。过去是见美食而喜,成桌的菜肴抒发着地位、营养、精力、面貌、满足与国家大好形势。现在是节食与适当的体形带来高雅、自尊、舒坦与从温饱到小康,从小康到大康,从大康到显摆,从显摆到更上一层楼的境界与觉悟。电脑从 PC 转眼发展到 586,然后是从 DOS 到视窗 XP,如今是 VISTA 或者视窗 8.1。打印从针式发展到激光彩印,如今还出来了精灵般的 3D。手机变成了可移动的网络平台。电影院因为它们的美国化包括爆米花化而重生。好莱坞大片不足为奇,伊朗小片也走红了。英语正在每一个角落生生不息。离婚结婚不结不离之婚与所谓的小二小三小四都已司空见惯。一个面孔渐老的时候另一个或更多的新面孔正在出来。人们大谈高铁高速公路飞机民航的数百倍发展,登月也回到了嫦娥的故事。过去谁想到过一个新世纪,转眼新世纪已经过去了十好几年。它无意停止,它不可缓颊,二〇一四后面无疑还有二四、三四、八四,新的零零,零零复零零,与君生别离……自零归零,万物生于有,有生于无,无非无,无非非无,无非有,无非非有,无就是将有,有就是将无,无其实是有的一种形式,有其实是无的一种游戏。生命就会衰老,衰老或者未老都可以通向死亡。死亡是生命的完成与另一种形式。虚无中孕育着生命。零污染是环境污染情况的一种最理想状态。一切的变化当中都有照旧,一切的照旧当中都已经今非昔比,蜕于变中,变于无声,别于无时。无时不生生,无时不死死,无时不出现,无时不消逝。多乎哉,不多也。昨天已经古老,今天飘然移去,往事或然依依,未来永远期待。

悲哀的极致是墓园,墓园的根本是安息。这个墓园好像郊区的一个大太师椅。一层层的山,一层层的树,一坡坡的丘陵,一片片的绿,像是椅背。一个个的位,一块块的黑石,一座座的碑,像是坐在那里的先人。它名叫景仰,它永在心头。空中响彻着遗爱与心愿,叮嘱与赠言,护佑与保持。这里是真正的沧桑了。我与孩子们的最爱。生活,历练,突如其来的悲喜进退与不变的爱。还有病理化验单,血象,一时的平安与后来的危殆,加强 CT,手术室与化疗中的时时刻刻。仍然,依旧,祝福,感恩,缅怀,肃穆,安息。亲切得如手拉着手,散步在奥林匹克公园。此生此世,此身此心,瑞草芳菲,记忆生动如从无分手。一鞠躬,再鞠躬,三鞠躬。姓名赫然在目,怀念弥漫山中、海中、陆地,历史已经历史,沧桑近在咫尺。俺们的交响,化为永远,广布为无穷。俺们低下了头。我们的经历是有限,我们的感受纪念痛苦是永远。

最后的最后,我们当然团圆。

第十六章　明年我将衰老

81

我知道这一切都有你的心思，都有你的参与和祝愿，有你的微笑与泪痕，有你的直到最后仍然轻细与均匀的，那是平常的与从容矜持的呼吸。到了二〇一二这一个凶险与痛苦的年度的秋天。上庄翠湖湿地，咱俩邻居的花园，黄栌的树叶正在渐渐变红，像涂染也像泡浸，赭红色逐渐伸延扩散，鲜艳却又凝重。它接受了一次比一次更走凉的风雨。所谓的红叶节已经从霜降开始。通往香山的高速公路你拥我挤，人们的普遍反应是人比叶多，看到的是密不透风的黑发头颅而不是绯红的圆叶。伟大的社稷可能还缺少某些元素，但是从来不乏热气腾腾与人声滔滔。

夏天时候我觉得距离清爽是那样难得的遥远。虽然数年前咱们有过“暑盛知秋近，天空照眼明”的诗句。这时候，你甚至觉得萧瑟与无奈正悄然却坚毅地袭来。好像有指挥也有列队，或者用我的一句老话，你垂下头，静静地迎接造物删节的出手不凡。你愿意体会类似印度教中的湿婆神——毁灭之神的伟大与崇高。冷酷是一种伟大的美。冷酷提炼了美的纯粹，美的墓碑是美的极致。冷酷有大美而不言。寂寞是最高阶的红火。走了就是走了，再不会回头与挥手，再不出声音，温柔的与庄严的。留恋已经进入全不留恋，担忧已经变成决绝了断。辞世就是不再停留，也就是仍然留下了一切美好。存在就是永垂而去。记住了一分钟就等于会有下一分钟。永恒的别离也就是永远的纪念与生动。出现就是永远。培养了两名世界大奖得主的教授给我发信,说:“没有永远。”好的,没有本身,就是永远。有,变成没有,就是说,一时化为永远。有过就是永远,结尾就是开端,在伟大的无穷当中,直线就是圆周。与没有相较,我们就是无垠。

比起去年,充分长大的黄栌,出挑得那么得心应手,行云流水,疏密凭意。它已经有了自己的秋天的身姿,自信中不无年度的凄凉、寂静中又仍然有渐渐走失的火热。那临别的鲜艳与妩媚,能不令你颠倒苍茫,最终仍然是温柔的赞美?也可能只是因为你去了,我才顾得上端详秋天,端详它的身段,端详它的气息,端详它的韵味,有柔软也有刚健,如同六十年的拥抱与温存,你的何等柔软的脸庞,还有时下时停的雷雨,时有时无的星月,像六十年前一样丰满。

也许天假我以另外的七八十年。银杏与梧桐的叶子正在变得淡黄金黄,它们的挺拔、高贵与声誉,使秋天也同享了时节的从容与体面。秋天是诗,秋天是文学,秋天是回忆也是温习。秋天是大自然的临近交稿的写作。敲敲电脑,敲出满天星斗,满地落叶与满池白鱼。柿子树的高端几乎已经落尽了叶子,剩下了密密麻麻的黄金灯果。相信某一个月星暗淡的夜晚,枝头的小柿子会一齐放光,像突然点亮了的灯火通电启动。月季仍然开着差不多是最后的花朵,让人想起爱尔兰的民歌《夏天,最后一棵玫瑰》,它们的发达的正规树叶凋落了,新芽点染着少许的褐与红,仍然不合时宜地生发着萌动着,在越来越深重的秋季里做着早春的梦,哪怕它们很快就会停止在西风与雨夹雪里。芦苇依靠着湖岸,几次起风,吹跑了大部分白絮银花,我们都老了,渲染了它们的褐黄与柔韧。靠着芦苇的,有送走了白絮的小巧的蒲公英。比较软弱的是草坪,它们枯黄了或者正在枯黄着,它们掩盖着转瞬即逝的夏天的葱茏与奔忙,它们思念着涟漪无端的难言之隐。湿地多柳,女性丰盈的外观与脾气随和的垂柳,它们的长发仍然拂动着未了的深情。它们说,不,我们还没有走,我们还在,我们还在恋着你哄慰着你。你在哪里,我在哪里,你与我一起,我与你一起。

我喜欢你的命名:胜寒居。我更喜欢居前的开阔地。你比古人更健朗,他是高处不胜寒,你是高处不畏冷,不畏高。高只是一个事实,所以你不讳言也不退让。你在胜寒居上养了一只黄鼠和一只小羊,你在胜寒居的胜寒楼上吟诗赏月,那是一个刚刚开始的梦,一个尚未靠近的故事。

82

我说了未曾去过的外国,那旋转润滑的玻璃风门,那深夜的归来,那巧克力与杜松子酒的混合,那哭哑了嗓子并且敲断了鼓槌弹崩了吉他弦子的背景的痛苦。那同行的欢声笑语,是不是有几分亢奋?那从“文革”与为纲的苦斗中走出来的舞文弄墨的、其实是幸运的“狗男女”,见到了欧洲就像见到了一批盛装的,却也是半裸的、脱下了我们长久以来说不出口的某些遮掩的辣妹猛男,兴奋与惶惑同在,欲望与摇头共生。那各色各式的汽车与多棱的反光后镜,那五颜六色、刺鼻的与诱人的香水气味,那永远的置放在滚石(块冰)上的黄金色泽的苏格兰威士忌,那服务小姐的身材与短裙,那酒吧歌女的金发与长腿,还有为她伴奏的震耳欲聋的乐曲。

我觉得我的牙周已经被架子鼓震得酥松,我的龋齿正在因小号而疼痛,我的好牙正在随着萨克斯风而动情地脱落,我的耳朵开始跟随着提琴的上天入地的追寻与躲藏而渗血,它在赌咒?它在起誓?它意欲奔逃背叛?它意欲变成一只飞奔的豹子。我的眼睛已经因打击乐而紧闭,我的眼球已经因放肆的疯狂而疼痛。会不会爆炸?还是离开?我看到了深夜出行的王子,他从来都养尊处优、脱离人民、不知世事艰难,也满以为人生美好温暖,以为他带给世界的是爱与祝福。他碰到了类似柏林的墙,变成了墙上的浮雕古典,然后烧到盘子上，挖到木板上，凿到石头与玉上，印在明信片上，变成此行的唯一存贮。

我看到了我自己的仪礼，由你的吉他陪伴，唱着“归来、归来”的歌。我们小时候在一起踢过毽子，跳过“我们要求一个人”，划过白塔。后来你在欧洲，我在风是风火是火的大潮里。你的歌声太动情，你的服装太古板，你的肩膀太宽大，你的嘴唇太憨厚，不，我只能说不了，是闹，是诺，是聂，是南，是N与不同的“无意”即五笔字型“元音”重码的联结。是游乐场上的旋转秋千，翻滚过山，疯狂老鼠，水滑梯自由落船。我累，我疲倦，我快要听不见说话与睁不开眼，我有倦容又有得色。但是是你而不是我感到了晕眩。你改变了百叶窗的颜色。

从那一天我开始了百叶窗之思念。从那一天我下决心在我的新作里好好描画一下百叶窗。多么遗憾，我忘记了郭沫若译的《茵梦湖》和它的作者史托姆。我听到了赞美声。感谢我上过的小学，它教会了我欧洲的旋律与中文的歌词：“老渔翁，驾扁舟……一箬笠，一轻钩……”还有“百战将军得胜归”。我知道身上的重担，我没有理由不为那如火一样燃烧的众人的纯真与壮志所感动。没有理由不为世界而感动。有许多欢迎，有许多鼓掌，有许多好的建议与期许。我不喜欢太多的研讨、谋略、咋呼与歪着嘴装腔作势。虽然我也不拒绝枕戈待旦，至今我想着在黄栌旁入睡的时候身旁不妨放一件一万五千伏的静电防身器。因为这里至少有五户半夜进过披发鬼。在几乎等同于入睡的倦态中我保持的是阿尔卑斯山泉一样的清冷，品质、深情与才能同在。奇怪的是这一次我竟因了电影《爱情故事》的主题曲而感动莫名。我怎么会觉得多米米多通向的是米骚米骚拉骚多拉骚，即《爱情故事》与《二泉映月》相联通。感情就像旋律，它攀缘直上，顺流而下，起起落落，别具肺肠，像是抚弦的手指，艰难地前进，无望地滑落，终于大放悲声——这是家乡农民对于地方戏的评说专用语，虽说仍然归于寂寥。

有一段相声,我忘记了是马季还是牛群说的了,逗哏的人说他会用各种不同风味的曲调演唱同一首歌曲,捧哏的人说:“你用河北梆子给我唱一首《我的太阳》吧。”逗哏者曰“唱——不——了——”相声戛然而止。其实,我就会用河北梆子唱:“可爱的阳光,雨后充满辉煌……”我照样唱得天昏地暗,死去活来,爱比死更强,在意大利拿波里民歌与河北大戏里,一个样。

是的,没有绯闻,真的没有。然而有过笑声,有过意大利通心粉与三色冰激凌,有过莱茵河游艇上的蓝天与骄阳。苦苦的咖啡。有一万五千里的距离,有七个小时的时差。这里也有一句诗:

“你的呼唤使我低下头来。就这样等待着须发变白。”

我可能有各式各样的不慎与失策,大意与匆忙,然而从来不轻薄,并视轻薄为卑劣与肮脏。

83

还有过最早的失眠,十五岁。我去看望你的彩排,你沉稳而无言,你跳着用瞿希贤的歌子伴奏的舞。都说你的特长不是舞蹈而是钢琴。然而那是全民歌舞的岁月,高歌猛进,起舞鸡鸣,你为什么有那么细白的皮肤?你对我有特别的笑容,我不相信你对别人也那样笑过。你如玉如兰,如雪如脂,如肖邦如舒曼,如白云如梨花瓣。还有红旗,红绸,聚光灯,锣鼓,管弦乐,腰鼓。我的幸福指数是百分之八百,你的笑容使幸福荡漾了。每一声鸟叫,每一滴春雨,每一个愿望,每个笑容都是恩典。在没有人问你幸福不幸福的时候,我们当真很幸福过。在你微笑的时候我好像闻见了你的香味,不是花朵,而是风雨春光倒影。

然而我失去了你,永远健康与矜持的最和善的你,比我心理素质稳定得多也强大得多的你。你的武器你的盔甲就是平常心。你追求平常心早在平常心成为口头禅之前许久。对于你,一切剥夺至多不过是复原,用文物保护的语言就叫作修旧如旧,或者如故如往如昔。一切诡计都是游戏与疏通,都是庸人自扰与歪打正着,都是过家家很好玩。我乐得回到我自己那里,回到原点。它不可伤害我而且扰乱我。我用俄语唱遥远,用英语唱情怀,用维吾尔语唱眼睛,用不言不语唱景仰墓园。一切恶意都是求之不得,都是解脱,免得被认为是自行推脱。是解脱而不是推脱,是被推脱所以是天赐的解脱。一切诽谤都可以顺坡下驴,放下就是天堂。一切事变与遭遇都是踏破铁鞋无觅处,得来全不费工夫。叫作正中下怀,好了拜拜。那哥们儿永远够不着。因为,压根儿我就没有跟那哥们儿玩儿。

我的一生就是靠对你的诉说而生活。我永远喜欢冬妮娅与奥丽娅,你误会了,不是她。有两个小时没有你的电话我就觉察出了艰难。你永远和我在一起。那些以为靠吓人可以讨生活的嘴脸,引起的只是莞尔。世上竟有这样的自我欣赏嘴脸的人,所向无敌。那好人的真诚与善意使你不住地点头与叹息。那可笑至极的小鱼小虾米的表演也会使你忍俊不禁。

我们常常晚饭以后在一起唱歌,不管它唱的是兰花花、森吉德玛、抗日、伟人、夜来香、天涯歌女,也有满江红与舒伯特的故乡有老橡树。反正它们是我们的青年时期,后来我们大了,后来我们老了,后来你走了。我不希望今天再划分与涂染歌曲的颜色,除非有人想搞左的或者右的颜色革命。我从来没有想到会是这样,从来不相信这是真的。但是你午夜来了电话,操持说锅里焖的米饭已经够了火候,你说:“熟了,熟了。”你的声音坚实而且清晰,和昨天一样,和许多年前一样。你说你很好,我知道。你说已经不可能了,我不相信。我坚信可能,还有可能。初恋时我的电话是41414,有一次我等了你七个小时。而我忘记了你的宿舍电话号码。我顽强地一次、两次、一百次给你拨电话。你说,让过去的就永远过去吧,而我过不去,从十八岁到八十岁。我睁开眼睛,周围是电饭锅里的米饭气息,仍然是你的声音,使我平和,使我踏实。

生活就是这样，买米、淘米、洗菜、切菜，然后是各种无事生非与大言欺世。然后是永远的盎然与多情的人生，是对于愚蠢与装腔作势的忘记，是人的艰难一把把。然后是你最喜欢的我行我素与心头自由。然后是躺在病房里，ICU——重症监护室，不是ECU，不是洗车行驶定位器，也不是CEO——总经理或者行政总裁。美国总统候选人罗姆尼就被认定为CEO。你走得尊严而且平安。有各种管与线、机器、设备，然后拆除了这一切……我一次又一次地抚摸着的是铺天盖地的鲜花与舒曼的《童年》——梦幻曲。我亲了你的温柔与细软。那样的鲜花与那样的乐曲使我觉得人生就像一次抛砖引玉。是排练与演出，无须谢幕也不要鼓掌。

我凝视着多年前的开幕式上各界送来的大大小小许多个花篮的痕迹。这里没有火起来，这里仍然有美好的记住，即使网球场上养起了山羊，滑雪场上种植了桃林，近百岁的老媪唱着喝着，一个开发不成的故事，一个仍然交还给山野的故事。

在山野，我们安歇。空山不空，夜鸟匆匆。你带给我们的人生的是永远的温存与丰满。

就在此时发现了旧稿，首写于一九七二年，那时我在五七干校里深造，精益求精、红了再红、红了半天却是倒栽葱。攀登高峰。我恭恭敬敬地写下了无微不至的生活。虽然威权能够也已经给生活打下了刻骨的烙印，但毕竟是生活笑纳了又抛弃了夸张的自吹自擂、吹胡子瞪眼。强力也许能扭曲人心，但毕竟是人心坚忍了也融化了哪怕是最富杀伤力的连天炮火。

我们有过一九一九、一九二一、一九二七、一九三一……一九四九、一九五〇年，我们也确实有过值得回味与纪念的一九六〇、一九六六、一九七〇年。我们的生活不应该有空白，我们的文学不应该有空白，我们俩没有空白。高高的白杨树下维吾尔姑娘边嗑瓜子边说闲言碎语。明渠里的清水至少仍然流淌在四十年前的文稿的东西南北、上下左右。我们俩用白酒擦拭煤油灯罩，把灯罩擦拭得比没有灯罩还透亮。我们躺在一间五平方米的房间的三点七平方米的土炕上。我说我们俩是“团结、紧张、严肃、活泼”，这是林彪提倡的“三八作风”当中的那八个字。这八个字令你笑翻了天，我们是最幸福的一对。虽然那时候不做“你幸福吗”“不，我不姓符，我姓赵”的调查。我们都喜欢那只名叫花花的猫，它的智商情商都是院士级的。它与我们俩一起玩乒乓球。你还笑话我最贪婪的是“火权”，洋铁炉子，无烟煤，煤一烧就出现了红透了的炉壁，还有白灰，煤质差一点的则变成褐红色灰。煤灰延滞了与阻止了肆无忌惮的燃烧，却又保持了煤炭的温度，这就是自(我)封(闭)。一天以后，两天以后，据说还能够达到一周至半月以后，你打开火炉，你拨拉下煤灰，你加上新炭，十分钟后大火熊熊，火苗子带着风声，风势推动着火焰，热烈抚摸起你我的脸庞，我热爱这壮烈的却也是坚忍不拔、韬光养晦的煤与火种。冬火如花，冬火红鲜嫩。嫩得像一九五〇年的文工团员的脸。我最喜欢掌握的是燃烧与自封的平衡，是不止不息与深藏不露的得心应手。

还有庄稼地、苹果园、大渠小渠、麦场、高轮车、情歌民歌、水磨、蜂箱、瓜地里的高埂，还有砍土镘与钐镰，这是我们的共同岁月、共同见证、共同经历、共同记忆，像垒城砖一样地垒起煤块。你爱这些，我爱这些，打从心眼里，倒像我们是在漫游崭新的天地，寻求崭新的经验。倒像我们是徐霞客，是格列佛，是哥伦布，是没有撞过墙也没有变成浮雕的王子与公主。如果你是白雪公主，我是七个小矮人吗？如果你是灰姑娘，我可不是举行舞会的王子。而二〇一二对于我来说最惊人的最震撼的是当记忆不再被记忆，当往事已经如烟，当文稿已经尘封近四十年，当靠拢四十岁的当年作者已经计划着他的八十岁耄耋之纪元，当然，如果允许的话；就在这时，靠了变淡了的墨水与变黄变脆了的纸张的帮助，往事重新激活，往日重新出现，空白不再空白，生动永远生动，而美貌重新美貌，是你给了我这一切。

我还有一个化学的与商品的发现，纯蓝墨水经久颜色不变，蓝黑墨水,反而充满了沧桑感。

我们生活在剧变的时代,我们已经忘记或者被忘记。例如三十五年以前更不要说四五十年以前的旧事。我最欣赏的是江南人用普通话说“事情”的时候,“情”不会读成轻声,而是重重地读成“事——情——”,“情”是第二声。我们觉得今是而昨非,我们常常相信重今而轻昔才是最聪明最不伤心伤身伤气的选择。我们都听北京电视台养生堂的教训。养生会不会成为了国学的核心价值?北大教授说,国学就是国将不国之学。然而昨天也曾经是当时的今天,也曾经无比生动无比真实无比切肤,无比激越无比倾注无比火热,昨天不可能被遗忘就像今天不可能被明天消除干净了痕迹。是生活,是永远的生活。有稚嫩也是生活,有唐突也仍然是生活,有声嘶力竭也仍然是生活,被变形也仍然是广阔芜杂混浊而强硬的生活。稚嫩的唐突的声嘶力竭的生活同样可能是好小说,好的摇滚歌曲或者意大利歌剧罗曼斯咏叹。就像贫穷与苦难,悲惨与失落,对不起,乃至疾病与苦药水会是很好的文学一样。它们常常是比秀幸福骚快乐更好的小说。生活与记忆不可摧毁,直观与丰饶不可摧毁,何况贫穷与苦难当中仍然有勇敢的吟咏,失望与焦灼当中仍然会做出最动人的描摹,在墓碑前的伫立与面上的泪珠滚滚当中仍然有此生的甜蜜与感激。

谢谢你,一切!让我们假设它有回天之力雷霆之威来揉搓捏拿生活,生活却更有力量来洗净它的力威,即使在它猛烈发作的时候,生活仍然显示着自己的不事慌张与无限情趣,自己的亲切与温暖。生活从前是这样,现在还是这样。你从前是这样,现在还是这样,呵,勇敢的人!浮雕从前是这样,现在还是这样。有一切苦涩与昏乱,有一切抒情与佯狂,有一切兴会与体贴。

呵,我当然自觉自愿地接受你的教诲,另外的什么人称之为洗脑,当我以我的方式与思路平静地接受一切新奇的大话的同时,当被洗脑者成群结队地大笑起来或欢呼起来以后,谁知道后面是什么吗?

你不知道。谁还是不知道。他也不知道,谁都不知道。谁们的共同点是自以为是，以为世界是手中的橡皮泥。谁们不知道，如果谁想改变一切，一切就会改变谁，如果谁想改变人家，人家已经在改变谁，如果谁想消除，谁同样是在消除自己。一个凶犯在首次作案以后，他改变了被害者的生活与轨道，也改变了、毁坏了他自己。一个童男子首次做爱以后，他当然也就是做了自己。

而且四十年前的书写就像今天的书写一样，它仍然和着心跳，和着吐纳，带着笑靥，带着享受，带着哪怕是枷锁与重负。忍着冤枉，忍着粗暴，笑对标语口号，冷对胡言乱语。情生淳厚质朴，仍然充溢着阳光与林荫，充溢着日子的一切琐屑实存，指望梦幻，摆出姿势，发出美声。戴着重铐的时候我跳得那么好。没有放肆。我们一起拥抱，我们拥抱在一起，我们走进了时光隧道，如当初，如兹后，如三世佛，如永恒如无穷。

我们活得、记得、忆得十分真切，真切得像每平方米四角八分钱的住房。真切得像每斤九角六分的酱猪肉，像阔口瓶装的卤虾酱与翻扣在条肉上的霉干菜。真切得像一只落到树枝上的鸟在叫。真切得像我抚摸过的唯一的温暖。

时间，什么是时间？时间是什么？烟一样地飘散了。波纹一样地衰减、纤弱、安静、平息下来，不再有声响了。死一样地经过了哭号，经过了饮泣，经过了迎风伫立，经过了深深垂下的眼帘。忘却一样地失去了喜与悲、长与短、生与殁、有与无的区分了。时间仍然可能动人，时间仍然可能欢跃，时间仍然可能痛哭失声。痛定不再思痛。痛变为平静，平静不会轻易再变成痛，平静是痛与不痛的痊愈的伤口。请猜猜，伤口与什么词重码？太天才了！仓颉也有王永民。根据五笔字型输入法，“伤口”等同于“作品”，它们具有同样的输入码：WTKK。

花朵枯萎了，也许有种子，种子也许发芽，长成小的、中的、大的、古的树。痛苦结尾了，有一抹微笑与宁馨。然后有一个符号，有一行字，有一点记载，然后电闪雷鸣，然后往事如狂，旧泪如注，然后凝结为作品，作品结了疤，你能不为作者而掉一滴滚烫的眼泪？语出《最宝贵的》。然后成为一片夹在笔记本里的树叶，一张照片，一个梦中的惦念与操持提醒，在若有若无之间，在若你若我之际。时间在等待相遇与相识，时间在等待知己与挚爱，等待抚摸与亲吻，时间在等待迷恋与融化，在等待阴阳二电激荡出雷鸣电闪。昨天与今天既相恋更相思，既苦涩又甜蜜。时间等待复活、审判、重温，像蓓蕾等待开放，像露水等待草籽，像钢琴等待击打，像礼花等待鲜艳的点火。上个世纪的生物学杂志报道：塔斯社列宁格勒讯：苏联科学院植物园的温室中出现了世界上最罕有的现象之一：一颗古代保留下来的莲子发了芽。这颗莲子是中国朋友送给他们的六颗种子之一。这些种子是在沈阳附近挖掘泥煤时发现的，这些种子已被保留了数千年。时间的精灵始终躲在我们的身畔，或者有突然的绚烂，或者有永久的谦和，以无声期待大的交响，或者只是轻轻地挠痒我们。它其实非常耐心，是幽默的悲壮。

沿路修起了许多路灯与扬声器，给灯火穿上树根的包装。你走了，留下了愿望，留下了施工的方式，留下了小木屋，启动阶段的投资。人生易老山难老，还在走，还在写，还在歌，还在山上。

然后是并非十分炎热的多雨的夏天。我以为我已经绝望，我以为我已经孤单与沉落。天亡我也，非“战”之罪。在新加坡我观赏过蓝天剧团演出的莫言的新编话剧《霸王别姬》。为什么到那么远的地方去看？它说，吕后爱的也是项羽，妹妹，你大胆地往前走！你在我这样的时候夺去我的另一个我。我喜欢过门《夜深沉》，我喜欢梅派唱腔“看大王，在帐中，和衣睡稳”，有一片青光……什么都没有，就有了战争、胜负、乌骓马与十面埋伏，还有更重要的：历史。

我以为此岁我可能抽筋或者呛水，可能供血不足，晕眩而且二目发黑。我想如果结束在海里也许并不比结束在 IGU 中更坏。当然，结束无好坏，大限无差别。无差、无等、无量、无觉、无恋栈。我每天十三点五十六分注视 CCTV13 新闻频道。我必须知道今天本水域的海水水温、浪高、水流(流读去声)。我已经告别了十四摄氏度敢于下水的年月。对于海水,污染与杂质的抱怨都是铺天盖地,但我还是游了下来。连毒害都不怕,连永别都没有击倒在地,没有惧红也没有畏黑,还怕不太过度的肮脏吗?我什么没见过?什么没经过?历经坎坷,幽幽一笑。我喜欢红柳与胡杨。我喜欢山口的巨叶玻璃树。我喜欢苦楝与古槐。我喜欢合欢。我喜欢礁石上的尖利的贝壳残片,割体如刀,血色仍然如黄昏的落日。

仍然是在蓝天与白云之下,是在风雨阴晴之中,是在浪花拱动下,沐浴着阳光与雾气,沐浴着海洋的潮汐与波涌、洁净与污秽,向往着那边,这边,旁边,忍受着海蜇与蚊虫。接受着为了大业而施与的年益扩大的交通管制,环顾着挺立的松柏、盘错的丁香、不遗余力的街头花卉、鸣蝉的白杨、栖鸟的梧桐、大朵的扶桑、想象中盛开一回的高山天女木兰和一大片无际的荷莲。如果不是横在头上的高压线,那莲湖就是天堂佛国极乐。去年你在那里留了影,仍然丰匀而且健康,沉着中有些微的忧愁与比忧愁更强大的忍耐与平顺。

你和我一起,走到那里,你的床我的床边,你的枕我的枕旁,你的声音我的耳际,你的温良我的一切方向。你的目光护佑着我游水,我仍然是一条笨鱼,一块木片,一只傻游的鳖。我有这一面,小时候羡慕了游泳,就游它一辈子,走到哪里都带上泳帽、泳裤、泳镜。一米之后就是两米,十米以后是二十米,然后一百米、二百米,仍然有拙笨的与缓慢的一千。我还活着,我还游着,我还想着,我还动着。活着就是生命的满涨,就是举帆,就是划桨,就是热度与挤拥,就是乘风破浪,四肢的配合与梦里的远航。还能拳击,砰砰砰,摇晃了一下,站得仍然笔直。哪怕紧接着是核磁共振的噪音,是叮叮、噗噗、当当、嗒嗒、咣咣、哧哧、嘚嘚、嘟嘟、嘻嘻、乒乒、乓乓、唰唰唰。是静脉上安装一个龙头,从龙头里不断滴注显像液体。是老与病的困扰,是我所致敬致哀致以沉默无语的医疗药剂科学。是或有的远方。一事无成两鬓白,多事有成两鬓照样不那么黑了。所差几何?必分轩轾。

然而我坚信我还活着,心在跳,只要没走就还活着,好好活着,只要过了地狱就是天国,只要过了分别就是相会,从前在一起,后来在一起,以后还是在一起。我仍然获得了蓬蓬勃勃的夏天。风、阳光、浓荫、暴雨、皮肤、沙、沫、潮与肌肉,胆固醇因曝光向维 D 演变,与咱们从前一样。而且因为你的不在而得到关心与同情,天地不仁,便更加无劳哭泣。过去是因为你的善待而得到友好,在与不在,你都在好好对待朋友。对待浅海滨。我去了三次,我喜欢踩上木栈道的感觉,也许光着脚丫子踩沙滩更好。去年与你同去的,沙砾,风,海鸥,傍晚。我期待月出,我期待,更加期待繁星。“我爱月夜,但我也爱星天。从前在家乡,七八月的夜晚,在庭院里纳凉的时候,我最爱看天上密密麻麻的繁星……”这是巴金散文《繁星》里的文句,我会背诵的,不知道为什么,后来不止一个编辑给改成冰心的新诗《繁星》(与《春水》),七十年前,我的国语(不叫语文)课本里有巴金的此文。

然而难得在海滨的夏天见到星月。云与雾,汽与灯光、霓虹、舰船上的照明,可能还有太多的游客与汽车使我一次次失望了。我许诺秋天再来,我没能来,我仍然忙碌着,根本不需要等待高潮的到来。有生活就有我的希望与热烈,就有我尚未履行的对于秋涛星月的约定。在秋与冬春,我与渤海互相想念。

你许诺了那瓶二锅头酒,你病中特意上山赠送给了老人家,我们素不相识。你在山野留下了友谊,你在山峰留下了酒香,你在朋友心里留下了永远的好意。

84

在我的记忆里已经有许多年没有在中秋夜看到团峦的美丽了。八月十五云遮月,正月十五雪打灯。头一天,月色尚好,我们一起吟唱苏东坡的《水调歌头》,第二天却是遍天的云霾。说的是去年。然后等到清爽到来,月色已经是后半夜的事了。已经许多年,我没有在深夜起床赏月，那时还在山村，深夜的清辉给了我们另一个世界，就像丁香花与紫罗兰给了我们另一种花事。

今年的天气很有意思，那么多阴雨，像拧干净了的衣巾，该晴的时候自然明朗绝尘。白云卷成鲸鱼，蓝天净成皓玉，这是展翅飞翔的最佳时机。一阵又一阵风，是洗濯也是擦拭，是含蓄也是抖擞，是清水也是明镜。今年的中秋月明如洗。这样的月夜里你数得清每一株庄稼与草，你看得清每一块坑洼与隆起，你摸得着每一枚豆粒大的石头，你看得清远方的山坡与松峰。你可以约会抱月的仙人与丢落棋子的老者，你可以孤独地走在山脚下，因为孤独而带几分得得，你已经被美女称为得得。我想守在你的碑前，你会悄悄地与我说闲话，不再是团结紧张严肃活泼，而是如诗如梦如歌如微风掠影。这时我听到了六十年前的那首歌曲，从前的从前，少壮的少壮，面对海洋的畅想，我们一起攀登分开了大西洋与印度洋的好望角的灯塔。我们看到了蓝鲸，我们看到了河马，我们看到了飞逐的象群。我们看到了猴子与鸵鸟的密集。河水在地上泛滥，女人生育了许多孩子，她们的皮肤像绸缎一样。她们浑圆，温热却又雄武。菜香蕉与木薯随时随地充饥。已经成立了共和国的前部落王室继续举行仪式。我听到了所有的情歌。那糯糯的声音，那哭号一样的表白，那重复一样的前行，那蓦然的停顿，那猝然的截止。

我多次与你说笑，我说我在梦中与一个黑皮肤的浑圆的柔道冠军争夺锦旗，你说我是以歪就歪不说真情。世界上有这样的男子吗？我的初恋是你。我的少年是你。我的颠沛流离是你。我的金婚是你。我的未有实现的钻石婚是你。你的唯一的对手是非洲冠军，是欧洲长跑，是俄罗斯与白俄罗斯网球手，是澳大利亚的鱼。我老了老了迷上了女子举重，期待着世界纪录打破者，举起，旋转，砰的一声，接在手里，或者粉碎在大地。我坚信你是我的女子举重手，我却够不上你的杠铃，也许我只是你的加上去就打破世界纪录的小铁片。请加上我。女权万岁！

世上有海，有风浪。海上有月和星星。我躺在海上入眠。阳光照得我睁不开眼，重复再重复的运作正好催眠。说海是起源，海是归结，海是摇篮，海是家园，海就是神祇。早春遇海，我们惺惺相惜。我只是怕你孤单。本来你可以不那么孤单。本来你可以与我相伴，就像星与月相伴，草与花相伴，沙与沫相伴，呼唤与回应相和，回忆与追思相伴。来啊！

月光是月亮的招手，星光是星星的眨眼，吹拂是风儿的抚摸。我欲乘风归去，我欲羽化登仙，我欲彩云追月，我欲登堂入室与你拥抱在一起。五百年前我在深山里参拜，日月精华，山川灵秀，草木生机，狐兔欢跃，安宁当中有星月的低语，吐纳当中有天地的安慰。世界是你的胜寒居。

85

你可晓得，明年我将衰老？

五年前，那次也是在海边，在山路上，在欧洲与非洲，在秋叶树下。一个温顺的女孩子问我：你有洛丽塔情结吗？

我不知道她是不是真的想问我这个，因为那是一个午夜的节目，人们不大相信节目，已经有朋友打电话告诉我不要上传媒的当。八〇后九〇后告诉我说，传媒为了收视率有意识地渲染代沟与偏见，锔碗的戴眼镜，鸡蛋里挑骨头。我根本只是一笑。有沟无沟，有针尖对麦芒无麦芒对针尖，我仍然是我。宣布了什么命名了什么，谁红了谁白了，谁抄了谁没抄，全无意趣。我怜惜那些嘀嘀咕咕的宣布者，他们已经基本销声匿迹，像驶入海洋的纸船，像脱了线的纸鸢，像噩梦中的一声阴声冷笑，他们嘛也不懂，他们嘛也不会，他们嘛也没有。山里深秋，我感动于晴日清晨复活过来的、头一晚上已经僵死过去的蝈蝈。它一醒就又叫唤起来了，然后第二天或者第三天还是悄悄汰去。我未能帮了你。

我说，我不知道什么是洛丽塔，她给我解释是说什么老男与少女的钟情。

那怎么能问我？我糊涂了或者装作糊涂了。鲁迅说，他们粗暴了或者将要粗暴了。我已经度过了、提前度过了青年时代，中年时代，我已经清醒多了所以糊涂了或者装作糊涂了或者其实恰到好处难得。

果然，已经到了时候。你记住的已经太多太多。我赶上了无风三尺土，有雨一街泥的刚刚安装有轨电车的年代。我常常走过胡同拐弯处的一处小宅院，高墙上安着电网，有时候电网上栖息着麻雀，黑大门上红油漆书写着对联：忠厚传家久，诗书继世长。树上的蝉叫得正是死去活来。小院对面的略显寒碜的、油漆脱落的院门上的对联，对于我来说有更多的依恋与普世情怀：又是一年芳草绿，依然十里杏花红。草枯黄了，又绿了起来。花儿早就落地与被遗忘了，然后倏然满街满树满枝地绚烂与衰败。尤其是春天，这副对联，令我幸福又伤感地颤抖，像挂在电线杆上的一只不能放飞的风筝。赶上了飒飒的春雨与从斜对面吹过来的小风。已经是七八十届芳草与杏花了。

我也赶上了在老教授家里看到书法与诗，“日日好春风里过，令人梅雨忆家乡。”前两句我死活想不起来了，也许第二句是“似雪翻飞天昏黄”，是说北方故都的粗粝的春天。当然与“江南好，风景旧曾谙”不一样。一枝垂柳一枝桃是别样风景。那时候古城夏日的雨后到处飞蜻蜓，青蛙与刺猬会进入四合院，夜间到处飘飞着萤火虫，一只青蛙爬到我的小屋里，它的眼神使我相信它有博士学位。而初夏的古槐上吊着青虫，每到春天到处卖鸡雏。孱鸡是一个不好的名称，百姓争养的是油鸡，是进口品种。我是为了省钱才步行到六站以外的公园里的。那里的杨树会响会唱会讲故事。我一次次经过那个“继世长”的小红门，听到水声轰轰地响。凉爽与水声同在。从来没有见到过它的门打开过，那里有不为人知的故事，是一个人老珠黄的美女，被金钱与威势所席卷。那个故事与故事的散落已经泯灭，那个故事还等待着我们的发现与转述辛酸。

经过迷茫，自以为是大明白，然后是雾啊我的雾，二战歌曲。然后是欲老未老，然后是不太敢于面对旧日的照片，然后大家都会静下来，我看到了我也看到了你，我们本来都在襁褓里。都说你有福相，从那时起。

有许多次我被离别，我不喜欢别离，离别的唯一价值是怀念聚首与期待下次重逢的欢喜。离别的美好是看到月亮以为你也在看月亮，同一个月亮。被离别时我常常深夜因呼唤而叫醒了自己，然后略略辗转。我呼唤的是你的名字。你有一个乳名，你不许我叫你。我们在春水与垂柳下见面，我们站在汉白玉桥下面，我们身旁有一壶一壶的茶水，一碟一碟瓜子。你闻到了水与鱼的气味，柳条与藤椅的气息。是一见钟情，那时候还没有忘记千里送京娘的流行歌曲。

醒来后的第一个感觉是我怎么已经活了那么久？我上了幼稚园，小学，初中，高中，当了第一名，干部，分子，队长，嘛跟嘛嘛嘛……听取那么多赌咒发誓，说了太多的真话与不那么特别真实的话，费了那么多纸，三十岁的时候我蓦然心凉，原来如此。

这里有丽塔？洛塔？丽丽？塔塔？洛洛？不，不不，不不不，只要有你。我不想知道丽塔洛。

然后礼貌的女孩子问我，你有什么因为年老而产生的不那么舒服的感觉吗？例如记忆力的减退，例如体力的丧失……她果然很天真，她顺应了媒体的捉弄。

这果然是一个难以回答的问题。我说是的。我为什么要说是的？

我的头发那一年远远没有全白，现在也没有。我还在登山抛球与游泳，我还在学俄文与英语歌曲，我还在奋键疾书，我还可以及时应对，一语中鹄。然而，我已经七十好几，我已经绝不年轻，我还有不错的肱二头肌、肱三头肌和胸肌，不比那些秀胸的国际政要差。后来我还从好声音那边学到了爱我如君，是说话也是唱歌，是诵读也是吟咏，像是大不列颠的梅花大鼓，像是欧洲的花小宝与籍薇。她就是阿黛尔：求求你不要忘记，我流下了眼泪。

我接受了媒体的套路与传播上的花式子。宁做一个易于上套的小傻子，不做一个麻木不仁却又怨气冲天的坏种，老辈人说比木头墩子多两眼睛，可远远不止。

但我不想在摄像机前卖萌。

我岂可说不是的？世界是你们的，是他们的，是孩子们的，我早该隐退，谁让我还能连吃四五个狗不理包子，天津卫？

简单地说，在境外受过良好教育的女孩子问我，你不觉得你老了吗？我怎么敢说没有这回事。

我当然老了，岂止是老了，走了歇了去了别了如烟了西辞黄鹤楼了烟花三月下扬州了也是题中应有之义。潇洒走一回，潇洒老一回，是自然而然，是四时交替，昼夜有常。我也年轻过，万岁过，较过劲也开过花。你……你老过吗？

我回答：是的，也许是明年吧，明年我将衰老。

没有说出来的话：如果明年的衰老仍然不明显，那么就是明年的明年或明年的明年的明年衰老。衰老是肯定的，这不由我拍板，何时衰老我未敢过于肯定，这同样不听谁的批示：

> 这是多么快乐，
> 明年我将衰老，
> 这是多么平和，
> 今天仍然活着……

这是我最近十年说过的最好的话，最嘚嘚的话。明年我将衰老，今天仍然歌唱。他们偏偏删去了这话，从此我不再想搭理他们，虽然春节他们给我送过腊味。我不会原谅他们。我自行一次再一次地讲了这个故事。都说我的嘚嘚精彩，你删不动我，你摁不住咱。我在胜寒居里读老庄的书，有秋日的阳光灿烂，叫作虚室生白。我终于虚室了。

86

我看到了你，不是明年的衰老，而是今年的崆峒。位于甘肃省平凉市。这是一座早负盛名，却又常常被虚构成邪门歪道的山。它的样子太风格，它不像山而像狂人的愤怒雕塑。它太冒险，太高傲突兀，拔地而起，我行我素，压过了左邻右舍，不注意任何公关与上下联通、留有余地。空同不随和。悬崖峭壁，树木和道观，泾水和主峰，灌木和草丛，石阶，碑铭，牌坊，天梯，鹰，和山石合而为一的建筑与向往。天，天，天，云，云，云，与天合一，与云同存，再无困扰，再无因循。多么伟大的黄河流域！我在攀登，我在轻功，我在采摘，我看到了你……我看到了蝴蝶与鸟，我闻到的是针叶与阔叶的香气，我听到的是鸟声人声脚步声树叶唰啦啦。我这里有黄帝，有广成子，有衰老以前的肌肉，有不离不弃的生龙活虎，愿望、期待、回忆、梦、五颜六色、笑靥、构思策划，邀请函件，微信与善恶搞。有渐渐出场的喘气。当然不无咳嗽。本应该成为剑侠，本应该有仙人的超众。我将用七种语言为你唱挽歌转为赞美诗。我已经有了太极。即使明年我将衰老，现在仍是生动！明年我将离去，现在仍然这里。你走了，你还是你，谁也伤不了你。我攀登，我仍然山石继世长。嗒嗒嗒嗒，我听到了自己的拾级而上的脚步，我像一只小鸟一样地飞上了山峰，登上了云朵，我绕着空同——崆峒飞翔了又是飞翔了。我仍然舍不得你，亲爱的。

我永远爱你。